교회의 잃어버린 보물

성령

성령

발행 초판 1쇄 2024년 7월 31일

지은이 김민호
펴낸이 박준우
펴낸곳 리바이벌북스
디자인 리바이벌북스 (나선길 노은지)
판권 ⓒ리바이벌북스
주소 경기도 의정부시 승지로 4, 4층
전화 070-8861-7355 팩스 031-851-7356
www.revival153.com
E-mail revivalbooks@naver.com
홈페이지 www.revival153.com
ISBN 979-11-988163-0-6 (03230)
등록 제2015-000012호. (2015.03.27.)

교회의 잃어버린 ─── 보물

성령

김민호 지음

"회심과 부흥에 관심 있는 독자들은 반드시 이 책을 읽으라!"

리바이벌
북스

추천의 글

이상웅 교수 (총신대학교 신학대학원 조직신학)

마틴 하이데거^{Martin Heidegger}의 존재 망각(*Seinsvergessenheit*)에 빗대어 성령 망각(*Geistesvergessenheit*)을 탄식해야 했던 시절이 있습니다만, 현재 상황은 각종 영에 관한 관심으로 홍수가 난 형국입니다. 20세기 초반에 시작된 1차 물결인 오순절 운동과 1960년대에 교파를 넘어 전개된 은사갱신 운동에 이어 20세기 후반 시작되어 지금까지도 전 세계적으로 범람하고 있는 제3의 물결(신사도 운동)이 전 세계를 소용돌이치고 있습니다. 각종 은사의 시현, 아말감 이빨이 금이빨로 변하고, 안수하면 뒤로 나자빠지는 일들이 수많은 집회에서 연출되고 있습니다. 이에 반하여 메마른 정통주의 교리와 교훈을 파수하고, 의지적으로 실천하는 것만이 대안인 것처럼 주장하면서 성령의 현재하는 역사를 수용하지 못하는 이들도 수다하게 되었습니다.

홍수가 나면 물은 많으나 정작 마실 생수는 희귀하다는 말들을 하듯이, 이렇게 성령론에 관한 관심이 전 세계적인 붐을 일으키고 있는 때에 신자들은 어느 쪽을 가야 하는가 더욱 방황할 수밖에 없습니다. 이러한 시점에서 김민호 목사님의 『교회의 잃어버린 보물-성령』이 출간되게 된 것을 환영합니다. 오랫동안 성령에 대한 사모함을 가지고 여러 방향에서 공부하고 훈련을 경험해 본 실천적인 저자이고, 또한 인천에 교회를 개척하여 20년이 넘는 세월 동안 신실하게 말씀 중심으로 목회를 해온 청교도 개혁주의 목사님입니다.

본서에서도 밝히듯이 저자는 은사나 기이한 은사 주도적인 현금의 성령론 운동을 거부하면서, 성경적인 성령의 역사에 대해 본서에서 해설해 주고 있습니다. 조나단 에드워즈Jonathan Edwards의 성령론을 전공하여 학위를 취득한 추천인도 이러한 청교도 개혁주의적인 성령론이 출간되는 것을 기쁘게 생각합니다. 이 책은 단순히 이론적인 논의에 그치는 것이 아니라 성경 본문에 근거하여 실제 강단에서 선포된 15편의 메시지를 잘 정리한 것이라는 점에서 일반 신자들에게 적극적으로 추천하는 바입니다. 성령의 사역인 회심과 부흥에 대한 관심 있는 독자들은 본서를 들고 정독해 보시기를 권합니다.

추천의 글

박재은 교수 (총신대학교 조직신학, 교목실장)

단 한 번도 수술을 직접 집도하지 않은 의사가 집필한 의학 서적과 단 한 번도 요리를 직접 해보지 않은 요리사가 집필한 요리책은 전혀 파워풀하지 않습니다. 그 이유는 건조한 탁상공론(卓上空論)에 불과하기 때문입니다. 하지만 이 책은 파워풀합니다. 왜냐하면 이 책은 저자가 성경적인 성령론에 대해 25년 동안 치열하게 고민한 산고의 결과물이며, 이 산고의 결과물을 목회 현장에서 설교와 목양으로 구체적으로 적용해 본 실천적 산물이기 때문입니다.

본서는 성도들을 대상으로 했던 강해 설교 원고이기 때문에 논조에 있어 현장성이 살아 있고, 성령론에 대한 핵심 성경 구절들을 충실하게 주해했으며, 성령의 인격과 사역에 대한 핵심적인 주제들을 총망라해 설득력 있게 논증하고 있는 미덕을 가지고 있습니다.

2천 년 교회 역사 가운데 성령 하나님에 대한 왜곡과 미혹은 늘 있어왔고, 현재도 있으며, 앞으로도 끊이지 않고 있을 것입니다. 이런 혼탁한 상황 속에서 본서는 한 줌의 빛과 같이 혼란스러운 성령론 지형도에 충실한 빛이 되어 줄 것입니다. 이 책을 통해 바르고 건강한 성령론이 한국교회에 흥왕하고 편만해질 것을 생각하니 벌써부터 가슴이 뛰고 설렙니다.

추천의 글

박광서 목사 (큰사랑교회 담임, 기독교미래인재연구원 대표)

　흔히 이단 교주를 구분할 때 '확신범'과 '사기꾼'으로 나누곤 합니다. 자신의 주장을 확고히 믿는 경우를 확신범이라 한다면, 자기는 믿지도 않으면서 추종자들을 미혹시키는 경우를 사기꾼이라 합니다. 기독교인도 마찬가지입니다. 성경적인 진리를 확고히 믿는 이들도 있지만, 반대로 믿지 않으면서 믿는 척하는 거짓 종교인 행세를 하는 이들이 적지 않습니다. 그로 인해 교회의 일탈은 심각합니다. 그 원인으로 교리에 대한 무지와 비중생 거짓 교사들의 미혹을 들 수 있습니다. 특히 성경적인 성령론에 대한 무지는 광신적 행태를 낳게 되어 세상의 비난을 듣게 됩니다. 이런 때에 성경적인 성령론, 특히 개혁주의 입장에서 정리된 성령론의 필요성은 두말할 필요가 없습니다.

　김민호 목사님의 본서를 통해 독자들은 위에서 언급한 개혁주의 성령론이 무엇이며, 오랜 세월 진리 안에서 번민하며 체득한 저자의 목회철학을 듣게 될 것입니다. 탄탄한 교리적 바탕 위에서 경륜적 삼위일체론에 기초한 복음의 메시지는 한국교회 목회자들이 반드시 숙지해야 할 내용들입니다. 목회자들이 교인들과 함께 본서를 정독하며 배운다면 성도들이 이단에게 미혹되거나 왜곡된 비성경적인 교회성장병에 시달리지는 않을 것입니다. 갈수록 교회의 시대를 분별하는 능력이 약화되어 가고 세속화와 타락의 깊이가 더해가는 때에 김민호 목사님의 귀한 저서가 세상에 나오게 되어 기쁘게 생각하며 교인들의 정독을 권합니다.

추천의 글

김구현 목사 (생명넘치는교회 담임)

    김민호 목사님을 만난 건 11년 전 첫 전임 사역을 할 때였습니다. 교리 설교가 중요한 건 알지만 평신도들도 알 정도의 피상적인 교리를 반복하는 식의 교리 교육으로는 가뜩이나 딱딱한 교리를 싫어하는 그들에게 곤욕이라는 생각이 들었습니다. 그래서 찾다 찾다 알게 된 것이 김민호 목사님의 '하이델베르크 요리문답 강의'였습니다. 강의를 듣는데 시간 가는 줄을 몰랐습니다. 저는 당장 '회복의교회'를 검색하고 전화하여 인천으로 달려갔습니다. 이후 목사님의 모든 책을 다 읽었던 것 같습니다.

    지금 한국교회는 무너져 가고 있습니다. 여러 가지 이유가 있겠지만 가장 큰 이유는 바로 '강력한 바른 교리'가 강단에서 설교되지 않기 때문입니다. 특별히 종교개혁자들이 교리를 세우는 데 목숨을 건 것을 볼 때 한국교회가 다시 '바른 교리'를 설교하지 않으면 앞으로 지금보다 더 엄청난 영적 혼란 속에 들어갈지 모릅니다. 그러한 측면에서 이 시대에 그리고 한국교회에 강력한 교리를 선포하시는 김민호 목사님을 주신 하나님께 진심으로 감사를 드립니다. 언제나 김민호 목사님을 만나면 한국교회에 희망을 갖게 됩니다. 그리고 제 목회의 방향이 선명해져서 행복합니다. 조직신학과 성경신학을 이렇게 진지하게 묵상하고 연구하여 한편 한편 설교문을 작성하여 영혼을 깨우는 목사님은 정말 어느 시대에도 드물 것입니다.

『성령』 원고를 받고 역시라는 탄식이 절로 흘러나왔습니다. 기독교는 관념이 아닙니다. 예수의 생명이 삶에 분명히 나타납니다. 왜냐하면 '예수의 영'인 '성령'께서 일하시기 때문입니다. 정말 삼위일체 하나님 중 한 위격이신 '성령 하나님'에 대한 책을 써주신 김민호 목사님께 진심으로 감사드리며, 목사님의 수많은 고민과 실천적인 신앙의 정수를 그냥 편안히 앉아 책으로 보게 된 점에 대해 죄송스러운 마음이 듭니다. 목사님의 간절한 마음을 따라 양 떼를 잘 먹이는 바른 목회자가 되겠습니다.

추천의 글

이재욱 목사 (참사랑교회 담임, 카도쉬아카데미 공동대표)

설교문으로 엮인 이 책은 '성령론'을 말하는 조직신학 책이나 '성령의 능력'을 위주로 말하는 은사주의 혹은 신사도 계열 간증 위주의 신앙서적과는 다릅니다. 설교라는 형식의 익숙함으로 우리에게 다가와 누구나 쉽게 읽어가며 이해할 수 있습니다. 이 책은 단지 잘 정리된 지식을 전달하기 위함도 아니요, 어떤 신비한 능력에 대한 호기심이나 은사를 사모하게 할 동기도 아닙니다. 목사가 현장 목회 중 성도들에게 '성령에 관한 바른 지식'을 전하기 위해 본문과 씨름한 내용입니다. 우리는 본문의 맥락과 함께 성령에 관한 성경적 이해를 얻을 수 있습니다. 성도들에게 '성령을 바르게 아는 지식'을 전달하고자 하는 목자의 마음이 녹아 있습니다. 각 장마다 성도들에게 어떻게 전달할지 연구하고 고민하며 애쓴 흔적들이 가득합니다.

특별히 이 책은 '성령'에 관심이 많았던 성도들이라면 반드시 읽어야 할 책입니다. 기존까지 한국 교계를 휩쓸었던 은사주의와 신사도적 성령 이해로부터의 교정들도 담겨 있기 때문입니다. 이 책은 목회자를 비롯하여 성도들에게 유익을 줄 것으로 기대됩니다.

추천의 글

박성은 목사 (더워드교회 담임, 마라나타선교신학교 교수)

과거부터 현시대까지 성령론에 대한 논쟁이 끊임없이 존재했습니다. 그 논쟁 가운데 성령론은 교회 안에 자리 잡기 시작했습니다. 그러나 성령론이 하나로 통합된 것이 아니라 다양하게 나누어지게 되었습니다. 그리고 교단에 따라 다양한 성령론이 적용되었습니다. 지금도 여전히 성령론을 현상적으로만 이해하는 신사도운동과 은사주의가 있고, 반대로 현상적인 부분은 중지되었다는 은사중지론도 있습니다.

이러한 성령론의 다양한 시각 가운데 김민호 목사님께서 저술하신『교회의 잃어버린 보물 - 성령』은 아주 균형 잡힌 책이라고 할 수 있습니다. 특별히 개혁파가 추구하는 원리인 성경 안에서 성령론을 다루고 있습니다. 책을 통해서 성경에서 말씀하고 있는 성령론을 구체적이고, 다양한 각도로 다루면서, 김민호 목사님의 삶과 신앙 속에서 성령님에 대한 끊임없는 연구가 녹아져 있는 책입니다. 이 책을 통해서 성령론에 대한 확실하고, 성경적이고, 개혁파적인 성령론에 대한 중심이 잡힐 것으로 확신합니다. 기쁨으로 이 책을 추천합니다.

추천의 글

노승주 대표 (리폼드미니스트리, 유튜브 〈신학과신앙〉 운영자)

교회의 역사를 살필 때 인류는 언제나 극단에서 극단으로 치우치는 경향이 있었음을 발견하게 됩니다. 어느 시대에는 신앙이 극단적으로 합리적인 이론의 영역에 치우쳤고, 또 다른 어느 시대에는 이에 대한 반발로서 극단적으로 비합리적인 실천과 체험 중심의 도약에 치우치곤 했습니다. 이와 같은 신앙의 불균형은 언제나 성령론에 대한 건강한 이해가 부재할 때 발생했습니다. 따라서 신자가 성령론에 대한 균형 잡힌 성경적 이해를 갖추게 된다면 그의 신앙이 합리성 혹은 비합리성으로 향하는 불균형으로부터 자유해질 수 있을 것입니다. 바로 이 지점에서 본서의 탁월성과 적합성이 드러납니다.

저는 본서를 다음과 같은 이유로 독자들에게 추천하는 바입니다.

첫째, 본서는 지극히 목양적입니다. 오랜 세월 목회 현장에서 울부짖으며 목양해온 저자의 노고가 본서에 담겨 있기 때문에, 본서를 접하는 독자들은 한 영혼을 향한 사랑이 담긴 목회자의 친절한 설명과 따스한 권면의 목소리를 접하게 될 수 있을 것입니다.

둘째, 본서는 지극히 삼위일체론적입니다. 저자는 본서에 담긴 모든 메시지에 있어서 성령의 사역만을 독단적으로 주목하지 않습니다. 언제나 의도적으로 성령의 사역을 삼위일체론적으로, 특히나 경륜적 삼위일체의 관점으로 해설하는 면모를 보여줍니다. 이는 성령론에 익숙하지 않은 신학 입문자들과 성도들에게 있어 성령의 사역에 대한 매우 건강한 이해를 허락할 것입니다.

셋째, 본서는 지극히 실천적입니다. 대부분의 신학 이론서들의 경우 첨예한 논쟁을 예리하게 다루어야 하기 때문에 보다 학문적이고, 합리적인 방향으로 향하기만 하는 경향이 있곤 한데, 본서는 성령에 대한 이해와 이에 합당한 성도의 실천적 참여까지도 독려하기 때문에 본서들로 독자들로 하여금 실천적인 신앙의 열매를 맺어낼 수 있도록 인도할 것입니다.

모든 독자들이 본서의 신학적 견해에 있어 동의해야만 할 필요는 없습니다. 왜냐하면 신학의 통일성이 아름다운 만큼이나 본질에서 어긋나지 않는 선에서 이루어지는 신학의 다양성 또한 다채롭게 빛나는 법이기 때문입니다. 그러나 독자들이 본서를 주의 깊게 살피며 본서의 핵심적인 내용을 파악하게 된다면, 대부분의 독자는 저자의 신학적 견해에 신속하게 매료될 것이라고 생각합니다.

교회의 잃어버린 —— 보물

성령

김민호 지음

"회심과 부흥에 관심 있는 독자들은 반드시 이 책을 읽으라!"

바이벌
북스

목차

들어가는 말

성령론을 언급한다고 하면 대부분 가장 먼저 떠올리는 것은 신비한 능력과 은사와 체험일 것입니다. 상당수 사람은 성령론에서 그런 호기심을 해소해 줄 것을 기대합니다. 그러나 우리가 성령 하나님에 대하여 알려고 할 때 먼저 관심을 가져야 할 부분은 그것이 아니라, 성령의 인격성과 뜻과 목적이어야 합니다.

많은 성도가 성령론을 언급하면 기적과 능력과 신비한 체험을 떠올리게 되는 것은 그동안 성령을 '목적'이 아니라 '수단'처럼 배워왔기 때문입니다. 사람들이 성령을 잘못 이해하면서 성령의 사역과 인격을 구분하여 이해하는 현상을 낳았습니다. 동일한 성령을 추구한다고 하지만 서로 정반대의 결과를 낳게 되었습니다. 어떤 사람들은 강력한 능력과 감화력과 은사는 기대하면서 거룩한 인격(도덕성)이 결여되었습니다. 반대로 어떤 사람들은 성령의 거룩한 인격(도덕성)은 기대하면서 성령의 능력과 은사가 결여되었습니다. 이런 양극단 현상은 교회가 기형적인 모습을 갖도록 만들었습니다. 그런데 이런 기형적인 양쪽 진영은 반성하기보다 서로의 기형만 바라보면서 공격하며 자기를 정당화하기에 바빴습니다.

이런 교회의 극단적 진영 싸움을 하는 동안 이에 실족한 성도들은 서로 다른 진영으로 널뛰듯 도약하게 되었습니다. 신비주의 성령론에 심취했으나 반⊼지성과 무율법주의적인 모습에 실족한 성도들은 율법주의 교회로 옮겨갔습니다. 반대로 지성적이고 율법주의적인 교회를 다니면서 예수 믿는 능력과 신비(신비주의가 아님)가 결여된 교회에 실족한 교인들은 신비주의 교회로 도약했습니다. 이 과정을 반복하면서 지친 많은 성도가 교회를 떠났습니다. 이런 양극단적 모습은 비성경적이며, 참된 성령의 역사라고 볼 수 없습니다. 왜냐하면 능력을 주시는 성령은 동시에 거룩을 주시는 성령이시기 때문입니다. 참된 성령의 역사는 이 둘을 동시에 수반합니다. 성령은 이 둘로 나뉘지 않습니다.

신약성경에 자신을 계시하신 예수님은 성령을 힘입어 귀신을 쫓지 못하는 무능한 제자들을 향해 믿음이 없는 세대라고 탄식하셨습니다. 반대로 능력을 행하면서도 긍휼과 거룩함이 나타나지 않는 제자들을 향하여 꾸짖으셨습니다. 이 두 영역은 나눌 영역이 아니라, 이것도 행하고 저것도 버리지 말아야 할 영역입니다.

이 두 영역의 조화에 대한 고민은 시대의 아들인 필자에게도 예외는 아니었습니다. 25년이 넘는 오랜 기간 이 문제와 씨름했습니다. 그냥 고민만 한 것이 아니었습니다. 성령론과 관련된 많은 책을 읽고 실천해 보았습니다. 성경적인 성령론이 무엇인지 길이 보일 때까지 무모할 정도로 다양한 영성 훈련이나 기도 훈련에 심취해 보았습니다. 20대 전도사 시절에는 매일 3시간, 길게는 5시간, 방학에는 기도원에 올라가 9시간을 기도했습니다. 때로는 밤이 새도록 삼각산이나 청계산에 올라가 산 기도를 했습니다. 다양한 영성 훈련에 몸을 던지면서 은사주의에도 심취해 보고, 가톨릭 관상기도도 심취해 보았습니다. 워치만 니^{Watchman Nee}의 영성, 사막의 교부들의 영성도 심취해 보았습니다. 『성령』이라는 이 책이 나오기까지 많은 독서와 실천과 고민을 했습니다. 피눈물 나는 시행착오와 좌충우돌이 있었습니다.

저는 이 책이 단순한 이론서가 아니라고 감히 말씀드리고 싶습니다. 고통스러운 산고^{產苦}의 결과물입니다. 그렇다고 책은 읽지 않고 체험만으로 쓴 책도 아닙니다. 한쪽 진영의 책만 읽고 쓴 책도 아닙니다. 가톨릭과 철학과 은사주의와 개혁주의, 청교도주의, 여러 진영의 책을 읽고 실천하고 반성하는 과정을 수없이 반복했습니다. 이런 산고를 거치면서 25년 넘게 고민하면서 나온 책입니다. 이런 인고의 세월 동안 찾으며 내린 결론은 역시 종교개혁자들과 청교도들의 가르침이 옳았다는 것이었습니다. 영적 거인들은 이미 그 길을 정확하게 갔다는 것을 알았습니다. 그들은 단순히 지적이기만 한 사람들이 아니라 영적 거인들이었습니다. 그리고 이들은 그들의 성령에 대한 이해를 목회 현장에서 그대로 입증했습니다.

저도 이 책과 아울러 저의 목회 현장에서 저의 성령론을 실천했습니다. 이 책에 언급된 성령론은 저의 목회 철학이라고도 할 수 있습니다. 부족하지만 이 책은 그렇게 탄생한 것입니다. 물론 이 책이 독자들의 모든 의문을 다 답해 주지는 못합니다. 많이 부족하다는 점도 인정합니다. 그럼에도 불구하고 이 책은 성경적인 성령론을 찾으며 방황하는 분들에게 충분하지는 않더라도 어느 정도 해갈을 줄 수 있으리라 생각합니다.

이 책은 2020년 회복의교회 성도들을 대상으로 했던 강해 설교 원고이

기도 합니다. 이 책을 설교로 듣기 원하시는 분들은 회복의교회 유튜브 채널을 활용하시면 현장의 느낌으로 경건에 유익을 얻을 수 있을 것입니다. 그러나 4장의 성령과 중생 부분은 설교되지 않았습니다. 필자가 이 책을 출간을 위해서 추가로 작성한 원고이기 때문입니다.

마지막으로 바쁜 와중에서도 부족한 원고를 친히 읽어주시고 추천사를 통해서 아낌 없는 격려를 보여주신 존경하는 이상웅 교수님, 박재은 교수님, 그리고 너무도 사랑하는 이재욱 목사님, 박광서 목사님, 박성은 목사님, 박준우 목사님, 노승주 강도사님께 깊은 감사를 드립니다. 무엇보다 이 책의 출판을 위해 정말 사랑과 기쁨과 열정으로 고생을 마다하지 않고 출판해 주신 리바이벌북스 대표 박준우 목사님께 다시 한 번 더 감사 인사를 드립니다. 아울러 이 책의 얼굴인 표지 디자인을 위해 기도하며 헌신해 준 노은지 자매와 나선길 전도사님에게도 감사를 표현하고 싶습니다.

모쪼록 성령 하나님께서 영적으로 혼탁한 미혹의 영이 가득한 시대에 성경적인 성령의 인도를 열망하는 여러 성도에게 이 책을 강력하게 사용해 주시길 소망합니다. "주 예수여 어서 오시옵소서."

2024년 여름의 뜨거운 열기가 오르는 가운데 폭우가 쏟아지는 7월,

강렬한 부흥의 임재를 소망하며

김민호 목사

비판을 받지 아니하려거든 비판하지 말라 너희의 비판하는 그 비판으로 너희가 비판을

받을 것이요 너희의 헤아리는 그 헤아림으로 너희가 헤아림을 받을 것이니라 어찌하여

형제의 눈 속에 있는 티는 보고 네 눈 속에 있는 들보는 깨닫지 못하느냐 보라 네 눈 속

에 들보가 있는데 어찌하여 형제에게 말하기를 나로 네 눈 속에 있는 티를 빼게 하라 하

겠느냐 외식하는 자여 먼저 네 눈 속에서 들보를 빼어라 그 후에야 밝히 보고 형제의 눈

속에서 티를 빼리라(마 7:1-5)

01

분별하는 영, 정죄하는 영

칼빈^{Calvin}은 『기독교 강요』에서 영적 분별력은 거듭난 성도들만의 특권이라고 가르칩니다. 세상에서 현명하다 하지만 하나님을 모르는 철학자들의 분별력에 대하여 칼빈은 다음과 같은 말로 지적합니다.

그들은 마치 캄캄한 밤에 벌판을 지나는 나그네 같아서, 순간적인 번갯불로 멀리 또 넓게 보기는 하지만 그 빛은 아주 빨리 사라져 한 발자국도 떼기 전에 다시 캄캄한 흑암 속으로 빠져들게 되므로, 결국 그러한 도움을 가지고서는 도저히 길을 찾을 수 없다. 게다가 철학자들의 글에는 우연히 진리의 물방울이 뿌려져 있기는 하지만, 많은 기괴한 거짓말이 그것들을 더럽히고 있다. (기독교 강요 2.2.18)

왜 분별은 성도들만의 특권일까요? 그 이유는 성도들만이 영적 맹인의 상태에서 벗어난 존재이기 때문입니다.

—— 주인이 이 옳지 않은 청지기가 일을 지혜 있게 하였으므로 칭찬하였으니 이 세대의 아들들이 자기 시대에 있어서는 빛의 아들들보다 더 지혜로움이니라(눅 16:8)

이 세대의 아들들은 자기 욕심과 만족을 위해서 매우 영악합니다. 그러나 이들은 자기 지혜로 하나님을 결코 영화롭게, 기쁘시게 할 수 없습니다. 육적인 일들에 대해서는 눈이 밝을 수 있을지 모릅니다. 그러나 영적인 일들에 대해서는 무지합니다. 그들이 비록 교리와 성경 지식이 많을지라도 하나님을 향해서는 무감각하여 성령으로 거듭난 할머니보다 분별력이 어둡습니다. 그 이유를 사도 바울은 고린도전서 2장 14절에서 잘 설명했습니다.

—— **육에 속한 사람은 하나님의 성령의 일들을 받지 아니하나니 이는 그것들이 그에게는 어리석게 보임이요, 또 그는 그것들을 알 수도 없나니 그러한 일은 영적으로 분별되기 때문이라**(고전 2:14)

분별은 성령으로 거듭난 신자들만의 몫입니다. 비록 목사나 신학자라 하더라도 성령으로 거듭나지 않으면 하나님의 나라를 볼 수 없습니다(요 3:3). 유대인 종교지도자들이 예수님으로부터 눈 뜨게 된 맹인을 불러다가 심문을 했을 때, 맹인이었던 사람이 한 말이 무엇이었습니까?

—— **그 사람이 대답하여 이르되 이상하다 이 사람이 내 눈을 뜨게 하였으되 당신들은 그가 어디서 왔는지 알지 못하는도다**(요 9:30)

신학을 전혀 모르는 맹인이었던 사람의 분별력을 신학으로 잘 훈련된 종교지도자들이 따라가지 못합니다. 그 이유는 그들 속에 성령이 없기 때문이었습니다. 그렇습니다. 성령만이 진리의 영이시고 분별의 주체이십니다.

오늘 제가 여러분과 나누고자 하는 부분은 바로 분별의 주체가 되시는 성령에 대한 것입니다. 오늘날 이 부분을 다루는 것은 매우 중요하고 시급한 문제입니다. 이 부분은 성령의 사역 가운데 가장 무시되거나 왜곡된 영역입니다. 사탄은 성령의 분별하게 하시는 영역을 신비적 체험으로 오도하거나 성령으로 거듭난 성도들의 분별을 교만으로 정죄합니다.

은사주의자들은 분별을 은사의 영역으로 제한하여 은사가 없으면 분별할 수 없는 것처럼 가르칩니다. 분별의 은사를 받은 사람은 투시하거나, 환상을 보거나, 꿈을 꾸거나, 혹은 육감(6 sense) 같은 느낌으로 안다고 주장합니다. 이들의 주장은 성경적 근거가 전혀 없을 뿐 아니라 이방종교적입니다.

반대로 상당수의 교회는 분별하는 행위를 '정죄하는 행위'로 매도하며 금기시합니다. 포스트모더니즘 사상이 교회 안에 들어오면서 이런 현상은 더욱 두드러진 영적 현상이 되었습니다.

존 맥아더John MacArthur는 『진리 전쟁』에서 이러한 현상을 아주 명쾌하게 표현합니다.

포스트모던에서는 영적, 도덕적 혹은 윤리적인 문제에 관하여 강한 목소리를 내면 품위가 떨어지는 일이라고 생각한다. 그렇다 보니 사람들은 자신들이 아무리 확신하는 것에 대해서도 최대한 유연한 태도를 보여야 한다고 생각한다. 포스트모더니즘에 의하면 어떤 것에 대해 확실해진다는 것은 불가능하다. 따라서 어떤 원칙이나 교리에 관해 모호한 말 사용하기를 거부하면 그는 너무 속 좁은 사람으로 낙인찍히고 만다. 진리를 위해 열정을 내보이는 것은 전략적으로 옳지 않은 것이다.……어떤 교리나 혹은 성경 문제에 관해서 비타협적인 입장을 취해 보라. 그러면 얼마나 풍자적으로 당신의 논증을 세우는가 와는 관계없이 모두가 입을 모아 당신을 완고하고 비정하고 논쟁적이고, 혹은 사랑이 없는 자로 말할 것이다. ……진리에 대한 헌신을 공격적인 악으로 보는 반면, 타협은 미덕으로 생각한다.[1]

이 글처럼 오늘날 교회에서 옳고 그름, 참과 거짓을 분별하는 것은 심각할 정도로 금기시되고 있습니다. 언제부턴가 교회 안에서 생각 있는 사람, 사리를 분별하는 사람은 교만한 사람으로 취급되고 있습니다. 교회 안에서도 은연중에 종교적 PC(Political Correctness/종교적 금기)가 기승하고 있습니다. 성경적으로 옳고 그름을 말하는 것은 교회를 분열시키고 남을 정죄하며 권위에 도전하는 사람으로 취급됩니다.

오늘날 교회에서 좋은 신자란 분별하지 않는 사람들입니다. 그냥 돌쇠처럼 시키면 시키는 대로 묵묵히 봉사하는 사람입니다. 이제 교회 안에서 '분별'이란 용어는 그 의미를 상실한 지 오래됐습니다. 마치 북한의 간첩을 신고하지 않고, 김일성 김정일 김정은 찬양을 보고도 침묵하는 것이 민주주의인 것처럼 된 한국 현실과 너무 흡사합니다. 교회 안에서 '분별'이란 용어는 단지 완고하고 비정하고 논쟁적이며, 사랑이 없는 자들이 하는 '정죄'로 인식되고 말았습니다. 그 결과 교회는 진리의 기둥과 터라는 기능을 상실하고 말았습니다. 이제 교회는 사랑을 위해 분별을 포기하든지, 아니면 분별을 위해 사랑을 포기해야 한다는 극단적인 오류에 빠지고 말았습니다.

---

1) 존 맥아더, 『진리전쟁』 신성욱 역 (서울: 생명의말씀사, 2007), 243.

분별이 교회에서 자취를 감추면 그다음은 교회 안에 불법과 거짓이 왕좌를 차지하게 됩니다. 마치 면역력을 상실한 에이즈 환자처럼 되고 맙니다. 분별력을 상실하여 불법과 거짓에 의해 장악된 교회는 자동적으로 사랑이 식어지게 되고, 그 자리엔 거짓된 사랑과 거짓된 관용이 왕 노릇 하게 됩니다. 분별은 교회를 다툼과 논쟁의 자리로 만드는 것이 아닙니다. 반대로 참된 사랑과 거룩함을 지탱하는 초석이 됩니다. 예수님의 가르침처럼 불법이 성행하면 사랑이 식어집니다(마 24:12). 불법을 판단하지 못하는 교회에게 기대할 수 있는 사랑은 위선으로 포장된 사랑일 뿐입니다.

이런 차원에서 오늘 우리가 깊이 있게 상고하려는 것은 성령의 '분별하는 영'이 사탄의 '정죄의 영'과 어떤 차이가 있는가 하는 겁니다.

—— **비판을 받지 아니하려거든 비판하지 말라 너희의 비판하는 그 비판으로 너희가 비판을 받을 것이요 너희의 헤아리는 그 헤아림으로 너희가 헤아림을 받을 것이니라**(마 7:1-2)

예수님은 비판하지 말라고 가르치셨습니다. 여기서 "비판하지 말라"에 해당하는 헬라어 '메 크리네테'는 '정죄하지 말라'는 뜻입니다. 이 말씀은 분명히 성도에게 부여된 분별하는 행위와 구분된 어떤 행위를 지적합니다. 예수님이 언급하신 말씀은 사탄의 주된 역할 가운데 아주 두드러진 역할을 지칭하는데, 바로 '정죄하는 것'입니다. 예수님은 우리에게 절대 사탄의 그런 역할에 참여하지 말 것을 경고하십니다.

우리는 이 경고를 염두에 두면서 **'정죄'**는 무엇이고 **'분별'**은 무엇인지 생각해 보아야 합니다. 이것은 오늘날 교회에게 아주 시급한 문제입니다. 특히 이 문제는 차별금지법을 바라보는 중요한 관점을 제공해 줍니다. 오늘날 차별금지법의 핵심 논점이 무엇입니까? 동성애라는 행위에 대한 **'분별'**을 동성애자들을 향한 **'정죄'**라고 뒤집는 것입니다. 민주주의 사회에서 우리는 타인의 행위에 대해 얼마든지 분별하고 자기 의견을 표현할 자유가 있습니다. 우리의 가치관과 신앙에 위배되는 행위에 대해서 옳고 그르다는 판단과 표현을 할 수도 있습니다. 이것은 타인의 인격에 대한 정죄가 아니라 분별입니다. 그러나 차별금지법을 지지하는 사람들은 교회가 동성애자들을 정죄한다고 비난합니다. 이것은 전형적인 용어의 왜곡입니다.

어거스틴Augustine의 말처럼 기독교는 죄를 미워하는 것이지, 죄인을 미워하는 것은 아닙니다. 이것은 진리의 기둥과 터 역할을 하는 교회가 취해야 할 정당한 태도입니다. 교회가 만일 옳고 그름, 선과 악을 분별하는 기능을 버린다면 교회와 세상에는 수많은 오류가 홍수처럼 들어와 멸망할 것입니다. 분별을 정죄로 왜곡하는 논리야말로 진리를 파괴하는 교묘한 사탄의 전술입니다. 진리를 말하는 입에 재갈을 물려서 빛과 어둠, 그리스도와 벨리알, 성전과 우상을 혼합시키려는 미혹입니다. 이제 우리는 정죄의 영과 분별의 영을 판별하는 중요한 시금석을 살펴보도록 하겠습니다.

—— 어찌하여 형제의 눈 속에 있는 티는 보고 네 눈 속에 있는 들보는 깨닫지 못하느냐 보라 네 눈 속에 들보가 있는데 어찌하여 형제에게 말하기를 나로 네 눈 속에 있는 티를 빼게 하라 하겠느냐 외식하는 자여 먼저 네 눈 속에서 들보를 빼어라 그 후에야 밝히 보고 형제의 눈 속에서 티를 빼리라(마 7:3-5)

우리가 집중해야 할 구절은 **"그 후에야 밝히 보고 형제의 눈 속에서 티를 빼리라"**라는 말씀입니다. 왜 우리는 분별을 주시는 성령의 역사와 정죄하게 하는 사탄의 역사를 구분하기 위해 이 구절에 우리의 시선을 집중해야 하겠습니까? 그 이유는 성령의 분별과 사탄의 정죄는 외적으로만 볼 때, 매우 흡사한 양태를 취하고 있기 때문입니다. 겉으로 보면 거의 같은 색과 같은 맛을 가지고 있는 두 종류의 떡을 보는 것과 같습니다. 그러나 재료를 사용하는 데 있어서 한쪽은 천연 재료만 사용한 것이고, 다른 한쪽은 식용색소와 인공 감미료를 사용한 것입니다. 한쪽은 밀가루로, 다른 한쪽은 쌀로 만든 떡입니다. 겉으로 보기에는 차이를 구별하기 어렵습니다. 마찬가지로 우리가 성령 사역으로서 '분별하는 영'과 사탄의 역사로서 '정죄하는 영'은 겉으로 보이는 양태만으로는 구분하기 어려울 때가 많습니다. 이것이 거짓의 아비인 사탄이 하는 전형적인 수법입니다.

예수님은 분별하는 영과 정죄의 영을 구별하는 중요한 기준을 가르치셨습니다. 그것은 행위보다는 목적과 의도를 바라보라는 것입니다. 우리가 성령의 역사와 사탄의 역사를 구별하기 위해서는 항상 여기에 초점을 맞춰야 합니다. 그래야 표면적으로 드러난 행위만을 가지고 실족하거나 미혹에 빠지는 일이 생기지 않습니다. 실제로 상당수 사람은 성령의 역사를 분별하지 못하여 실족합니다. 예수님은 이런 사람들을 향하여 말씀하셨습니다.

—— **누구든지 나로 말미암아 실족하지 아니하는 자는 복이 있도다 하시니라**(마 11:6)

반대로 사탄은 광명의 천사로 가장하여 사람들을 미혹합니다(고후 11:14).

실제로 죄를 지적하는 외적인 영역만 보면 혼란스러운 경우가 많습니다. 거짓된 설교자들도 죄를 지적하는 설교를 많이 합니다. 그러나 그들의 행위는 분명히 정죄입니다. 반대로 바른 설교자라 해서 다 죄를 지적하기만 하는 것은 아닙니다. 위로와 격려의 말을 하기도 합니다. 결론적으로 말한다면 어느 한쪽은 미혹을 목적으로 하고, 다른 한쪽은 그리스도를 가까이하도록 하기 위함입니다.

그렇다면 정죄하는 영을 지닌 거짓 설교와 분별하도록 돕는 바른 설교를 무엇으로 분별하겠습니까? 어떤 사람들은 설교에 감정이 섞여 있지 않다면 성령의 역사이고, 감정이 섞여 있다면 사탄의 역사일 것으로 생각하는데, 이것도 올바른 기준이 되지 못합니다. 왜냐하면 정죄하는 설교나 회개와 분별을 촉구하는 설교 모두 불같은 감정이 들어가기 때문입니다. 오히려 회개와 분별을 촉구하는 설교자의 설교에 거룩한 분노의 감정이 없다면 그것 또한 위선적인 설교라고 할 수 있습니다. 왜냐하면 구약과 신약에서 잘 보여주는 것처럼 참된 선지자는 하나님의 뜻만 전달하는 것이 아니라, 하나님의 감정까지 그대로 회중에게 전달하는 사람으로 나타나기 때문입니다. 정말로 죄를 미워하고 하나님을 사랑하는 마음으로 설교한다면 감정 없이 점잖게 설교할 수 없습니다. 우리는 표면적인 현상만으로 분별의 영과 정죄의 영을 분별하려는 오류에 빠져서는 안 됩니다.

—— … 그 후에야 밝히 보고 형제의 눈 속에서 티를 빼리라(마 7:5)

일차적으로 여기서 우리가 발견할 수 있는 것은 예수님께서 분별을 금하신 것이 아니라 비판(정죄)을 금하셨다는 사실입니다. 이런 명령의 목적은 형제의 눈 속에서 티를 빼내는 데 있습니다. 이것이 바로 교회가 분별의 영 가운데 항상 있어야 하는 근본적인 이유입니다.

이런 차원에서 우리는 제1차 영적 대각성기로 돌아가서 생각해 봅시다.

조나단 에드워즈Jonathan Edwards는 다른 사람의 회심 여부를 신중하게 분별해야 할 것을 성토했습니다. 그 이유는 부흥을 주시는 성령의 사역에 큰 악영향을 줄 뿐 아니라, 거짓된 회심자가 교회에 큰 혼란을 주기 때문이었습니다. 조나단 에드워즈의 목회 사역은 우리에게 귀한 묵상을 제공합니다.

18세기 초 북미 교회는 교인을 받아들이는 데 매우 엄격한 절차를 밟았습니다. 한 사람의 교인을 받아들일 때, 장기간의 신앙교육을 한 후에 약 15분에서 20분 정도 신앙 간증을 요구했습니다. 신앙 간증을 들은 여러 교인과 장로들, 그리고 목사는 그를 공동체에 받아들여도 될지를 결정했습니다. 아무나 쉽게 공동체의 일원으로 받지 않았습니다.

이런 모습은 18세기 당대 최고의 칼빈주의 부흥사였던 조지 휫필드George Whitefield와 길버트 테넌트Gilbert Tennent 같은 설교자들의 메시지에도 잘 나타납니다. 이들은 회심하지 않은 목회자의 위험성을 자주 강도 높게 경고했습니다. 왜냐하면 회심하지 않은 목회자의 활동은 교회 밖에서 교회를 박해하는 사람보다 더 위험한 사람으로 여겨졌기 때문입니다. 회심하지 않은 설교자가 만연하게 되는 가장 근본적인 원인은 아무나 교회 일원으로 받는 데 있었습니다. 그런 사람들 가운데 목회자가 되겠다는 사람들을 아무 분별없이 세웠습니다. 분별없이 사람을 받고 사람을 세우는 것이 교회의 위기를 초래하는 원인으로 작용했습니다.

조나단 에드워즈는 이 일에 더욱 엄격했습니다. 그는 끊임없이 회심한 자와 회심하지 않은 자의 차이가 무엇인지 분별하도록 설교했습니다. 더 나아가 사역 말기에는 회심한 분명한 증거가 없는 사람이 성찬에 참여하는 것을 금해야 한다고 강도 높게 주장하기까지 했습니다. 물론 이런 에드워즈의 주장은 무리가 있지만, 교회가 분별력을 상실한 이 시대의 우리는 에드워즈의 주장을 생각해 볼 필요가 있습니다.

여기서 우리는 조나단 에드워즈가 성찬에 참여할 수 있는 사람의 분별 기준을 어떻게 세웠는지 잠시 살펴보도록 하겠습니다. 에드워즈는 온전한 자격을 갖춘 자들, 즉 가견적이고 경건하며 은혜롭다고 교회가 판단하는 사람들만 성찬에 참여하는 것이 허용되어야 한다고 주장했습니다. 그는 기독교적 판단자들의 눈에 가시적으로 드러날 것을 강조했는데, "진정한 성도나 회심자는 하나님의 눈에 그러한 자다. 가시적 성도나 회심자는 인간의 눈에 그러한 자다."라고 주장했습니다.[2] 조나단 에드워즈는 진정으로 회심한 사람들은 누가 보더라도 실제적인 경건함과 거룩함이 분명하다고 판단되는 사람이어야 한다고 주장했습니다. 왜냐하면 진정으로 회심한 사람들은 성화의 정도를 떠나서 분명하게 나타나는 현상이 있기 때문입니다.

흥미로운 점은 이런 에드워즈의 주장이 당시 정죄의 영을 가지고 회심여부를 판단하려 했던 데이븐포트Davenport와 외적으로 볼 때, 매우 흡사한 양태를 보이고 있었다는 점입니다. 데이븐포트는 사람들의 회심 여부를 너무

---

2) 양낙홍, 『조나단 에드워즈 생애와 사상』(서울: 부흥과개혁사, 2003), 599.

경솔하게 판단하고 정죄하는 사람이었습니다. 조나단 에드워즈는 그의 판단을 심하게 비판했습니다.

여기서 우리는 조나단 에드워즈가 회심자를 분별하는 태도와 데이븐포트가 회심자를 정죄하는 태도의 차이가 무엇인지 혼란스럽게 여겨질 수 있습니다. 이런 혼란스러운 상황을 보면서 상당수 사람은 사람들의 회심 여부를 함부로 판단하지 말고 하나님의 심판에 맡기고 유보하자는 중립적 태도를 견지합니다.

과연 우리는 이 혼란을 어떻게 바라보아야 하겠습니까? 오늘날 사람들이 흔히 생각하는 것처럼 중도적 태도를 견지하는 것이 정당할까요? 이것을 이해하기 위해 우리가 먼저 염두에 두어야 할 것은 성령의 역사이든, 사탄의 역사든 모두가 다른 사람의 회심 여부를 구분하는 데 관심 있게 접근한다는 사실입니다. 성령은 틀림없이 우리의 회심 여부에 대하여 끊임없이 점검하고 분별하도록 촉구합니다. 반면에 사탄의 역사는 우리의 회심 여부에 대하여 끊임없이 의심을 갖도록 하여 성도를 정죄합니다. 따라서 우리는 이런 표면적 양태만 가지고 성령의 영과 사탄의 영을 경솔하게 판단하면 안 됩니다.

우리가 관심 가져야 할 것은
표면적인 현상이 아니라 **목적**과 **의도**입니다.

한 권투 선수에게 약점이 있습니다. 그의 약점은 자기를 쓰러뜨리려는 상대방에게도 관심사이지만, 그를 이기도록 도우려는 코치의 관심사이기도

합니다. 상대방과 코치 모두 그 선수의 약점에 관심을 가지고 있습니다. 그러나 그들이 그 선수의 약점에 관심을 갖는 목적과 의도는 완전히 다릅니다. 권투 선수의 적은 그를 쓰러뜨리기 위해 약점을 찾고 분석합니다. 하지만 코치는 그가 상대 선수에게 공격받지 않도록 약점을 찾습니다. 약점을 찾는다는 표면적 양태만으로는 둘이 동일합니다. 그러나 목적과 의도에 있어서는 완전히 다릅니다.

바로 이것이 예수님께서 말씀하신 의도입니다. 예수님께서는 형제의 티를 보지 않는 것이 사랑이라고 가르치지 않으셨습니다. 분별하지 못하면 사탄의 공격에 넘어질 수 있습니다. 그뿐만 아니라 형제의 눈 속에 있는 티를 빼 줄 수 없습니다. 형제의 티를 밝히 볼 줄 아는 것은 성령 받은 성도의 본분입니다. 문제는 형제의 티를 보려는 목적과 의도입니다. 형제를 죽이기 위해 티를 찾는 것인지, 아니면 형제의 티를 빼주기 위해 밝히 보려는 것인지가 중요합니다. 여기서 분별의 영과 정죄의 영을 구분하는 기준이 나옵니다.

여기서 저는 분별의 영과 정죄의 영이 가지고 있는 근본적 차이를 세 가지 기준을 통해 정리하고자 합니다.

첫째, 우리는 다른 사람의 영을 판단하기 전에 먼저 자기 눈 속의 들보가 보여야 합니다. 이것은 성령의 역사가 아니면 불가능합니다. 성령이 없는 사람은 자기 눈 속의 들보가 보이지 않습니다. 타인의 티만 현미경처럼 보입니다. 성령은 우리가 형제의 티를 사랑과 긍휼로 보도록 하기 위해 우리의 안에 있는 죄의 들보를 먼저 보도록 하십니다. 자기는 의롭고 다른 사람은 악하다는 관점에서 형제의 죄를 바라보는 행위는 분명히 성령의 역사가 아니라 사탄의 역사입니다. 이런 사람들은 형제의 티를 빼주는 것이 아니라 눈을 뽑는 쪽으로 가게 됩니다.

이것은 설교자뿐만 아니라 남편과 아내의 관계, 부모와 자녀의 관계 속에서도 그대로 적용되어야 합니다. 그렇지 않으면 가정에서 티를 뽑아주는 관계가 아니라 서로의 눈을 후벼서 원수가 되도록 할 뿐입니다. 죄를 지적하지만, 결코 좋은 열매를 기대할 수 없습니다. 설교에서도 마찬가지입니다. 설교자가 자신의 죄를 들보 같이 보는 가운데 죄를 지적하는 것과 자신은 의롭다고 생각하며 성도들의 죄를 지적하는 것은 완전히 다른 결과를 초래합니다. 성령께서 하시는 분별의 시작은 자신의 죄를 밝히 본 것을 기초로 이루어진다는 것을 잊지 말아야 합니다.

둘째, 분별하게 하시는 성령의 역사는 형제의 죄를 지적할 때, 그의 영혼을 진심으로 걱정하고 사랑하는 데서 나옵니다. 그러나 정죄의 영은 사랑과 자비 없이 그의 영혼을 괴롭게 하기 위해 죄를 지적합니다. 이런 사람들의 특징은 죄를 지적하지만, 그의 티 같은 죄로부터 해방되도록 구체적으로 돕는 일이 없습니다. 성령의 역사는 죄를 지적하는 것으로 그치지 않습니다. 죄인을 위해 기도하게 하시고, 그 죄인이 죄로부터 해방되도록 구체적인 도움과 희생을 하게 하십니다.

셋째, 우리는 정죄를 통해 설교자의 노예가 되도록 하는 것과 그리스도를

붙들도록 하는 것에서 차이를 발견해야 합니다. 거짓된 설교자들도 죄를 지적하고 회개를 촉구하는 경우가 많습니다. 그런 설교자들의 특징은 죄의 지적을 통해 설교자를 맹목적으로 추종하게 합니다. 교인들을 두려움에 빠지도록 하여 설교자의 종이 되도록 합니다. 거짓된 설교자들은 신자들의 죄악 된 상태만 지적할 뿐 그리스도를 붙들도록 인도하지 않습니다. 이것이 중요합니다. 설교자의 기능은 죄를 지적하는 데만 있지 않습니다. 죄를 지적하는 이유는 그리스도를 붙들어야 할 당위성을 알게 하기 위해서입니다. 그러므로 죄를 지적하지만, 그들이 그리스도를 붙들도록 인도하지 않는 설교자는 회중을 정죄할 뿐입니다.

당대의 최고의 부흥사였던 휫필드나, 에드워즈 같은 설교자들은 죄를 지적하는 것으로 그치지 않았습니다. 그들은 죄인들이 죄의 심판에 떨도록 하는 것으로 그치지 않고, 그들을 그리스도께로 인도했습니다. 그리스도 안에서 안식하도록 사랑으로 인도했습니다. 그들의 설교도 회개하지 않는 죄인들의 크고 두려운 심판을 경고했다는 차원에서 별 차이가 없어 보입니다. 그러나 휫필드나 에드워즈는 죄에 대한 정죄와 심판에 초점을 맞추지 않고, 그리스도 안에서 안식하도록 인도했다는 차원에서 근본적인 차이가 있습니다.

사랑하는 성도 여러분, 분별의 주체가 성령이심을 다시 강조하고 싶습니다. 분별은 이성의 영역이 아닙니다. 성령께서 이성을 사용하셔서 합리적으로 판단하도록 하시는 일입니다. 성령이 아니면 아무리 많은 교리와 지식도 도움이 되지 않습니다. 그 지식과 교리도 오류에 빠지는 것을 막아주지 못합니다.

—— 육에 속한 사람은 하나님의 성령의 일들을 받지 아니하나니 이는 그것들이 그에게는 어리석게 보임이요, 또 그는 그것들을 알 수도 없나니 그러한 일은 영적으로 분별되기 때문이라(고전 2:14)

성령이 아니면 우리는 분별과 정죄 사이에서 혼란에 빠집니다. 분별하는 행위를 정죄 행위로 오해하거나, 정죄하고 교인들을 노예로 만드는 욕쟁이 설교자를 참 선지자라고 오해합니다. 작금의 기독교인들을 보면 회개를 빌미로 회중의 가려운 귀 긁어 주는 설교를 너무 좋아합니다. 자기가 증오하는 대상을 향해 사이다식 발언하는 설교자를 참 선지자라고 환호합니다. 이 발언 속에서 회중은 자신의 정죄 욕구에 대한 대리만족을 추구합니다. 이런 사람 중 자신의 들보를 보지 못하는 목사들이 많습니다. 자신은 더 큰 악을 행하면서 정의와 사랑을 외치는 위선자들이 얼마나 많은지 모릅니다. 이런 설교자들은 사람들을 그리스도께 인도하기보다는 자기를 숭배하도록 유도합니다.

참된 분별의 영은 타인의 죄를 보게 하는 영이 아닙니다. 들보 같은 자기 죄를 보게 하는 영입니다. 그리고 이웃의 죄는 긍휼히 여기는 마음으로 보게 하는 영입니다. 저와 여러분에게 자기의 들보 같은 죄가 보이는 은총이 가득하길 바랍니다. 거짓된 설교자들이 가득한 시대에 참 설교자와 거짓 설교자를 분별하는 은혜가 임하길 주님의 이름으로 축원합니다.

—— 우리가 관심 가져야 할 것은
표면적인 현상이 아니라 **목적**과 **의도**입니다.

형제들아 신령한 것에 대하여 나는 너희가 알지 못하기를 원하지 아니하노니 너희도 알

거니와 너희가 이방인으로 있을 때에 말 못하는 우상에게로 끄는 그대로 끌려 갔느니라

그러므로 내가 너희에게 알리노니 하나님의 영으로 말하는 자는 누구든지 예수를 저주

할 자라 하지 아니하고 또 성령으로 아니하고는 누구든지 예수를 주시라 할 수 없느니

라(고전 12:1-3)

02

성령과 열매

성령론에 접근하는 데 있어서 항상 본질적인 접근에 중심을 두어야 합니다. 만약 성령론을 너무 현상적으로만 접근하게 되면 사탄의 거짓에 속기 쉽습니다. 사도 바울이 지적한 것처럼 사탄은 자신을 광명의 천사로 가장해서 나타납니다(고후 11:14). 또한 다른 영, 다른 예수, 다른 복음이라는 유사한 양태로 나타나기도 합니다(고후 11:4). 너무도 친근하고, 경계를 쉽게 풀 수 있는 모습으로 사람들에게 접근합니다. 무엇보다 사탄은 성령의 역사처럼 교묘하게 자신을 위장하여 성도들을 미혹합니다. 성도들은 신앙생활을 하는 데 있어서 표면적으로 나타나는 현상으로만 성령의 역사와 사탄의 역사를 분별하려는 오류에 빠지지 말아야 합니다.

성경을 가만히 보면 사탄은 자신의 정체가 드러나기 전까지 주로 아름다운 모습, 세련된 모습, 점잖은 모습, 친근한 모습, 자상한 모습, 매력적인 모습으로 사람들을 미혹하여 아무런 거부감 없이 죄를 수용하도록 유혹합니다. 하와를 미혹할 때도 사탄은 하와가 가장 친근감을 느끼던 뱀을 사용했습니다. 지금은 뱀이 우리에게 혐오의 대상으로 여겨지지만, 처음에는 뱀이 사람들에게 가장 지혜롭고 매력 있는 동물로 여겨졌다고 합니다. 지금도 사탄은 뱀을 사용하듯 예수님의 모습으로(다른 예수), 복음의 모습으로(다른 영), 성령의 모습으로(다른 영) 신자들에게 접근합니다.

이와 반대로 성령의 역사는 타락한 본성을 가지고 있는 우리에겐 거슬리거나 인간적 매력이 떨어지는 방식으로 느껴지곤 합니다. 그러나 이것은 우리의 본성이 거슬리기 때문이지 성령이 그렇기 때문은 아닙니다.

—— 육에 속한 사람은 하나님의 성령의 일들을 받지 아니하나니 이는 그것들이 그에게는 어리석게 보임이요, 또 그는 그것들을 알 수도 없나니 그러한 일은 영적으로 분별되기 때문이라(고전 2:14)

성령의 역사는 육에 속한 사람들의 안목에서는 불편합니다. 매력적이지 않고, 세련되지도 지적이지도 않아 보입니다. 특히 설교가 그렇습니다. 성령의 역사를 통해 정확하게 선포되는 설교는 자연인들의 귀에는 달콤하게 여겨지거나 매력적으로 여겨지지 않습니다. 거슬리고 불편하고 미련하게 여겨집니다. 성령의 역사에 대한 이런 특징을 염두에 두고 바울은 하나님께서 사람을 구원하시되 전도의 미련한 것(고전 1:20)을 사용하신다고 말합니다. 복음이 미련하다는 것이 아니라, 타락한 본성으로 듣기에 전도가 미련하게 여겨진다는 말입니다.

이런 모습은 기도에서도 나타납니다. 성경이 가르치는 기도는 그다지 세련되게 보이지 않습니다. 엘리야의 기도는 부르짖는 기도였고, 머리를 다리 사이에 넣고 처절하게 매달리는 기도였습니다. 사무엘의 어머니 한나의 기도하는 모습은 엘리 제사장이 보기에 술에 취한 사람처럼 보일 정도였습니다. 육에 속한 사람들의 입장에서 볼 때, 성령의 일들은 어리석게 보이고 납득할 수도 없습니다. 그래서 많은 사람이 성령의 역사를 거부하고 미혹의 영, 거짓 영을 따라갑니다. 성령의 역사와 미혹하는 영의 역사는 이렇게 분별하기 어려워서 많은 사람이 신앙생활을 하면서 혼란스러워합니다.

그러면 성령의 역사와 미혹의 영을 어떻게 정확히 분별할 수 있을까요?

—— 그들의 열매로 그들을 알지니 가시나무에서 포도를, 또는 엉겅퀴에서 무화과를 따겠느냐 이와 같이 좋은 나무마다 아름다운 열매를 맺고 못된 나무가 나쁜 열매를 맺나니 좋은 나무가 나쁜 열매를 맺을 수 없고 못된 나무가 아름다운 열매를 맺을 수 없느니라 (마 7:16-18)

예수님께서 가르치시는 분별의 원리는 열매로 나무를 알 수 있다는 것입니다. 여기서도 우리가 조심해야 할 부분이 있습니다. 그것은 좋은 나무가 맺는 아름다운 열매가 외적인 아름다움을 지칭하는 표현이 아니라는 것입니다. 헬라어에서 "아름다운 열매"(카르푸스 칼로스)란 외적인 아름다움을 지칭하는 것이 아닙니다. 문자적으로 직역하면 "선한 열매"를 말합니다. 따라서 이 말씀은 열매의 외적 아름다움에 미혹되지 않도록 경고하는 말씀이기도 합니다.

에덴에서 하와가 사탄에게 미혹된 이유 가운데 하나는 열매의 외적 아름다움이었습니다. 창세기의 기록을 보면 선악을 알게 하는 나무의 열매는 외적으로 "먹음직도 하고 보암직도 하고 지혜롭게 할 만큼 탐스럽게"(창 3:6) 보였다고 합니다. 외적으로 아름답게 보였다는 말입니다. 여기서 선악을 알게 하는 나무의 열매는 아름다워 보였지만 결코 "선한 열매"가 아니었습니다. 도리어 "나쁜 열매"(카르푸스 포네루스/사악한 열매)였습니다. 열매가 아무리 매력적이고 탐스럽고 아름다울지라도 열매가 주는 경향이 사악하다면 그 나무는 악하다는 말입니다. 마치 독버섯은 외적으로 아름답고 화려하고 탐스럽지만 먹으면 죽게 되는 것과 같습니다.

우리는 예수님이 '가시나무'와 '엉겅퀴'를 언급하셨다는 것에 관심을 가질 필요가 있습니다. 왜냐하면 이 두 종류 나무는 아담과 하와의 타락 후에 하나님께서 인류를 저주하면서 나온 식물이기 때문입니다(창 3:18). 이 두 종류의 나무는 타락과 저주의 결과를 상징합니다. 나쁜 열매란 인간의 타락을 극복하지 못한 열매를 의미하고, 좋은 열매란 인간의 타락과 저주를 성령의 은총으로 극복한 열매를 지칭한다고 볼 수 있습니다. 좋은 열매란 '사람은 할 수 없고 하나님만(성령만) 할 수 있는 열매'를 지칭한다고 보아야 마땅합니다.

──── 형제들아 신령한 것에 대하여 나는 너희가 알지 못하기를 원하지 아니하노니 너희도 알거니와 너희가 이방인으로 있을 때에 말 못하는 우상에게로 끄는 그대로 끌려 갔느니라(고전 12:1-2)

바울은 고린도 교회를 향하여 신령한 것(프뉴마콘/성령의 사역)에 대해 언급하기 전에 성령이 없던 시절의 특징, 즉 "너희가 이방인으로 있을 때에 말 못하는 우상에게로 끄는 그대로 끌려 갔느니라"는 점을 먼저 언급합니다. 말 못하는 우상이 끄는 데로 끌려 다닌 상태는 예수님의 가르침처럼 가시나무와 엉겅퀴 상태를 떠올리게 합니다. 타락한 인류의 특징은 그 열매가 겉으로 아무리 아름다워 보일지라도 우상에게로 이끄는 나무임을 기억해야 합니다.

이런 개념은 신명기 13장 1-2절에서 더욱 선명하게 잘 설명해 줍니다.

—— 너희 중에 선지자나 꿈 꾸는 자가 일어나서 이적과 기사를 네게 보이고 그가 네게 말한 그 이적과 기사가 이루어지고 너희가 알지 못하던 다른 신들을 우리가 따라 섬기자고 말할지라도(신 13:1-2)

모세는 하나님의 말씀을 대언하면서 선지자나 꿈꾸는 자가 일어나 이적과 기사를 보여주고 그 이적과 기사가 이루어진다고 해도 믿지 말라고 합니다. 그 이유는 그 선지자나 꿈꾸는 자가 이런 영적인 현상을 통해 얼마든지 우상을 섬기도록 할 수 있기 때문입니다. 이것이 바로 마태복음 7장에서 예수님이 가르치신 악한 열매입니다. 선지자나 꿈꾸는 자가 아무리 아름다운 말과 육신적 이익을 제공한다 하더라도 점차 우상숭배에 빠지도록 한다면 나쁜 나무요, 미혹의 영이라는 말씀입니다.

바울은 고린도교회 성도들도 과거 이방인으로 있을 때는 우상숭배에 끌려다녔다고 말합니다. 이것이 성령 없는 사람들의 특징이며, 가시나무와 엉겅퀴로 가득한 영적 상태의 특징입니다.

—— 그러므로 내가 너희에게 알리노니 하나님의 영으로 말하는 자는 누구든지 예수를 저주할 자라 하지 아니하고 또 성령으로 아니하고는 누구든지 예수를 주시라 할 수 없느니라(고전 12:3)

성령 사역의 특징은 사람들의 귀를 즐겁게 하거나, 기사와 이적을 보이거나, 병 고치거나, 꿈이나 환상을 보는 것에 있지 않습니다. 성령 사역의 핵심은 누구든지 예수를 저주할 자라 하지 아니하고 또 성령으로 아니하고는 누구든지 예수를 주시라 할 수 없는 것입니다. 이 가르침은 당시 유대교 안에서 예수님을 하나님의 저주받은 자로 인식하는 태도를 염두에 둔 것입니다. 다시 말해서 예수님은 하나님의 저주를 극복한 자가 아니라, 도리어 하나님의 저주를 드러내는 자로 이해해야 한다는 방식을 보여줍니다.

이렇게 말씀드리면 이해가 좀 어려울 수 있기에 우리에게 적용하여 다시 말씀드리겠습니다. 오늘날 상당수 기독교인은 나름대로 예수를 믿는다고 합니다. 그러나 그 믿음이 신자들의 삶 속에 가시덤불과 엉겅퀴를 제거하는 데 아무런 도움이 되지 않는다는 식으로 살아가는 사람들이 많습니다. 예수 그리스도의 죽으심이 우리의 죄와 사망으로 가득한 저주받은 삶으로부터 구원을 주신다는 믿음을 고백하는 것이 아니라, 도리어 우상에게 이끄는 삶을 더 강화시킨다는 방식으로 이해합니다. 예수를 믿는다고 하지만, 여전히 돈과 명예와 성공과 육신의 욕구라는 우상으로 이끌려가는 사람들이 바로 예수가 여전히 저주 아래에 있는 자라 고백하는 것입니다.

바울이 고린도전서 12장에서 성령의 은사를 언급하면서 이런 전제를 먼저 가르치는 이유는 성령의 은사를 악한 영의 역사와 구별하는 근거를 제시하고자 하는 데 있습니다. 실제로 오늘날 상당수 은사주의자는 고린도전서 12장에 나오는 성령의 은사를 말 못하는 우상에게 이끄는 수단으로 사용하는 경향이 많습니다. 그러나 바울이 성령의 은사를 언급하는 핵심은 예수를 주시라 고백하며, 그리스도의 몸 된 교회를 세우는 데 있었습니다. 바울은 다양한 은사에 대해 언급하지만, 이 모든 은사가 목표하는 열매는 예수를 주라 고백하게 하며, 교회의 덕을 세우는 데 초점이 맞춰져 있다는 것을 일관성 있게 가르칩니다. 그러므로 사람들에게 지혜의 말씀, 지식의 말씀, 믿음, 병 고침, 예언함, 영들 분별함, 각종 방언 말함, 방언 통역함은 교회를 세우고, 예수를 주라 시인하게 하시는 한 성령의 행위라는 것을 염두에 두어야 합니다.

—— 몸은 하나인데 많은 지체가 있고 몸의 지체가 많으나 한 몸임과 같이 그리스도도 그러하니라 우리가 유대인이나 헬라인이나 종이나 자유자나 다 한 성령으로 세례를 받아 한 몸이 되었고 또 다 한 성령을 마시게 하셨느니라(고전 12:12-13)

우리는 성령께서 열매 맺게 하시는 핵심이 교회가 그리스도 안에서 한 몸 이루게 하는 데 있음을 발견하게 됩니다. 이런 강조 안에서 교회를 분열시키고 성경 말씀보다는 신비한 체험과 환상과 음성으로 사람들을 이끄는 것은 성령의 역사가 아닐 가능성이 많다는 것을 알 수 있습니다.

성령께서 주도하시는 열매는 다음과 같습니다.

첫째, 예수를 주(主)로 시인하게 하시는 데 있습니다(빌 2:10-11).
성령은 그리스도께서 이미 성취하신 구속 사역을 우리에게 적용하셔서 하늘에 있는 자들과 땅에 있는 자들과 땅 아래에 있는 자들로 모든 무릎을 예수의 이름에 꿇게 하시고 모든 입으로 예수 그리스도를 주라 시인하여 하나님 아버지께 영광을 돌리게 하시는 영이십니다. 성령으로 아니하고는 누구든지 예수를 주시라 할 수 없습니다. 마태복음 22장 43절에서도 다윗이 성령에 감동되어 한 말은 그리스도를 주라 고백했다는 점입니다. 성령이 아니면 결코 우리 자신을 그리스도께 복종하게 할 수 없습니다. 성령께서 인도하시는 예수를 주로 시인하게 하시는 방식은 성경(계시) 앞에 철저히 복종하게 하는 것입니다. 성경과 바른 교리 앞에 자신의 체험과 경험과 생각을 굴복시키는 것이 참된 성령의 역사입니다. 이렇게 하여 우리는 모든 시대 모든 교회가 그리스도 안에서 한 몸을 이루게 됩니다. 이것이 성령께서 성도가 열매 맺게 하시는 가장 중요한 부분입니다.

사랑하는 성도 여러분, 우리는 이 세상을 살아가면 어떤 식으로든 열매를 맺으며 살 수밖에 없습니다. 성령이 없다면 우리가 맺을 수밖에 없는 열매는 "우상에게로 끄는 대로 끌려 가는" 열매뿐입니다. 이런 열매는 하나님 앞에서와 사람들과의 관계 속에서 가시와 엉겅퀴를 냅니다. 돈과 쾌락과 명예와 욕심의 노예가 되어 살아가게 합니다. 타락한 본성의 한계를 절대로 극복할 수 없습니다. 그러나 기도와 말씀으로 성령을 의지하면 예수를 주로 고백하게 됩니다. 타락한 본성으로는 할 수 없는 한계를 극복하게 됩니다. 성경 말씀이 가라고 하는 데까지 가고, 말씀이 멈추라는 데서 멈추며, 성경이 침묵하는 데서 침묵하게 됩니다. 어떻게 이것이 가능하겠습니까? 주의 영이 계신 곳에는 자유가 있기 때문입니다(고후 3:17). 성령이 주시는 열매는 이렇게 예수님을 주로 고백하게 하는 열매입니다.

둘째, 성령은 반드시 교회가 거룩함과 순결함 가운데 거하도록 하십니다.
오늘 본문에 열거된 은사들은 아름다운 열매(선한 열매)를 맺도록 사용되는 수단이라는 점을 기억해야 합니다. 성령의 은사들은 주님의 몸 된 교회가 더 온전하고 거룩하며 순결할 수 있도록 돕는 수단입니다. 그러므로 은사 자체에 속지 말아야 합니다. 다양한 은사를 모방하는 것은 사탄의 주특기입니다.

—— 그 날에 많은 사람이 나더러 이르되 주여 주여 우리가 주의 이름으로 선지자 노릇 하며 주의 이름으로 귀신을 쫓아 내며 주의 이름으로 많은 권능을 행하지 아니하였나이까 하리니 그 때에 내가 그들에게 밝히 말하되 내가 너희를 도무지 알지 못하니 불법을 행하는 자들아 내게서 떠나가라 하리라 (마 7:22-23)

예수님께서 이들에게 "내가 너희를 도무지 알지 못한다"라고 선언하신 이유는 무엇입니까? 은사가 나타나기는 했으나 그 은사가 주님의 몸 된 교회를 섬기는 수단으로 사용되지 않았다는 것입니다. 여기서 중요한 점은 은사가 나타났느냐의 문제가 아니라 은사가 교회를 섬기고 거룩하게 하며 복되게 하느냐에 있다는 말입니다. 은사가 나타나지만, 주님의 몸 된 교회에 가시덤불과 엉겅퀴를 유발한다면 그 열매는 나쁜 열매라고 보아야 합니다.

요즘 사람들에게 환호를 받는 목회자 중에 자신이 가지고 있는 은사로 사람들을 현혹하는 사람들이 있습니다. 어떤 목회자는 아름답고 부드러우며 누구보다 사랑이 많은 듯한 표현으로 사람들을 위로하고 격려합니다. 어떤 목회자는 성령의 음성을 들었다고 하고, 기사와 이적으로 사람들을 현혹합니다. 어떤 목회자는 지적이고 세련된 설교로 사람들의 존경을 받기도 합니다. 어떤 목회자는 도덕적이고 신사적인 태도로 사람들을 인도합니다. 그런데 문제는 그들의 겉 열매가 아름다워 보이지만 결과적으로 교회에 가시와 엉겅퀴를 가득 심어놓고 있다는 데 있습니다. 열매만 보면 "먹음직도 하고 보암직도 하고 지혜롭게 할 만큼 탐스럽기도"(창 3:6) 합니다. 그런데 그 열매가 가져온 결과는 교회를 가시덤불과 엉겅퀴로 가득하게 합니다. 교회를 분열시키고, 성경의 권위를 무너뜨리고, 교회의 질서와 진리를 어지럽게 하며, 예수보다 자신을 더 높입니다. 교회의 거룩을 무너뜨리고 세상의 불경건과 철학이 들어오도록 문을 열어줍니다. 이런 열매는 성령이 주시는 열매가 아닙니다. 다른 예수, 다른 영, 다른 복음임에 틀림없습니다.

성령은 오늘 본문과 연결된 은사의 가르침처럼 한 성령께서 "몸 가운데서 분쟁이 없고 오직 여러 지체가 서로 같이 돌보게"(25절) 하십니다. 아울러 참과 거짓, 교회와 세상, 그리스도와 벨리알, 성전과 우상이 나눠지도록 분쟁하게 하는 열매를 맺도록 합니다. 이렇게 하여 성령은 교회를 섬기고 거룩하고 순결하게 하는 열매를 맺게 하십니다.

셋째, 성령은 신자들끼리 교통을 이루는 열매를 맺도록 하십니다.

사도신경을 보면 "성도가 서로 교통하심을 믿사오며"라는 고백이 나옵니다. 오늘 우리가 보는 본문 26절 말씀에서도 사도 바울은 "만일 한 지체가 고통을 받으면 모든 지체가 함께 고통을 받고 한 지체가 영광을 얻으면 모든 지체가 함께 즐거워하느니라"라고 합니다. 이런 신비한 교통은 한 성령으로 세례 받은 성도에게만 나타나는 특권입니다. 왜냐하면 성령께서는 신자들을 예수 그리스도와 연합시키고, 예수 그리스도 안에서 신자들끼리 서로 지체로 연합시키시기 때문입니다. 성령으로 거듭난 성도들이 서로 교통하는 열매는 선천적인 공감능력에서 나오는 것과는 다릅니다. 이는 성령께서 그리스도에게 연합시키신 결과입니다. 그리스도와 연합을 통해서 나온 성도의 교통은 그리스도 안에서 일어나는 것입니다. 신자는 그리스도의 기쁨과 슬픔과 탄식과 분노에 공통적으로 참여합니다. 그래서 신자들이 서로 교통하는 고통과 기쁨은 그리스도께서 느끼는 고통과 기쁨의 신비로운 공유라고 할 수 있습니다.

이런 놀라운 사실을 설명하기 위해 바울은 성령의 은사를 12장에서 언급한 다음, 13장에서 성령이 주시는 사랑을 언급합니다. 13장에서 바울은 12장에서 언급했던 은사들을 사랑과 연관 지어 가르칩니다. 은사가 나타나지만, 거기에 하나님께 대한 사랑과 이웃에 대한 사랑이 없다면 아무것도 아닙니다. 이 가르침의 핵심은 성령의 열매가 곧 사랑과 직결된 열매라는 점을 천명하는 것입니다. 모든 은사가 좋은 열매가 되려면 하나님을 사랑하고 이웃을 사랑하는 동기에서 나와야 합니다. 그렇지 않으면 다 나쁜(사악한) 열매일 수밖에 없다는 말씀입니다. 그러므로 성령은 사랑의 영이라고 할 수 있습니다.

사랑하는 성도 여러분, 우리는 과연 성령 안에서 살아갑니까? 우리가 성령의 열매를 추구한다고 할 때, 그 열매의 핵심이 무엇인지 기억해야 합니다. 성령이 맺게 하시는 열매는 말씀을 믿음으로 나타내는 열매이어야 합니다. 물론 그 열매는 우리의 의지가 맺는 열매가 아닙니다. 성령께서 맺게 하시는 열매는 그리스도께서 맺으신 열매에 참여하는 것입니다. 이것은 하나님을 사랑하고 이웃을 사랑하는 데서 나온 열매입니다. 이 사랑은 교회를 그리스도의 장성한 분량까지 성장하게 만드는 열매입니다. 우리를 우상으로부터 떨어지게 하고 주님만을 사랑하고 섬기게 하는 열매입니다.

우리가 맺는 열매는 가정과 직장과 교회와 사회에서 과연 어떤 것입니까? 가시덤불과 엉겅퀴입니까? 아니면 우리의 타락한 본성을 극복한 거룩한 열매입니까? 이 거룩한 열매는 오직 성령을 의지할 때만 가능합니다. 날마다 기도로 성령을 의지하고 성령께서 우리를 그리스도와 연합시켜 그 은혜 안에서 사랑으로 역사함의 결과입니다. 우리가 이런 열매를 맺으며 살아가게 될 때, 어디를 가든지 성도들은 복의 근원이 되는 열매가 가득할 것을 믿으시기 바랍니다.

우리를 구원하시되 우리가 행한 바 의로운 행위로 말미암지 아니하고 오직 그의 긍휼하

심을 따라 중생의 씻음과 성령의 새롭게 하심으로 하셨나니(딛 3:5)

03

성령과 구원의 사역

개혁파 조직신학에서 성령론은 구원론과 구분하지 않습니다. 왜냐하면 성령의 핵심 사역이 구원을 적용하는 것이기 때문입니다. 여기서 우리는 개혁파 구원론의 중요한 핵심을 눈치챌 수 있습니다. 개혁파는 구원을 단순한 교리 문제, 혹은 인간의 의지적 결단 문제로 보지 않습니다. 구원은 이론보다 실제적인 것이며, 인간의 행위보다는 오롯이 거룩하신 성삼위 하나님의 행위입니다. 구원은 이러한 성삼위 하나님 사역의 실제적인 효력을 보여줍니다. 우리가 흔히 경륜적 삼위일체를 말할 때, 성부는 구원을 계획(작정) 하시고, 성자는 구원을 완성하신다고 합니다. 그리고 성령은 구원을 적용하십니다.

여기서 성부 하나님의 구원 작정은 우리가 잘 아는 예정입니다. 이 부분에 대해서는 굳이 설명하지 않겠습니다. 성자 하나님의 구원 완성은 성자께서는 구원을 위한 실제적 근거 마련을 끝내셨다는 뜻입니다. 이 땅에서 율법을 완전히 다 지키시고, 죄인들의 죄를 위해 대신 죽으시고, 삼일 만에 다시 부활하셔서 아버지 우편에 앉아계심으로 우리 구원의 근거가 되셨습니다. 이것은 객관적인 구원의 근거를 마련하셨다는 의미입니다.

이 놀라운 구속의 완성을 성령 하나님께서 택하신 백성들에게 구체적으로 적용하십니다. 여기서 중요한 사실은 성자 예수님께서 죄인들을 위해 마련해 놓으신 객관적 구원을 성령 하나님께서 각 개인에게 적용하십니다. 그래서 성령론은 곧 구원론이라 합니다. 성령께서 개인에게 구원을 적용시키지 않는다면 예수 그리스도의 구원 사역은 나와 아무런 관계가 없습니다.

복음에 대해 정확하게 이해하고 있다고 해도 성령께서 적용하지 않으시면 구원은 발생하지 않습니다. 성령을 의지하지 않고 자기 스스로 아무리 노력하고 결단해도 구원은 발생하지 않습니다. 우리가 정말로 구원을 받기 원한다면 성령께 대한 절대적 의존이 필요합니다. 성령을 무시하면서 결코 구원을 기대할 수 없습니다.

—— **하나님의 성령을 근심하게 하지 말라 그 안에서 너희가 구원의 날까지 인치심을 받았느니라**(엡 4:30)

—— **또 누구든지 말로 인자를 거역하면 사하심을 얻되 누구든지 말로 성령을 거역하면 이 세상과 오는 세상에서도 사하심을 얻지 못하리라**(마 12:32)

여기서 저는 구원을 적용하시는 성령의 사역을 좀 더 이해하기 쉽게 말씀드리고 싶습니다. 이는 마치 불치병에 대한 치료방법과 같습니다. 어떤 의사가 심혈을 기울여 특정한 불치병을 고칠 수 있는 치료방법을 개발했다고 합시다. 이제 그 치료법을 따르기만 하면 특정한 불치병을 100% 고칠 수 있게 되었습니다. 그런데 이 치료법이 개발됐다고 해서 특정한 불치병에 걸린 사람들이 자동적으로 치료되는 것은 아닙니다. 여기엔 세 가지 조건이 맞아야 합니다. 첫째는 환자가 수많은 의사 중 치료법을 아는 의사를 만나야 합니다. 환자가 명의를 만나는 일도 자기 마음대로 되지 않습니다. 두 번째로 환자를 치료하는 의사가 그 치료법을 정확하게 숙지하고 환자에게 적용시킬 수 있어야 합니다. 의사가 치료법을 안다고 해도 그 치료법을 다양한 양태로 오는 환자들에게 적용시킬 수 없다면 치료는 이루어지지 않습니다. 세 번째는 환자가 그 치료법을 신뢰하고 치료를 적극적으로 따라야 합니다. 완전한 예는 아니겠지만, 이것이 바로 성령이 신자에게 구원을 적용하시는 방식이라 할 수 있습니다.

성령은 하나님의 택하신 백성들에게 복음을 듣게 하시고 진리의 길로 인도하십니다. 성령은 전능하시므로 성부 하나님께서 택한 사람에게 성자께서 완성해 놓으신 구원을 적용하셔서 구원하십니다. 또한 성령은 신자의 마음을 열어 어린아이처럼 말씀을 믿고 받아들여 회개하고 순종하도록 하십니다.

성령께서 하시는 구원의 사역은 단순히 천당 가는 것만을 의미하지 않습니다. 성령은 아담과 하와의 죄로 말미암아 파괴된 모든 영역을 다시 회복시키는 일을 하십니다. 신자의 신분을 의롭게 하시고, 거듭나게 하시며, 죄의 오염으로부터 정화시키시고(성화), 세상에서 복의 근원으로 살아가는 예배자의 삶을 살게 하시고, 종국에는 영원한 천국에 들어가게 하십니다.

—— **우리를 구원하시되 우리가 행한 바 의로운 행위로 말미암지 아니하고 오직 그의 궁휼하심을 따라 중생의 씻음과 성령의 새롭게 하심으로 하셨나니**(딛 3:5)

바울은 구원이 우리의 행위에 근거하지 않고 있다는 점을 명확하게 가르칩니다. 우리는 구원에 있어서 전적으로 무능합니다. 우리의 구원 사역에서 우리가 할 수 있는 영역은 없습니다. 왜냐하면 구원이라는 용어 자체가 초월자에게만 해당하는 것이기 때문입니다. 구원이 오직 하나님께만 있다고 고백하는 것은 우리가 피조물이며, 하나님만이 하나님이심을 인정한다는 것을 의미합니다.

어떤 영역이든 우리가 자신을 구원할 수 있다고 생각하는 것은 인간이 스스로 하나님의 자리를 찬탈하겠다는 옛 아담의 본성을 보여줍니다. 구원은 오직 삼위일체 하나님의 은혜와 긍휼히 여기심으로 이루어질 뿐입니다. 신자가 하나님의 구원 사역에 어떤 영향도 끼칠 수 없습니다. 구원은 삼위일체 하나님의 고유 사역으로 이해되어야 합니다.

바울은 구원이 하나님의 사역이라는 사실을 **"중생의 씻음과 성령의 새롭게 하심"**이라고 잘 표현했습니다. 여기서 "중생의 씻음"이란 새로운 피조물이 된 사건을 말합니다. 그리고 "성령의 새롭게 하심"이란 새로운 피조물로 변화된 이후 점진적으로 변화되는 과정을 뜻합니다. 전자는 중생을 의미하며, 후자는 성화를 의미한다고 할 수 있습니다. 이는 바울이 "복음에는 하나님의 의가 나타나서 믿음으로 믿음에 이르게 하나니 기록된 바 오직 의인은 믿음으로 말미암아 살리라 함과 같으니라"(롬 1:17)라고 한 말과 일맥상통합니다. 바울은 여기서 복음을 통한 성령의 역사가 신자를 믿음에 이르게 할 뿐 아니라, 믿음으로 살아가게 한다고 가르친 것입니다. 예수님께서도 같은 맥락에서 자신이 이 땅에 오신 목적을 "양으로 생명을 얻게 하고 더 풍성히 얻게 하려는 것"(요 10:10)이라고 말씀하셨습니다. 그렇습니다. 이 모든 일을 수행하기 위해 성령께서 오신 것입니다. 여기서 우리가 반드시 염두에 두어야 할 성령께 대한 전제적 이해가 있습니다.

첫째, 성령은 아버지의 영광을 드러내고 거룩하게 하시는 영이십니다. 이 것은 구원의 본질이라고 할 수 있습니다. 간혹 구원의 본질을 천당 가는 것 으로만 이해하는 사람이 있는데, 이것은 이방종교적 개념에 가깝습니다. 물론 구원받은 성도들이 최종적으로 천당에 가는 것은 맞습니다. 그러나 성경이 가르치는 구원의 본질은 하나님의 형상을 회복하여 아버지의 영광 을 드러내는 새로운 피조물이 되도록 하는 데 있습니다.

둘째, 이 모든 성령의 사역은 말씀 안에서(in), **그리고 말씀에 의해**(by) **나타 납니다.**[3] 성령은 말씀의 원 기록자입니다. 여러 선지자와 사도들은 성령에 의해 말씀을 기록한 수단에 불과합니다. 그러므로 성령은 말씀을 떠나서 말씀하시거나 사역하지 않습니다. 말씀이 성령을 부정할 수 없고, 성령이 말씀을 부정할 수 없습니다. 만일 이런 일이 있다면 그것은 모순이며, 이런 모순을 일으키는 영은 결코 성령이라고 볼 수 없습니다.

—— **그러나 진리의 성령이 오시면 그가 너희를 모든 진리 가운데로 인도하시리니 그 가 스스로 말하지 않고 오직 들은 것을 말하며 장래 일을 너희에게 알리시리라 그가 내 영광을 나타내리니 내 것을 가지고 너희에게 알리시겠음이라**(요 16:13-14)

---

3) 존 오웬, 『성령론』, 이근수 역 (서울: 여수룬, 2000), 207.

성령의 사역 원칙은 주님의 영광을 주님의 것(말씀)으로 나타내시는 데 있습니다. 이 원칙에서 벗어나는 영적 현상은 아무리 그 영향력이 대단하고 많은 사람을 놀라게 할 만큼 놀라운 기적이라 해도 의심해야 합니다. 오히려 성경은 이런 것들이 미혹의 영의 특징이라고 경고하셨습니다. 구약과 신약 전체에서 미혹의 영은 사람들을 진리에서 떠나도록 하기 위해 기사와 이적을 많이 행하곤 했습니다. 사도행전 8장에서 마법사 시몬은 놀라운 마법으로 사람들을 미혹했습니다. 요한계시록에서는 미혹의 영이 하늘에서 불을 내리고 우상에게 말을 하도록 할 것이라고 경고합니다. 우리가 조심해야 할 것은 병을 고치고, 기적을 행하는 것이 성령만 하시는 것이 아니라는 사실입니다. 사탄도 얼마든지 그렇게 할 수 있습니다.

—— 거짓 그리스도들과 거짓 선지자들이 일어나서 이적과 기사를 행하여 할 수만 있으면 택하신 자들을 미혹하려 하리라(막 13:22)

이런 성경의 경고를 염두에 둔다면, 오늘날 금가루가 날리고, 병 고침을 받고, 귀신이 쫓겨나가고, 사업이 번창하고, 금이빨이 되는 여러 현상은 분명히 분별해야 할 대상입니다. 중요한 것은 이적이 아닙니다. 이 기사와 이적이 우리를 진리의 말씀으로 인도하는지, 아니면 진리로부터 멀어지게 하는 것인지 보아야 합니다. 우리를 성경의 원 저자이신 진리의 말씀으로부터 멀어지게 하고 기적과 이적을 더 따라다니게 하며, 이런 신비적 이적을 일으키는 사람을 광신적으로 따르게 한다면, 그것은 성령의 역사가 아니라 미혹의 영일 가능성이 농후합니다.

—— 그 날에 많은 사람이 나더러 이르되 주여 주여 우리가 주의 이름으로 선지자 노릇 하며 주의 이름으로 귀신을 쫓아 내며 주의 이름으로 많은 권능을 행하지 아니하였 나이까 하리니 그 때에 내가 그들에게 밝히 말하되 내가 너희를 도무지 알지 못하니 불법을 행하는 자들아 내게서 떠나가라 하리라(마 7:22-23)

이 말씀은 예수님께서 마지막 심판 때 위선자들이 하나님의 판결 선고에 대해 어떻게 항변하게 될 것인지를 언급한 부분입니다. 항변하는 사람들을 향한 예수님의 대답은 "내가 너희를 도무지 알지 못하니 불법을 행하는 자들아 내게서 떠나가라"(23절)라는 것이었습니다. 여기서 중요한 점은 그들이 얼마나 주의 이름으로 설교를 잘했고, 혹은 귀신을 쫓고 권능을 행했는가가 아니라는 점입니다. 이것은 신앙의 본질이 아닙니다. 이들은 신앙의 본질이 무엇인지 잘못 알고 있었습니다. 하나님은 우리가 얼마나 많은 사역의 성과를 냈느냐를 따지지 않으십니다. 왜냐하면 이 땅에서 우리의 모든 사역의 성과는 우리의 행위가 아니라 우리를 통한 하나님의 행위에 불과하기 때문입니다. 우리가 내세울 공로는 없습니다.

어떤 면에서 보면 이들이 자신의 공로를 주장하는 것 자체만 보더라도 참 신앙이 아님을 알 수 있습니다. 이들의 항변이 참 신앙이 아님을 드러낸다는 사실은 마태복음 25장에서 양과 염소를 나누는 모습에서도 선명하게 잘 나타납니다. 예수님은 종말의 심판에 대해 말씀하시면서 양과 염소의 특징을 설명해 주십니다. 그것은 자신들의 공로에 의존하는가, 아니면 하나님의 공로에 의존하는가입니다. 양에 속한 사람들은 자신이 주님의 주림과 목마름과 나그네 됨과 옥에 갇힘에 어떻게 섬겼는지 기억하지 못합니다. 그들은 자신의 공로를 주장하지 않습니다. 그런데 염소에 속한 사람들은 우리가 어느 때에 주님의 주림과 목마름과 나그네 되심과 헐벗음과 옥에 갇힘에 외면했느냐고 항변합니다.

이 점이 같은 복음서인 마태복음 7장에서도 동일한 관점으로 언급됩니다. 중요한 핵심은 이것입니다. 그들이 **"불법을 행하는 자들"**이라는 점입니다. 그들은 아버지의 거룩을 드러내는 사람이 아니었습니다. 성령이 하시는 모든 일의 초점은 얼마나 위대한 성과를 냈느냐가 아닙니다. 그 모든 일이 주님과 동행했느냐, 믿음으로 했느냐, 하나님의 영광과 이웃 사랑을 위해 했느냐입니다. 그리고 성과는 하나님의 주권에 맡기는 것입니다. 여기서 우리의 관점과 하나님의 관점의 큰 차이를 보게 됩니다.

이런 사실을 염두에 두면서, 성령은 한 사람을 구원의 길로 인도하실 때 그냥 구원하시지 않는다는 점을 기억해야 합니다. 성령은 말씀에 의해 인간 영혼에 내적인 영향을 주심으로 구원하십니다. 성령께서 한 영혼에 내적으로 역사하시는 방식은 조명(illumination), 자각(conviction), 개혁(reformation)이라는 세 가지로 나타납니다.

첫째, 성령의 조명하심(illumination)은 기록된 계시인 성경말씀을 통해 심령에 각인되는 방식입니다. 이것은 이성의 조명이나, 직관적 인식과는 다릅니다. 이성의 조명은 주로 합리성에 의존하고, 직관적 인식은 주로 인간의 오감에 의존합니다. 그렇다고 해서 성령의 조명이 이성과 직관을 무시하는 것이 아닙니다. 도리어 이성과 직관을 적절하게 활용하심으로 우리에게 진리를 깨닫게 합니다. 성령은 이성적으로는 납득과 설득의 영역을 조명하십니다. 우리는 성령의 조명을 받으면서 이성이 고양되는 것을 느끼게 됩니다. 그러나 성령의 조명은 이성만 고양시키는 것이 아닙니다. 직관적 인식도 고양시킵니다. 찬양이나 예배 분위기, 혹은 설교에 감동을 받아 눈물이 나고 가슴이 뜨거워지며, 애통함과 기쁨과 슬픔 같은 감성의 고양이 나타납니다.

일반적으로 이성에 의한 조명은 이성적 일관성을 따르고, 직관에 의한 조명은 감정과 육신적 욕구라는 일관성을 따릅니다. 그래서 성령의 조명을 경험하지 못한 상당수 사람은 여기서 혼란을 겪습니다. 매우 흡사해 보이기 때문입니다. 실제로 성령의 조명을 받은 사람들에게 이성적으로 탁월한 통찰이 나타나고, 감성적으로도 풍부한 감정이 나타납니다. 그래서 이성에 의해 조명을 받은 것과 감성에 의해 조명을 받은 것이 비슷하다고 생각합니다.

그러나 성령의 조명은 이런 것들과 근본적으로 다릅니다. 성령의 조명은 이성과 직관이라는 영역에 '신적인 깨달음'을 더해 줍니다. 성령은 이성과 직관을 포기하거나 마비시키는 것이 아닙니다. 왜냐하면 이 두 영역이 다 하나님의 아름다운 창조 영역이며, 하나님의 형상에서 나온 영역이기 때문입니다. 그러므로 성령은 이 둘이 균형을 잡아 본래 창조된 모습에 합당한 역할을 하도록 합니다.

성령은 신자가 성경을 이성적으로 바르게 해석한 것 위에 하나님의 관점

(안목)을 제공하여 우리의 오감이 건강하게 반응하도록 하십니다. 성령의 조명에 이성의 영역이 반드시 필요하며, 직관의 영역도 중요한 역할을 합니다. 이 영역들이 다 하나님께서 창조하신 영역이기 때문입니다. 단지 이 영역이 타락으로 말미암아 왜곡된 것일 뿐입니다. 따라서 타락으로 왜곡된 이 영역은 성령에 의해 하나님의 안목(관점)이 더해져 제 역할을 하게 됩니다.

여기서 중요한 점은 이 조명이 구원받기 이전부터 일하시는 성령의 사역이라는 사실입니다. 성령은 구원이 일어나는 시점부터 역사하시는 것이 아닙니다. 한 사람이 구원을 받도록 마음 문을 열고 조명하십니다.

───── **두아디라 시에 있는 자색 옷감 장사로서 하나님을 섬기는 루디아라 하는 한 여자가 말을 듣고 있을 때 주께서 그 마음을 열어 바울의 말을 따르게 하신지라**(행 16:14)

성령은 이 과정을 사용하시면서 구원(중생) 시키시며, 후에는 이미 시작된 구원을 완성하시기 위해 지속적으로 말씀에 조명하십니다. 성령께서 조명하시면 이전에 알고 있었다고 생각했던 가르침에 대해 새로운 이해가 생깁니다. 이전에 알고 있었던 것이 전혀 알고 있지 못했다고 생각될 정도로 알게 됩니다. 타고난 이성과 직관만으로 알게 된 영역과 성령께서 주신 하나님의 안목으로 알게 된 것의 차이는 하늘과 땅 차이입니다.

이전에 피상적으로 이해하고 있었던 것을 이제는 실제적으로 알게 됩니다. 자신이 죄인이라는 사실은 이전에도 알고 있었습니다. 그러나 성령의 조명을 받기 이전엔 피상적으로 알았습니다. 머리로(이성적으로)는 알았지만 자신의 감정까지는 결코 오지 않았습니다. 머리와 가슴이 연결되지 않았습니다. 그런데 성령이 작용하시면 이 지식이 신적인 조명에 의해 새로운 이해와 아울러 감성까지 연결되는 실제적이고 구체적인 지식이 됩니다. 이전엔 하나님을 사랑한다고 생각했지만, 성령의 조명을 받으면 자신이 하나님을 전혀 사랑하고 있지 않았다는 것을 알게 됩니다. 이전엔 하나님께 충성을 다 했다고 생각했지만, 성령의 조명을 받은 후엔 자신의 충성이 하나님이 아닌 우상에게 행했다는 것을 알고 큰 충격을 받습니다.

죄인이 성령의 조명을 받으면 복음에 마음 문을 열게 됩니다. 그리고 그 후부터 자신의 실존에 대한 처절한 싸움이 시작됩니다. 진리 안에서 자유함을 얻기까지 구하고 찾고 두드리는 일이 시작됩니다. 주님의 이름을 간절히 부르게 됩니다. 존 번연John Bunyan의 『천로역정』에 나오는 한 남자처럼 십자가 앞에서 죄 짐이 벗어지기 전까지 은혜 구하는 일을 멈출 수 없게 됩니다.

둘째, 성령께서 구원을 위해 하시는 일은 '자각'(conviction)입니다. 자각은 앞에서 성령의 조명과 함께 따라오는 감각적 영역입니다. 성령께서 한 죄인을 구원하시기 위해 조명하시면 그 사람에겐 '자각'이 따라옵니다. '자각'은 어떤 면에서 '인식'과 비슷한 용어라고 할 수 있습니다. 존 오웬John Owen의 표현처럼 "자연인은 죄와 그 비참함 때문에 슬퍼하거나 비탄에 빠지는 일이 없으나 조명을 받은 뒤에 사람은 자신의 죄로 인하여 슬퍼하고 비통해

한다."는 것입니다.[4] 이것은 죄인의 마음 전체를 사로잡는 고통이 됩니다. 이렇게 성령께서 주시는 비통함(자각)은 "구원에 이르게 하는 회개를 이루는 것"(고후 7:10)으로 나타납니다. 바울은 성령께서 구원을 위해 주시는 자각으로 인해 어떤 모습이 나타났는지 다음과 같이 가르쳤습니다.

—— 하나님의 뜻대로 하는 근심은 후회할 것이 없는 구원에 이르게 하는 회개를 이루는 것이요 세상 근심은 사망을 이루는 것이니라 보라 하나님의 뜻대로 하게 된 이 근심이 너희로 얼마나 간절하게 하며 얼마나 변증하게 하며 얼마나 분하게 하며 얼마나 두렵게 하며 얼마나 사모하게 하며 얼마나 열심 있게 하며 얼마나 벌하게 하였는가 너희가 그 일에 대하여 일체 너희 자신의 깨끗함을 나타내었느니라(고후 7:10-11)

성령께서 죄인의 마음에 자각을 주심으로 어떤 현상이 나타났다고 합니까? 바울은 죄인들로 하여금 "간절하게" 했다고 합니다. 또 죄에 대해 심각해졌다고 합니다. 죄에 대한 미움과 증오가 생겼으며, 죄에 대한 하나님의 심판으로 두려워 떨게 되었고, 하나님의 영광을 사모하게 되었으며, 열정이 생겼다고 합니다. 이것이 이전에는 피상적이었습니다. 그러나 이젠 실제적이고 구체적인 것이 됩니다.

놀라운 점은 이것이 구원을 받기 이전에 성령께서 죄인이 구원을 열망하게 하는 예비 과정 속에 일어나는 변화라는 점입니다. 이런 과정을 통해 구원받은 죄인은 구원받은 이후에 결코 이전 삶으로 돌아갈 생각을 할 수 없

---

4) 존 오웬, 『성령론』, 205.

습니다. 이전 삶을 살아가는 것에 만족할 수 없습니다. 성령으로 구원받은 성도들의 삶은 거룩하고 선하며 열정적이고 지혜로운 모습으로 변화되어 갑니다.

셋째, 구원을 위한 성령의 사역은 '개혁'(reformation)**입니다.** 개혁은 구원에 대한 구체적인 목적성을 보여줍니다. 성령께서 하시는 구원은 막연히 천국에 들어가도록 하는 정도가 아닙니다. 성령께서는 이미 구원받게 하시는 죄인들의 마음에 조명하시고, 자각하게 하심으로 자신이 개혁되어야만 하는 목적이 무엇인지 분명하게 인지된 상태에 있게 합니다. 가나안 여인은 예수님으로부터 구원받기 전에 자신이 개혁되어야 할 영역이 무엇인지 먼저 조명을 받고 자각하는 과정이 있었습니다. 그녀는 자신을 괴롭히는 죄가 무엇인지 예수님으로부터 뼈아픈 조명과 자각을 받았습니다. 이것은 구원 이전에 일어나는 일입니다. 그 후에 그녀는 믿음으로 예수님을 영접했고 죄에 대한 '개혁'이 분명하게 일어났습니다.

삭개오는 이런 모습을 더 선명하게 보여줍니다. 삭개오는 부정한 방법으로 같은 민족의 돈을 강탈하여 풍요와 행복을 누리던 사람이었습니다. 그러던 어느 날 그는 예수님의 말씀을 통해 자신이 어떤 존재인지 조명을 받고 자각하게 되었습니다. 삭개오도 구원을 받기 이전에 자신이 어떻게 개혁되어야 할 존재인지 먼저 조명받았습니다.

—— 삭개오가 서서 주께 여짜오되 주여 보시옵소서 내 소유의 절반을 가난한 자들에게 주겠사오며 만일 누구의 것을 속여 빼앗은 일이 있으면 내 갑절이나 갚겠나이다 예

수께서 이르시되 오늘 구원이 이 집에 이르렀으니 이 사람도 아브라함의 자손임이로다

(눅 19:8-9)

여기까지만 보더라도 한 사람이 성령에 의해 구원을 맛본다는 것이 결코 간단하지 않다는 것을 알 수 있습니다. 그럼에도 불구하고 존 오웬은 다음과 같은 경고로 우리의 심령에 긴장의 고삐를 조입니다.

> 사람의 마음은 하나님의 말씀으로 변혁된다. 그렇다고 중생의 사역이 이 사람 속에 완전하게 이루어진 것은 아니다. 비록 사람들 속에 선한 심정이 있고 하나님의 사랑이 효과가 있다고 하더라도 사람들은 결과적으로는 유익한 것들을 잃고 손실도 보고 더 큰 죄악에 빠져 병들게 되는 일이 허다하다.······현저하게 삶에 개혁이 일어나고 예배에 참석도 한다. 그러나 이 사람이 육욕적인 마음으로 기울어져서 악습을 시작하게 될 때, 그의 마음은 선하고 하나님의 은혜를 받기 위한 마음으로 준비되지 못한다.[5]

그렇다면 성령께서 참되게 구원하신 회심 상태와 불완전한 회심 상태의 차이는 무엇이겠습니까?

첫째, 말씀에 붙잡힌 상태인가 아닌가를 보아야 합니다. 참된 회심은 "오

---

5) 존 오웬, 『성령론』 206-207.

직 말씀"(sola scriptura)에 붙잡힘으로 나타납니다. 신비한 체험 때문에 신앙생활하거나, 종교적 의무감 때문에 신앙생활하거나, 혹은 종교적 직분 때문에 신앙생활하는 것과는 완전히 다릅니다. 예레미야의 예언처럼 신앙이란 하나님의 "내가 나의 법을 그들의 속에 두며 그들의 마음에 기록하여 나는 그들의 하나님이 되고 그들은 내 백성이 될 것이라"(렘 31:33)라는 말씀에 기인합니다. 우리 신앙의 본질은 말씀이 마음에 새겨지고 그 말씀에 의해 인생이 움직이는 것이어야 합니다. 성령은 처음 우리를 구원하실 때, 말씀으로 구원하실 뿐 아니라, 말씀으로 우리의 삶을 인도하시고, 말씀으로 마지막까지 지켜주십니다.

둘째, 성령께서 주시는 참된 회심은 세상과 구별되며 주님을 닮도록 합니다. 일시적인 신자의 대표로 신약성경은 '데마'를 지적합니다. 그는 바울과 동역했고 그와 함께 고난당했던 사람이었습니다. 그러나 어느 시점부터 그는 세상과 구별된 삶을 포기했습니다. 바울의 표현에 의하면 데마는 이 세상을 사랑하여 바울을 버리고 데살로니가로 갔습니다(딤후 4:10). 왜 이런 일이 생기는 것입니까? 그는 주님 안에서 살아가는 것이 더 아름답고 세상에 대한 즐거움으로부터 완전히 죽지 않았기 때문입니다.

셋째, 성령께서 주시는 참된 회심은 '개혁'을 지속하는 삶으로 신자를 인도하십니다. 성령은 신자를 믿음에서 믿음으로 인도합니다(롬 1:17). 양으로 생명을 얻게 하고 더 풍성히 얻게 하십니다(요 10:10). 한번 믿고 구원받는 것으로 그치지 않고 믿게 된 순간부터 믿음으로 지속적인 변화와 성화의 길을 걷게 하십니다. 이것을 신학적으로 '죄의 오염으로부터 정화됨'이라고 합니다. 신자가 구원을 받았다고 죄 문제가 다 해결된 것은 아닙니다. 성령은 지속적으로 죄의 오염으로부터 신자들을 거룩하게 정화시키십니다. 욥을 고난 가운데 연단하여 정금같이 나오도록 하신 것처럼, 신자에겐 하나님의 간섭과 정화의 다루심이 지속적으로 나타납니다. 이전보다 주님을 더 사랑하게 됩니다. 이전보다 복음에 대한 이해가 더 깊어집니다. 이전보다 거룩하게 됩니다.

넷째, 성령께서 주시는 참된 회심은 소명에 충실한 삶을 지속적으로 살아가게 합니다. 구원은 하나님 나라 건설을 위한 일꾼, 혹은 군사로 모집한 사건입니다. 소명이 없다면 구원도 없습니다. 이런 사실은 사도 바울이 "헬라인이나 야만인이나 지혜 있는 자나 어리석은 자에게 다 내가 빚진 자라"(롬 1:14)라고 한 말속에 잘 나타납니다. 바울은 자신의 구원이 "헬라인이나 야만인이나 지혜 있는 자나 어리석은 자에게" 빚진 사건이라고 고백합니다. 바울은 자신의 구원이 이들의 구원 때문에 주어진 빚이라고 말하는 것입니다. 이들의 구원이 없었다면 바울 자신도 구원받을 이유도 없었습니다.

이렇게 소명과 구원을 논리적으로 연결해 본다면, 중도에 소명을 버린다는 것은 있을 수 없습니다. 데이비드 리빙스턴$^{David\ Livingstone}$의 유명한 말처럼 소명이 남은 사람은 죽을 수 없습니다. 반대로 소명을 버린다면 그는 구원도 있었던 것이 아닐 수 있다는 결론에 도달하게 됩니다. 그러므로 데마와 같이 소명을 버린 사건이 일시 신앙과 직결되어 해석되는 것은 당연합니다. 바울은 신자의 구원을 "군사로 모집된(징집된)"(딤후 2:4) 것으로 묘사합니다. 더 나아가 바울은 믿음으로 낳은 아들 디모데를 향하여 "믿음의 선한 싸움을 싸우라 영생을 취하라 이를 위하여 네가 부르심을 받았다"(딤전 6:12)라고 가르쳤습니다. 죽음을 앞두고도 "나는 선한 싸움을 싸우고 나의 달려갈 길을 마치고 믿음을 지켰다"(딤후 4:7)라고 했습니다. 이는 최초의 인류 창조가 피조물을 다스리고, 정복하도록 하기 위해 창조되었다는 사실에서도 잘 나타납니다. 성령의 구원 사역은 이렇게 소명과 직결되어 이해해야 합니다.

사랑하는 성도 여러분, 우리는 오늘 성령의 구원 사역에 대해 살펴보았습니다. 성령의 구원 사역은 어떤 면을 보아도 막연하지 않습니다. 성령은 분명한 목적을 가지고 죄인을 구원하십니다. 구원은 막연하게 천국에 가는 것에만 초점이 맞춰져 있지 않습니다. 하나님의 구원은 구체적이고 분명한 목적이 있습니다. 소명(거룩한 나라 건설)을 위해 신자를 구원하십니다. 성령은 이 분명한 소명에 합당한 사람으로 세우기 위해 그냥 구원하시는 것이 아닙니다. 죄인들을 구체적으로 조명하시고, 자각하게 하시며, 개혁의 열매를 맺게 하십니다. 이 과정은 마치 해산의 수고와 같습니다. 이 과정을 통해 소명에 합당한 사람이 되도록 하십니다. 이것이 바로 성령께서 일하시는 방식입니다. 이 과정 없이 순례의 길을 걷는 사람을 존 번연은 '담 넘어온 사람'이라고 봅니다. 성령은 이 과정을 거쳐 신자의 정체성을 분명하게 자각하고 일평생 일관성 있는 소명의 삶을 살도록 하십니다. 이렇듯 성령의 구원 사역은 처음 중생할 때만 필요한 것이 아닙니다. 주님 앞에 서는 그날까지 지속적으로 필요합니다.

하나님의 성령을 근심하게 하지 말라

그 안에서 너희가 구원의 날까지 인치심을 받았느니라

(엡 4:30)

그러나 내가 하나님의 성령을 힘입어 귀신을 쫓아내는 것이면 하나님의 나라가 이미 너

희에게 임하였느니라 사람이 먼저 강한 자를 결박하지 않고서야 어떻게 그 강한 자의

집에 들어가 그 세간을 강탈하겠느냐 결박한 후에야 그 집을 강탈하리라 (마 12:28-29)

04

하나님의 성령을 힘입으라

예수님의 등장은 유대 땅 사람들에게 큰 이슈가 되었습니다. 예수님의 어떤 점이 그토록 유대 사회의 큰 이슈가 되게 했을까요?

첫째, 예수님의 가르침은 기존의 서기관들(신학자들)**과 같지 않았습니다.** 예수님의 가르침이 서기관들과 달랐는지는 마가복음 1장 22절의 말씀이 잘 말해줍니다. "뭇 사람이 그의 교훈에 놀라니 이는 그가 가르치시는 것이 권위 있는 자와 같고 서기관들과 같지 아니함일러라". 예수님의 가르침에는 신적권세가 있었습니다. 또한 가르친 대로 행함으로써 나오는 권위였습니다. 그러나 서기관들은 "지식의 열쇠를 가져가서 자기도 들어가지 않고 또 들어가고자 하는 자도 막는" 사람들이었습니다(마 23:13).

둘째, 예수님의 가르침은 당시 종교지도자들과 달리 놀라울 정도로 개혁적이었습니다. 어느 날 종교지도자들이 간음하다 현장에 붙잡힌 여인을 예수님께 끌고 와서 돌로 때려죽이려 했습니다. 이때 예수님은 "죄 없는 자가 먼저 돌로 치라"(요 8:7)고 하심으로 간음한 여인을 보호하셨습니다. 세리와 창기에 대한 태도도 달랐습니다. 당시 유대인들은 세리와 창기를 개처럼 취급했습니다. 그러나 예수님은 사랑으로 그들의 친구가 되어주셨습니다. 또한 당시 암묵적으로 허용되었던 죄악에 대하여 급진적인 개혁을 요구하셨습니다. 이런 요구는 간혹 제자들에게까지도 거부감을 갖게 했는데, 그 대표적인 예가 이혼 금지 규례입니다. 당시 유대 사회 안에서 남자는 마음에 들지 않는 아내 쉽게 버렸습니다. 남자들은 마음에 들지 않는 아내와 평생 같이 산다는 것을 상상조차 할 수 없었습니다. 이런 상황에서 예수님은 "누구든지 음행한 이유 외에 아내를 버리고 다른 데 장가 드는 자는 간음함이니라"(마 19:9)라고 말씀하심으로 이혼 절대 불가를 가르치셨습니다.

셋째, 예수님의 가르침은 현실적이고 실제적이었습니다. 예수님께서 유대 사회에 존재를 드러내시자마자 사람들이 흥분한 것은 단순히 탁월한 스피치와 개혁적인 행동 때문만은 아니었습니다. 예수님의 가르침은 달랐습니다. 예수님의 가르침은 현실적이고 실제적이었습니다. 예수님의 가르침은 소피스트들이나 이상주의자들처럼 이론만 장황한 비현실적인 가르침이 아니었습니다. 물론 예수님의 가르침을 믿음의 눈으로 보지 않는 사람들에겐 이상적인 가르침으로 보였을 것입니다. 왜냐하면 예수님은 영생에 들어가길 원하는 부자 청년에게 "네게 있는 것을 다 팔아 가난한 자에게 주라 그리하면 하늘에서 보화가 네게 있으리라"(막 10:21)라는 식의 가르침을 주셨기 때문입니다. 과연 어느 누가 이런 명령을 따를 수 있겠습니까? 실제로 예수님조차도 이런 요구가 "낙타가 바늘귀로 나가는 것"처럼 불가능한 요구라는 점을 인정하셨습니다. 이렇듯 예수님의 가르침을 믿음 없이 이해한다면 틀림없이 비현실적인 가르침으로 볼 수밖에 없습니다.

그럼에도 불구하고 예수님의 가르침이 유대인들을 흥분시켰을 뿐 아니라, 2,000년이 지난 지금도 여전히 사람들에게 흥분을 주는 이유가 무엇일까요? 그 가르침이 사람으로는 할 수 없는 가르침이었지만 하나님을 믿는 자에겐 능치 못할 일이 아니었기 때문입니다. 하나님은 믿음이라는 방식을 통해서 그 가르침을 현실화(실현)하셨습니다. 이것이 예수님의 가르침에 사람들이 흥분하게 된 이유였습니다.

그렇다면 이것을 가능하게 했던 원동력은 어디서 오는 것이었을까요? 아니, 이와 동일한 가르침을 받고 있는 우리에겐 왜 이런 흥분과 놀라운 역사가 나타나지 않는 것일까요? 오늘 본문은 이 질문에 대하여 분명한 대답을 줍니다.

—— 그러나 내가 하나님의 성령을 힘입어 귀신을 쫓아내는 것이면 하나님의 나라가 이미 너희에게 임하였느니라(마 12:28)

결론적으로 말씀드린다면 주님의 가르침이 현실화되고, 되지 않는 원인은 그 가르침을 현실화(적용)시키는 주체이신 성령께 대한 의존 여부에 달려 있습니다. 하나님의 성령을 힘입어 나타나는 것이 바로 현실화의 핵심입니다. 성령을 힘입지 않는 가르침은 어느 시대든지 사람들로부터 외면받을 수밖에 없었습니다. 왜냐하면 하나님의 성령을 힘입지 않으면 주님의 모든 가르침은 낙타가 바늘귀를 들어가는 것만큼 비현실적이고 이상적인 가르침으로 여겨질 수밖에 없기 때문입니다.

이러한 사실을 유다서가 잘 가르쳐줍니다. 유다서는 공동체 안에 가만히 들어와서 교회에 분란을 일으킨 사람들에 대하여 언급합니다. 그들은 분명히 성경의 가르침을 배운 사람들이었습니다. 그들은 다른 사람도 아니라 사도에게 직접 가르침 받은 사람들이었습니다. 이들이 예수님의 이 놀라운 가르침을 다른 사람도 아니고 사도에게 직접 받았다면 그들도 예수님처럼 탁월한 삶을 살고, 사람들에게 경외감을 주는 사람들이 되어야 마땅합니다. 또 그들을 통해 하나님 나라가 현실화되는 현상이 나타나야 했습니다. 그러나 그들은 그렇지 않았습니다. 도리어 그들은 유다 공동체를 다툼과 분열로 몰아갔습니다.

──── **이 사람들은 분열을 일으키는 자며 육에 속한 자며 성령이 없는 자니라**(유 1:19)

그들의 문제는 지식의 부족함도, 기질의 문제도 아니었습니다. 성령이 없는 자였기 때문이었습니다. 그들은 하나님의 성령을 힘입지 못한 사람들이었고, 육에 속한 사람들이었습니다. 이런 사람들은 바울의 말처럼 아무리 배워도 진리(하나님 나라의 영광)에 이르지 못합니다. 도리어 이들은 사도들의 가르침을 이익의 재료로 삼거나 색욕거리로 삼았습니다.

이것이 오늘날 이 시대 개혁파 교회의 위기가 아닌가 생각합니다. 이 시대의 개혁파 교회는 교리를 어떤 교파보다 탁월하게 잘 가르칩니다. 그러나 망각하고 있는 점이 있습니다. 가르침이 성경적으로 탁월할수록 사람으로는 할 수 없고 하나님만 할 수 있는 영역이라는 사실이 두드러지게 드러나야 합니다. 그러므로 이런 탁월한 가르침을 따르기 위해서 당연히 강조되어야 할 요소는 기도입니다. 그냥 기도가 아닙니다. 성령의 강력한 도움을 구하는 기도가 필수적입니다. 이런 기도는 우리 개혁파 교회가 그토록 강조하는 '오직 은혜'(Sola gratia)에 대한 고백적 태도를 보여줍니다. 그러므로 개혁파 교회는 당연히 다윗처럼 부르짖도록 가르쳐야 합니다.

애석하게도 오늘날 개혁파 교회는 기도의 당위성을 가르치고 훈련시키는 것이 아니라 인위적으로 지킬 수 있도록 왜곡되어 가르칩니다. 마치 유대인들이 하나님의 은혜로만 지킬 수 있는 가르침을 그들의 전통과 유전으로 가공하거나, 혹은 천주교처럼 거듭나지 않아도 그들이 만든 종교적 형식만 잘 취하고 따르면 얼마든지 구원받는다고 가르친 것과 같습니다. 믿음을 피상적으로 가르칩니다. 기껏해야 믿음의 행위는 성경을 열심히 공부하고 정규 예배에 잘 참석하는 정도로 가르칩니다. 가르침 속에 반드시 나타나야 할 성령의 조명은 이성의 이해력으로 대치시켰습니다. 이러한 교회의 모습은 루디아의 마음을 여시고 가르침을 따르도록 하셨던 주체가 성령이셨다는 사실을 망각하는 것 같습니다.

신자가 믿음의 열매를 맺기 위해서는 시종일관 성령의 일하심만 필요합니다. 왜냐하면 우리는 전적으로 무능하기 때문입니다. 신자는 단지 기도를 통해 성령을 힘입어 자신의 무능함을 인정하고 하나님의 전능성만 의지할 뿐입니다. 이것이 성령만이 마음을 여시고, 말씀을 받게 하시며 그 말씀대로 따르게 하시는 주체임을 고백하는 것입니다.

—— 또한 우리를 위하여 기도하되 하나님이 전도할 문을 우리에게 열어 주사 그리스도의 비밀을 말하게 하시기를 구하라 내가 이 일 때문에 매임을 당하였노라(골 4:3)

바울은 복음의 문을 여시는 분이 하나님(성령)이시며, 복음의 비밀을 말하고 열매 맺는 것이 하나님의 주권임을 고백하며 성도들에게 기도를 부탁합니다.

예수님은 어디를 가시든지 끊임없이 하나님 나라를 선포하셨습니다. 그러나 이 영광스러운 나라의 도래는 탁월한 가르침만으로 세워지지 않습니다. 그렇다고 사람들이 노력한다고 세워지는 나라도 아닙니다. 사람의 능력으로 세울 수 있는 나라가 아닙니다. 오직 성령을 힘입을 때만 가능합니다. 바울은 "하나님의 나라는 먹는 것과 마시는 것이 아니요 오직 성령 안에서 의와 평강과 희락이라"(롬 14:17)라고 말했습니다.

하나님의 나라는 성령 안에서 이루어지는 나라입니다. 성부께서 작정하시고 성자께서 기초를 세우신 나라가 현실화되려면 오직 성령의 은혜로만 가능합니다. 사도들이 귀신 들린 아이를 내쫓으려 모든 힘을 기울였지만, 실패했습니다. 그 이유는 어디에 있었습니까? 예수님으로부터 배움이 부족했기 때문이었습니까? 용기가 부족했기 때문이었습니까? 아니면 헌신이 부족했기 때문이었습니까? 아니었습니다. 그럼 무엇 때문이었습니까? 예수님은 그 이유를 성령을 힘입는 기도의 부족이라고 진단하셨습니다.

—— **이르시되 기도 외에 다른 것으로는 이런 종류가 나갈 수 없느니라 하시니라**(막 9:29)

예수님은 원죄 없는 완전한 인간이면서 동시에 성부와 동등한 하나님이셨습니다. 그럼에도 불구하고 예수님은 성령을 통하지 않고서는 아무것도 하지 않으셨습니다. 광야에서 40일간 금식하며 기도하는 동안에도 성령을 힘입으셨고, 성령에 이끌려 사탄에게 시험을 승리하셨습니다. 그뿐 아니라 성령으로 기뻐하시기까지 하셨습니다(눅 10:21). 성자께서는 육신을 입은 상태에서 단 한순간도 성령을 소외시키지 않으셨습니다. 성자 예수님은 성부 하나님의 뜻을 이루기 위해서 항상 성령 하나님을 힘입는 태도를 견지하셨던 것입니다.

그러면 성령을 힘입어야만 하나님 나라가 임한다는 것은 무엇을 의미하는지 생각해 보겠습니다. 이것은 복음이 현실화되는 가장 실제적인 문제입니다.

—— **사람이 먼저 강한 자를 결박하지 않고서야 어떻게 그 강한 자의 집에 들어가 그 세간을 강탈하겠느냐 결박한 후에야 그 집을 강탈하리라**(마 12:29)

여기서 가장 염두에 두어야 할 단어는 **"강한 자"**입니다. 예수님은 "강한 자"를 결박하지 않고서 결코 "그 세간"을 강탈할 수 없다고 말씀하셨습니다. 이 가르침에서 "강한 자"란 '귀신', 또는 '악한 영'을 말합니다. 그러면 "그 세간"이란 무엇을 말하는 것이겠습니까? 이 부분을 어떤 주석학자는 '그 귀신에 사로잡힌 사람'이라고 말합니다. 이 말은 옳습니다. 그러나 저는 더 포괄적인 관점에서 이 부분을 해석하는 것이 옳다고 생각합니다. 그것은 바로

'사탄에게 **빼앗긴 하나님의 나라**'입니다. 제가 이렇게 해석하는 것이 더 적절하다고 생각하는 데는 이유가 있습니다.

이 땅은 원래 하나님께서 창조하신 영역이지만, 사탄이 인간을 타락시켜 이 세상을 다 강탈당했습니다. 인간의 타락으로 말미암아 하나님의 소유물은 사탄의 세간이 되고 말았습니다. 사탄은 단순히 사람들의 영혼만 강탈한 것이 아닙니다. 사탄은 하나님의 소유였던 온 땅을 강탈했습니다. 가정이 파괴되고, 사회가 무질서해지며, 곳곳에 끔찍한 전쟁과 불법이 가득하게 되었습니다. 우리가 '강한 자', 사탄을 결박해서 되찾아야 할 세간은 사탄의 노예 노릇하는 영혼들만이 아닙니다. 이 세상 전체에 하나님의 나라(통치)를 회복하는 겁니다.

그러면 우리가 어떻게 이 세상을 되찾을 수 있겠습니까?

예수님은 "강한 자"를 결박하지 않고서는 결코 현실화될 수 없다고 말씀하셨습니다. 그 강한 자는 우리의 힘으로 결코 결박할 수 없을 만큼 월등히 강합니다. 이것은 이론이나 재능이나 프로그램으로 되지 않습니다. 이 강한 자(귀신, 악한 영)를 결박하기 위해 무엇보다 필요한 것은 많은 지식과 이론이 아닙니다. 우리의 수단이나 지혜도 아닙니다. 그것은 바로 이 강한 자보다 월등히 강하신 성령의 도움입니다. 여기에만 소망이 있습니다.

사랑하는 성도 여러분, 오늘날 정통신앙을 고수한다는 개혁파 교회의 위기가 어디에 있는지 생각해 봅시다. 오늘날 개혁파 교회는 어느 때보다도 이 "강한 자"를 결박하는 일에 무관심하고 무지합니다. 성경을 잘 해석하고 설교를 탁월하게 잘하지만, 성령에 대한 전적 의존이 너무 빈약합니다. 교리적으로는 탁월하지만 강한 자를 결박하는 일에 실패하고 있어서 이 모든 노력이 아무런 실효를 거두지 못하고 있습니다.

우리 기독교인들의 가정과 직장과 사회는 심각한 위기 가운데 있습니다. 기독교인들에게 이런 위기가 찾아온 데는 성경에 대한 그릇된 해석과 이해 때문인 경우가 많습니다. 작금의 한국교회는 올바른 가르침과 탁월한 설교가 어느 때보다 시급합니다. 이런 차원에서 우리 개혁파의 탁월한 가르침과 성경 해석은 매우 긍정적인 영향을 끼치고 있다고 확신합니다. 이런 차원에서 저는 우리 개혁파가 매우 자랑스럽습니다. 그러나 그렇다고 해서 이것이 성령을 의지하는 것보다 우월하다고 생각할 수는 없습니다. 어느 한쪽도 더 우월하거나 열등하지 않습니다. 이것도 행하고 저것도 버리지 않아야 합니다. 바른 말씀과 성령께 대한 의존은 동전의 앞뒤와 같습니다. 어느 한쪽도 소외되지 않도록 해야 합니다. 성령을 의존하지 않는 교리주의는 위선으로 가고, 교리를 무시한 신령주의자들은 신비주의 광신에 빠지고 맙니다.

상당수 개혁파 교회들이 회복해야 할 부분은 성령을 힘입어 이 "강한 자"를 결박하는 일에 관심을 갖는 것입니다. 그렇지 않으면 진리에 대해 외식화되거나, 아니면 패배의식만 커질 뿐입니다. 이런 사실은 이미 박윤선 박사께서 지적하신 부분입니다. 박윤선 박사는 성령을 의지하지 않은 일체의 모든 행위는 다 외식이라고 했습니다. 정말 적절한 지적입니다.

이제 우리의 시야를 세상으로 돌려봅시다. 이 세상은 지금 심각한 위기에 처해 있습니다. 세상은 어찌하든지 더 좋은 세상을 만들기 위해서 많은 노력을 기울이고 있지만 점점 더 심각한 어려움에 처하고 있습니다. 여성의 인권을 수호하려 했더니 가정이 붕괴될 위기를 맞이했습니다. 학생들의 인권을 이야기하면서 학교 질서가 무너지고, 도리어 교사의 인권을 걱정해야 할 상황이 되어버렸습니다. 인권과 평화를 말하면서 사회는 점점 더 끔찍한 범죄와 사회적 갈등, 도덕적 타락이 점점 심화되고 있습니다. 이렇게 심각한 기독교의 위기와 사회적 위기를 바라보면서 사람들이 거의 신경을 쓰지 않는 부분은 바로 영적인 문제입니다. 모든 문제는 이론이나 제도의 문제가 아니라, 악한 자를 결박하지 못한 데 있는 문제입니다.

—— **우리의 씨름은 혈과 육을 상대하는 것이 아니요 통치자들과 권세들과 이 어둠의 세상 주관자들과 하늘에 있는 악의 영들을 상대함이라**(엡 6:12)

저는 세상 사람들이 이렇게 생각하게 된 이유를 '자연주의' 관점 때문이라고 봅니다. 자연주의란 '존재하는 것이 오직 자연밖에 없으므로 하나님이나 계시나 초자연적인 일은 없다고 보는 태도'를 말합니다. 19세기에 자연주의가 나타나기 전까지 유럽 전 지역은 모든 사회적 현상을 하나님께 대한 인식을 전제로 해석했습니다. 그러나 자연주의가 세상 사람들의 보편적인 가치관이 되면서 사람들은 더 이상 하나님의 존재뿐만 아니라 악마의 존재도 믿지 않게 되었습니다. 이제 사람들은 세상에 일어나는 모든 현상을 합리적 지식과 과학으로만 해석하게 되었습니다. 지진이나 자연 이상이나 전염병을 하나님의 자기표현이라고 생각하지 않습니다. 또 사회적인 문제를 영적인 문제로 보려 하지도 않습니다. 이제는 영적인 문제도 심리적인 문제, 사회학적인 문제로 해석합니다. 이런 태도가 오늘날 교회 안까지 들어와 은연중에 자리 잡았습니다. 교회도 이 세상에 나타나는 다양한 현상을 영적으로 해석하지 않게 되었습니다. 물론 이런 태도를 갖게 만든 원인에는 지나친 광신주의자들의 행동에 대한 반작용도 한몫했습니다. 질병의 문제나 정서적인 문제 같은 것들을 무조건 악한 영의 역사로만 보려는 태도에 반작용하여, 도리어 자연주의적 태도를 견지하게 만든 것도 사실입니다. 우리는 성경이 모든 현상 배후에 성령과 악한 영의 역사가 큰 역할을 한다고 가르친다는 점을 잊지 말아야 합니다.

우리는 이 세계를 영적으로 이해하기 위해 몇 가지 중요한 전제를 염두에 두어야 합니다.

첫째, 인간의 전적인 타락입니다. 성경은 인간의 전적 타락이 온 인류에게 비극을 가져다준 원인이라고 가르칩니다. 세상이 이렇게 비극적으로 된 것은 사회 구조나 지식이나 환경 문제가 아닙니다. 아무리 좋은 제도나 지식이나 환경이 주어져도 인간 자체가 타락했기 때문에 다 무용지물일 뿐입니다. 인간의 비극이 에덴동산이라는 완벽한 환경에서 일어난 사실은 이를 잘 증명합니다. 아무리 탁월한 성경적인 제도를 교회 안에 도입하고, 성경 교리를 정확하게 가르쳐도 인간의 타락 문제를 해결하기 전에는 어떤 문제도 해결되지 않습니다. 예수님과 제자들이 사람들의 저항과 고통을 받은 이유는 그들의 가르침과 방식에 결함이 있었기 때문이 아닙니다. 반대로 성경적이었기 때문입니다. 오늘날 많은 목회자가 이런 영적인 원리를 염두에 두지 않고 목회합니다. 그래서 성경적으로 가르치고 목회를 할 때, 교인들의 강력한 저항에 부딪치는 것을 이상하게 생각합니다. 아닙니다. 이런 현상은 이상한 것이 아니라 당연한 것입니다. 그러므로 이런 경우 목회와 가르침을 조율할 것이 아니라 성령의 능력으로 바른 가르침과 목회가 정착되도록 기도해야 합니다. 그렇지 않으면 믿음 없어도 얼마든지 가능한 인본주의적 종교가 될 뿐입니다.

둘째, 우리 눈에 보이지 않는 어떤 악한 영들이 실제로 존재한다는 사실입니다. 우리 눈에 보이지 않지만 실제로는 존재하는 악한 영들, 이 존재들이 인류의 비극을 몰고 오는 또 다른 중요한 원인입니다. 이 악한 영들은 우리의 타락한 본성을 끊임없이 자극하여 비극을 몰고 옵니다. 악한 영들은 아직 구원받지 못한 자연인들에게만 활동하는 것이 아닙니다. 이미 거듭난 성도들에게도 하나님의 통치를 따르지 않고 자신의 통치를 따르도록 활동합니다. 이 활동의 가장 핵심적인 것은 거짓과 속임입니다. 이 악한 영은 성경적인 제도를 무너뜨리고, 성경의 정확한 가르침을 무너뜨리기 위해서 모든 미혹과 거짓 가르침, 더 나아가 물리적 현상까지 유발합니다. 때로는 우리의 기도와 예배를 방해하거나 복음 전하는 일을 방해합니다. 이런 일은 사도행전에서도 잘 나타납니다. 이런 모습은 사도시대 때만 아니라, 지금도 일어납니다.

—— 그 중에 이 세상의 신이 믿지 아니하는 자들의 마음을 혼미하게 하여 그리스도의 영광의 복음의 광채가 비치지 못하게 함이니 그리스도는 하나님의 형상이니라(고후 4:4)

이 두 가지 영적인 원리를 근거로 사탄은 이 세상을 지옥처럼 만들어갑니다. 이 세상에서 신자의 싸움은 눈에 보이는 구조나 지식의 문제 이전에 영적인 문제로 볼 수 있어야 합니다. 우리가 이 거룩한 싸움을 하기 위해 하나님의 성령의 능력을 힘입는 법을 배워야합니다. 성령만이 진리를 현실화시킬 수 있는 유일한 분임을 인정해야 합니다. 성령만이 강한 자(악한 영)를 결박하며, 죄와 사탄의 권세 아래 있는 자연인들로 하여금 복음을 받아들일 수 있도록 합니다. 성령의 역사를 통하지 않고서는 하나님의 나라가 현실화될 수 없습니다. **어두운 마음을 계몽하는 것은 지식이 아니라 성령의 역사입니다.** 성경의 가르침대로 세상이 개혁되는 것은 방법론의 문제가 아님을 인정해야 합니다. 따라서 우리는 예수님께서 본을 보이셨던 것처럼 철저히 기도에 헌신해야 합니다. 바울 사도의 가르침처럼 쉬지 말고 기도해야 합니다. 기도만이 성령의 능력을 의지하는 유일한 길입니다.

하이델베르크 요리문답은 기도의 필요성에 대하여 다음과 같이 말합니다.

하이델베르크 요리문답

제 116 문: 왜 그리스도인들은 기도해야 합니까?

답: 기도는 하나님께서 우리에게 요구하시는 감사의 가장 중요한 부분이며, 또한 하나님께서는 그의 은혜와 성령을 오직 탄식하는 마음으로 쉬지 않고 구하고 그것에 대해 감사하는 사람에게만 주시기 때문입니다.

기도는 하나님의 주권을 인정하는 겸손한 태도입니다. 기도하지 않는 것은 성령을 의지하지 않는 것이고, 성령을 의지하지 않는 것은 그 자체로 교만입니다. 우리가 하나님의 성령만 의지할 때 비로소 인간의 전적 무능과 타락을 극복할 수 있습니다. 우리가 감당할 수 없는 환경과 악한 자 사탄의 결박까지도 깨뜨릴 수 있습니다. 기도 외에는 이런 종류가 나갈 수 없습니다(막 9:29).

사랑하는 성도 여러분, 지금 온 세상은 혼미의 영에 빠져서 아무리 합리적으로 복음을 증거해도 받아들이지 않는 시대입니다. 이런 현상은 지금만의 현상이 아닙니다. 인류 역사는 언제나 그랬습니다. 단지 성령을 의지하여 극복된 것일 뿐입니다. 바꾸어서 말하면 오늘날 이런 현상은 성령을 의지하기보다는 교회가 너무 지식과 방법에 더 의지하기 때문이라고 보는 것이 더 적절할 것입니다.

지금도 전능하신 하나님이 역사하시면 놀라운 역사가 일어납니다. 지금도 성령을 힘입으면 악한 자를 결박하고 세간을 되찾아 오는 일이 또 나타납니다. 우리가 아무것도 하지 않고 기도만 하면 된다는 말이 아닙니다. 예수님처럼 모든 활동과 헌신 뒤에 항상 기도가 있어야 한다는 말입니다. 행위가 있어도 성령께서 사용하지 않는 행위는 아무것도 아니라는 뜻입니다. 앞에서 언급한 것처럼 이것도 행하고 저것도 버리지 말아야 합니다.

칼빈Calvin의 말처럼 **"복음은 혀의 교리가 아니라 삶의 교리"**입니다. 그러나 복음이 혀의 교리가 아니라 삶의 교리가 되려면 성령을 힘입어야 합니다. 과거 16세기 종교개혁 시대와 17세기 청교도 시대, 18세기 부흥기 시대 개혁파 교회는 교리만이 아니라 기도와 성령의 능력을 간절히 의지했습니다.

작금의 어려운 시기에 우리는 어느 때보다 성령을 의지하기 위해 우리의 교만한 머리를 숙이는 법을 배워야 합니다. 겸손한 자만이 성령을 의지하는 기도에 온 힘을 기울이게 됩니다. 이 겸손이 교회 안에 가득하길 바랍니다.

태초에 하나님이 천지를 창조하시니라 땅이 혼돈하고 공허하며 흑암이 깊음 위에 있고

하나님의 영은 수면 위에 운행하시니라 하나님이 이르시되 빛이 있으라 하시니 빛이 있

었고(창 1:1-3)

05

구약의 성령 이해

상당수의 기독교인은 구약과 신약의 단절성과 통일성을 어떻게 이해해야 할지 혼란스러워합니다. 특히 신약에 들어와서 성령이 죄인들을 거듭나게 하시고 교회를 창조하시는 주된 역할을 했다는 점에서, 구약에서 성령을 어떻게 이해할지 당황스럽게 생각합니다. 이런 혼란을 가중시킨 사람들 가운데 세대주의자들이 있습니다.

세대주의자들은 구약을 성부 시대, 복음서를 성자 시대, 오순절 성령강림 이후를 성령 시대로 이 문제를 해석합니다. 이런 식으로 가르치면 대부분의 사람은 참 이해하기 쉽다고 생각합니다. 그러나 이런 식으로 시대를 구분 짓는 것은 성경적인 구분법이 아닙니다. 왜냐하면 이런 식의 해석법은 거룩하신 세 분 하나님께서 항상 하나의 일체로 활동하시는 분이심을 설명해 주지 못하기 때문입니다.

경륜적 삼위일체 관점에서 본다면 성부는 구원을 작정하시고 성자는 구원을 성취하시고 성령은 구원을 적용하십니다. 거룩하신 삼위 하나님은 항상 이렇게 세 분 하나님께서 일체로 일하셨습니다. 이렇게 삼위일체로 일하시는 하나님은 구약시대나 신약시대나 다르지 않습니다. 이것이 성경이 가르치는 삼위일체 교리입니다.

그러므로 경륜적인 삼위일체 하나님의 사역은 천지만물을 창조하실 때에도 동일하게 나타납니다. 이런 차원에서 저는 창세기 1장 1-3절에 나타난 삼위일체 하나님의 창조 사역을 먼저 언급하고자 합니다.

—— 태초에 하나님이 천지를 창조하시니라 땅이 혼돈하고 공허하며 흑암이 깊음 위에 있고 하나님의 영은 수면 위에 운행하시니라 하나님이 이르시되 빛이 있으라 하시니 빛이 있었고(창 1:1-3)

이 본문은 하나님께서 세상을 어떻게 창조하셨는지 가르치시는 아주 중요한 구절입니다. 창세기 기록자 모세는 위대한 선언으로 창조 사건을 시작합니다. **하나님의 창조 행위는 경륜적 삼위일체 하나님의 사역을 선명하게 보여줍니다.** 창조가 이루어지기 전에 온 우주는 땅이 혼돈하고 공허하며 흑암이 깊음 위에 있었습니다. 이렇게 혼돈이 가득한 곳에 모세는 하나님의 영이 수면 위에 운행하셨다고 증언합니다. "하나님의 영"(루아흐 엘로힘)은 '성령'을 말합니다. 성령은 혼돈과 공허와 흑암이 깊음 위에 운행하셨습니다. 이런 상황에서 하나님은 빛의 창조를 작정(성부)하시고 "빛이 있으라" 말씀(성자)하셨습니다. 이 말씀은 곧바로 '빛의 창조'로 성취됩니다. 하나님의 창조에서 하나님의 작정은 말씀으로 선포되며, 그 말씀의 성취는 하나님의 영(성령)에 의해 나타납니다.

여기서 우리는 경륜적 삼위일체 하나님의 역사를 보게 됩니다. 성부 하나님은 작정하시고, 성자 하나님은 말씀하시며, 성령 하나님은 말씀을 실현시키십니다. 물론 여기서 성부와 성자와 성령이라는 칭호는 나타나지 않습니다. 구약에서는 성부와 성자와 성령의 사역을 명확하게 구분하여 기록하지 않았습니다. 그러나 이런 양태는 구약과 신약 전체에서 일관성 있게 보여주시는 삼위 하나님의 일체적 행위입니다. 이런 삼위 하나님의 일체적 행위가 구원 사역에서도 그대로 나타납니다.

여기서 우리는 구약의 성령 사역에 대한 첫 번째 특징을 보게 됩니다. 그 것은 성령이 하나님의 작정과 선포를 실현시키는 창조의 근원이라는 점입니다. 성령의 창조 사역은 말씀으로 선포된 하나님의 작정이 실제적으로 구현되도록 하시는 역할을 하십니다. 성령이 아니시면 실현은 없습니다. 하나님의 작정이 말씀으로 선포되었다고 하더라도 성령이 운행하지 않으시면 창조는 기대할 수 없습니다. 성령은 창조(하나님의 작정과 말씀 선포)를 실행하시는 영이십니다. 이 말씀 속에는 성령의 탁월함과 아울러 성령께서 성부와 성자의 작정과 말씀 선포를 떠나서는 일하지 않으심을 보여주십니다. 이것은 성령 하나님의 겸손을 보여줍니다.

───── **여호와 하나님이 땅의 흙으로 사람을 지으시고 생기를 그 코에 불어넣으시니 사람이 생령이 되니라**(창 2:7)

우리는 성령이 창조 실현에 중심 역할을 한다는 점에서 창세기 2장의 인간 창조를 관찰해야 합니다. 창세기 2장 7절을 보면 "여호와 하나님이 땅의 흙으로 사람을 지으시고 생기를 그 코에 불어넣으시니 사람이 생령이 되니라"라고 기록합니다. 여기서 사람은 다른 여러 피조물과 다른 방식으로 창조되었음을 보게 됩니다. 성경은 다른 피조물들이 단순히 흙으로 창조되었다는 정도만 언급됩니다. 창세기 1장 24절을 보면 "하나님이 이르시되 땅은 생물을 그 종류대로 내되 가축과 기는 것과 땅의 짐승을 종류대로 내라 하시니 그대로 되니라"라고 합니다. 인간을 제외한 다른 동물들은 하나님이 빚으시는 방식으로 창조되지 않았습니다. 하나님께서 작정하신 것을 말씀하시자 땅이 그 종류대로 낸 결과였습니다. 땅이 그 종류대로 내면 그 자체로 '생령'(생물/네페쉬 하야)이 되었습니다.

그러나 사람은 여호와 하나님께서 친히 흙(먼지/아파르)으로 "지으시고"(야짜르/빚다) 곧바로 '생령'(네페쉬 하야)이 되지 않았습니다. 흙으로 빚어진 다음, 생령이 되기 위해 생기를 그 코에 불어넣으셨다고 합니다. 여기서 생기에 해당하는 히브리어 '네샤마'는 성령을 지칭하는 것이 분명합니다. 생기가 성령을 지칭한다면 사람은 다른 피조물들과 달리 처음부터 성령이 거하시는 성전으로 창조되었음을 알 수 있습니다. 사람은 성령이 거하시기 전엔 그냥 진흙 덩어리에 불과합니다.

──── **하나님의 영이 나를 지으셨고 전능자의 기운이 나를 살리시느니라**(욥 33:4)

만일 여러분이 "생기"가 성령이라고 볼 근거가 어디 있느냐고 질문한다면 그 이유는 욥기 33장 4절 말씀으로 증명할 수 있습니다. 욥기 33장 4절을 보면 "하나님의 영이 나를 지으셨고 전능자의 기운이 나를 살리시느니라"라고 말씀합니다. 다시 말해서 욥은 하나님의 영이 그를 창조하셨고, 하나님의 입김(개역성경에서는 '기운'으로 번역됨)이 그에게 생명을 불어넣어 주셨다는 말입니다. 여기서 하나님의 영과 하나님의 입김(기운)은 한 존재를 지칭하는 두 개의 다른 표현입니다.[6]

---

6) 이승현, 『성령』 (서울: 킹덤북스, 2018), 31.

이렇게 성령께서 아담이 살아있는 영, 즉 "생령"이 되게 하셨다는 점을 염두에 두고 기억해야 할 점이 있습니다. 그것은 하나님의 영(성령)이 아담의 코에 생기로 들어간 사건은 아담 안에 "하나님의 형상"을 완성하신 사건이라는 점입니다. 하나님 형상의 핵심은 흙으로 피조된 것에 있지 않습니다. 아담 안에 하나님의 입김(성령)이 들어가심에 있었다는 점이 중요합니다. 물론 사람이 다른 피조물과 구별되게 흙으로 빚어졌다는 점에서 외형도 하나님의 형상과 직결되었다고 생각해야 합니다. 그럼에도 불구하고 하나님 형상의 핵심은 하나님의 입김이 아담에게 들어감에 있습니다. 그리고 그 하나님의 형상은 하나님을 대신하여 만물을 다스리는 왕의 역할 수행과 직결되어 있었습니다.[7] 왜냐하면 성령이 아담의 코에 생기로 들어감으로써 아담은 비로소 성령이 수행하시는 말씀에 대한 수행자 역할을 하게 되기 때문입니다. 인간이 창조되기 전에는 성령이 창조의 수행자 역할을 했습니다. **그런데 인간에게 하나님의 호흡이 불어넣어진 후엔 하나님의 창조 수행이 성령을 받은 인간을 통해 수행하게 되었습니다.** 이것이 바로 하나님의 형상이며, 대리통치자라는 개념입니다.

이제 우리는 이 점을 염두에 두고 구약 성령에 대한 두 번째 이해로 발전하게 됩니다. 구약에서 성령의 사역은 하나님의 통치를 사람을 통해 수행하도록 역사하시는 분으로 언급됩니다. 여호와 하나님께서 아담의 코에 생기(성령)를 불어넣으심으로 기대하셨던 것은 하나님을 대신하여 만물을 통치하는 **'대리통치자'**가 되는 것이었습니다. 아담이 대리통치자의 직무를 수

---

7) 이승현, 『성령』 34.

행하는 것은 아담의 독립적 기능이 아니었습니다. 성령이 먼지로 빚어진 사람에게 생기로 거할 때 비로소 가능했습니다. 그러므로 타락 이전의 아담은 하나님의 작정이 계시(말씀)되면 그것에 정확히 반응하는 성령의 수행자 역할을 충실하게 수행할 수 있었습니다. 그러나 아담이 타락으로 성령 없는 자가 되고 말았습니다. 성령 없는 자가 되었다는 것은 그 자체로 생기 없는 진흙 덩어리에 불과하다는 의미입니다. 생기 없는 진흙 덩어리 인간에게 나타나는 가장 전형적인 현상은 하나님의 작정이 말씀으로 선포될지라도 성령의 수행자로 반응을 할 수 없게 된 것입니다. 여기서 우리가 발견하게 되는 사실은 성령이 신약과 마찬가지로 말씀의 수행자라는 사실입니다. 그리고 그 말씀의 수행은 성령을 받은 사람을 통해 이루어집니다.

—— **그러나 진리의 성령이 오시면 그가 너희를 모든 진리 가운데로 인도하시리니 그가 스스로 말하지 않고 오직 들은 것을 말하며 장래 일을 너희에게 알리시리라 그가 내 영광을 나타내리니 내 것을 가지고 너희에게 알리시겠음이라**(요 16:13-14)

구약의 기적과 이적, 예언 등은 하나님의 뜻(작정)을 이루시는 역할에 초점이 맞춰져 있습니다. 사사기에서 사사들에게 나타나는 지혜와 용맹함, 괴력들은 "여호와의 영이 ~에게 임하니"로 나타난 현상이었습니다. 삼손의 초인적인 능력만 보더라도 하나님의 신(성령)이 항상 그에게 머물러 있었던 것이 아니었습니다. 하나님의 뜻을 이루는 것과 직결될 때만 임시적으로 임하는 방식이었습니다. 사사기 14장 6절에서 "여호와의 영이 삼손에게 강하게 임하니"라는 말씀이 언급된 후에 사자의 입을 찢는 괴력이 발생합니다. 같은 장 15절에서도 "여호와의 영이 삼손에게 갑자기 임하시매" 아스글론 사람 삼십 명을 쳐 죽였다고 합니다. 사사기 15장 14절에서도 "여호와의 영이 삼손에게 갑자기 임하시매"라는 말씀이 언급된 다음 나귀 턱뼈로 블레셋 사람 천명을 죽였다고 합니다. 삼손의 괴력이 항상 하나님의 뜻과 직결되어 있었다는 점은 그가 나실인 서약을 어기고 머리카락이 잘리자마자 하나님의 신이 떠났다는 점에서 더욱 선명하게 나타납니다. 삼손에게 하나님의 신이 떠남과 동시에 그는 하나님의 말씀을 수행할 능력이 사라졌습니다.

구약의 이런 관점은 사무엘상에도 잘 나타납니다. 사무엘상에서 사무엘은 이스라엘 초대 왕이었던 사울과 그다음 왕이었던 다윗에게 왕으로 기름 붓습니다. 구약에서 선지자가 특정한 사람에게 왕으로 기름 붓는 행위는 성령의 임재를 상징합니다. 왕으로 기름 부음 받은 사울과 다윗은 예외 없이 기름 부음 받은 후에 변하여 새 사람이 되는 현상이 나타납니다. 먼저 사무엘상 10장 6절을 보면 사무엘은 사울이 기름 부음 받은 후에 "여호와의 영이 크게 임하리니 너도 그들과 함께 예언을 하고 변하여 새 사람이 되리라"라고 했습니다. 이런 예언은 그대로 응했고, 사울은 그 순간부터 새 사람이 되어 용맹하게 되고 놀라운 통치력과 군사력을 보여줍니다. 그러나 그가 하나님의 명령에 불순종하자 여호와의 신이 떠나고 이전과 같이 하나님의 뜻을 수행하는 성령의 수행자 역할은 나타나지 않습니다.

이런 사실은 다윗에게도 동일하게 나타납니다. 다윗이 왕으로 기름 부음을 받은 후에 사울처럼 변하여 새 사람이 됩니다. 사무엘상 16장 13절을 보면 "사무엘이 기름 뿔병을 가져다가 그의 형제 중에서 그에게 부었더니 이 날 이후로 다윗이 여호와의 영에게 크게 감동되니라"라고 합니다. 그 이후부터 다윗은 성령의 수행자 역할을 하며 골리앗을 무찌르고 더 나아가 가나안 땅 전체를 정복하는 이스라엘의 황금기를 이룩합니다.

흥미로운 점은 다윗도 사울처럼 하나님의 명령을 거역하는 죄를 범한 적이 있었다는 사실입니다. 그는 자기의 충복 우리아의 아내를 범하고 그를 암살했습니다. 그 후에 다윗은 자신의 죄를 철저히 참회합니다. 그 참회의 시가 바로 시편 51편입니다. 여기서 우리는 구약의 성령님을 이해하기 위해 매우 주목할 만한 부분을 발견하게 됩니다. 그는 "하나님이여 내 속에 정한 마음을 창조하시고 내 안에 정직한 영을 새롭게 하소서 나를 주 앞에서 쫓아내지 마시며 주의 성령을 내게서 거두지 마소서"(시51:10-11)라고 기도합니다. 이 기도 속에서 우리는 다윗이 하나님의 언약 백성의 특징이 무엇인지 잘 이해하고 있음을 보게 됩니다. 하나님의 언약 백성들은 정한 마음(정직한 영)을 통해서 성령의 통치 수행자 역할을 하게 된다는 점입니다. 다윗은 자신도 주님의 성령이 떠나면 사울과 같은 비참한 존재가 된다는 것을 알았습니다. 자신의 영광은 하나님의 뜻을 수행하는 성령의 수행 도구가 되는 것임을 분명하게 이해했던 것입니다.

이렇게 구약에 언급된 성령을 살펴보면 오늘날 은사주의자들이나 신사도 운동가들이 성령 사역을 기적과 이적, 병 고침, 혹은 능력 행함 정도로만 이해하는 것이 얼마나 성경을 오해하고 있는지 잘 알 수 있습니다. 구약에서만 보더라도 성령은 인간이 자신의 욕심과 명예를 위해 소유하는 영이 아닙니다. 이런 식으로 이해하는 것은 사도행전에서 시몬 마구스가 성령을 자기 마음대로 소유하려 했던 태도였습니다. 성령을 악용하려 했던 시몬은 후에 저주를 받았습니다(행 8:18-24). 성령은 하나님의 뜻을 이루기 위해 사람을 택하시고 임하셔서 주도권을 행사하시는 영입니다. 이렇게 성령이 택한 백성들을 주도하실 때, 거기서 하나님의 영광이 나타납니다.

여기서 우리는 구약 이스라엘의 회복이 율법과 그에 대한 온전한 순종에 초점이 맞춰져 있다는 점을 알아야 합니다. 구약 교회인 이스라엘은 하나님 작정을 성취하기 위해 율법을 받은 사람들이었습니다. 그들은 단순히 가나안 땅을 소유하기 위해 선택받은 백성들이 아니었습니다. 하나님의 작정하신 뜻을 이루는 수행자로 선택된 것이었습니다. 하나님은 이스라엘 백성들의 중심에 성막(성전)을 두셨습니다. 성막(성전)은 두 돌 판(하나님의 작정하신 뜻)으로 기록된 성령의 전殿이었습니다. 이 사실이 중요합니다. 하나님은 이스라엘의 중심에 성막(성전)을 두시고 광야에서 성령으로 상징되는 구름기둥과 불기둥의 인도를 받도록 했습니다. 그러나 그들은 율법(하나님의 뜻)대로 행하지 못했습니다. 이 말은 구약 이스라엘이 하나님의 작정을 이루어드리는 성령의 수행자 역할을 하지 못했다는 뜻입니다. 그들은 하나님의 율법을 반복하여 범했습니다. 이런 모습은 가나안 땅에 들어가서도 계속되었습니다. 그 결과, 그들은 약속의 땅에서 쫓겨나 바벨론 포로가 되었습니다.[8]

이들의 문제는 율법이 있지만, 율법대로 행할 수 있는 마음, 기능이 없다는 점이었습니다. 하나님의 작정에 대한 지식은 있었지만, 그 작정을 수행

---

8) 이승헌, 『성령』 36.

할 기능이 없었다는 말입니다. 그들은 여전히 성령 없는 흙덩이에 불과했습니다.

세 번째로 구약의 성령 사역은 선택받은 백성들이 하나님의 말씀 수행자 역할을 하게 하시는 분이시라는 사실을 선지자의 예언을 통해 가르쳐줍니다. 에스겔 11장은 구약의 성령 사역의 핵심이 무엇인지 아주 잘 가르쳐줍니다.

—— 내가 그들에게 한 마음을 주고 그 속에 새 영을 주며 그 몸에서 돌 같은 마음을 제거하고 살처럼 부드러운 마음을 주어 내 율례를 따르며 내 규례를 지켜 행하게 하리니 그들은 내 백성이 되고 나는 그들의 하나님이 되리라(겔 11:19-20)

여기서 성령의 사역은 창세기에서 아담의 코에 호흡을 불어넣어서 생령이 되게 하신 사건을 떠올리게 합니다. 선지자 에스겔은 하나님께서 뜻하신 때가 되면 택한 백성들에게 새 영을 줘서 "그 몸에서 돌 같은 마음을 제거하고 살처럼 부드러운 마음을 주어 내 율례를 따르며 내 규례를 지켜 행하게" 할 것이라고 합니다. 그리고 이렇게 새 마음을 받아 주님의 율례와 규례를 지켜 행하는 자들은 "내(주님의) 백성이 되고 나는 그들의 하나님이 되리라"라고 예언합니다. 이 예언은 신약에서 비로소 성취됩니다.

이제 말씀을 정리하겠습니다. 오늘 우리는 구약에 나타난 성령의 사역에 대해 살펴보았습니다. 여기서 저는 구약의 중생 문제와 사울에게 성령이 거하셨다가 떠나시는 문제를 어떻게 이해할 것인지를 다루지 않았습니다. 이 문제는 신약에 나타난 성령의 사역을 다루면서 더 명확해질 것이라 생각하고 미루었습니다. 다음 시간에는 신약에서 성취된 선지자들의 예언을 기초로 신약의 성령이 어떻게 사역하셨는지 살펴보게 될 것입니다. 무엇보다 말도 많고 탈도 많은 "성령세례" 문제를 다루도록 하겠습니다.

저는 여기서 우리가 관심 가져야 할 중요한 부분을 강조하고 싶습니다. 그것은 구약과 신약에서 성령 사역의 핵심이 거듭나게 하거나, 혹은 능력과 기적과 은사에 초점 이맞춰져 있지 않다는 점입니다. 성령의 중생시키는 사역과 능력과 이적은 조나단 에드워즈^{Jonathan Edwards}의 표현처럼 종속적 목적이며, 이 목적은 모두 하나의 궁극적 목적에 맞춰져 있습니다. 그것은 바로 **성령께서 하나님의 작정하심을 계시된 말씀대로 온전히 수행하게 하는 것**입니다. 이 궁극적 목적을 이루시기 위해 성령은 우리를 중생하게 하십니다. 중생의 목적은 이 궁극적 목적을 수행할 수 있는 기능을 구비하게 하는 데 있습니다. 성령으로 거듭나지 않으면 하나님의 나라를 볼 수 없고, 하나님의 성령의 일을 받지 못하기 때문입니다. 바울의 표현처럼 "그리스도를 위하여 너희에게 은혜를 주신 것은 다만 그를 믿을 뿐 아니라 또한 그를 위하여 고난도 받게 하려 하심"(빌 1:29)에 있습니다.

기적과 이적과 다양한 은사들도 이 궁극적 목적에 초점이 맞춰져 있습니다. 은사는 교회를 세우기 위해 주시는 성령의 사역입니다. 이 사역은 바울의 가르침처럼 "교회는 그의 몸이니 만물 안에서 만물을 충만하게 하시는 이의 충만함"(엡 1:23)을 이루는 데 있습니다. 고린도전서 12장에서 바울은 "각 사람에게 성령을 나타내심은 유익하게 하려 하심이라"(고전 12:7)라고 하였습니다. 바울은 다양한 은사를 나열한 후에 "이 모든 일은 같은 한 성령이 행하사 그의 뜻대로 각 사람에게 나누어 주시는 것이니라"(11절)라고 했습니다. 기사와 이적과 다양한 은사는 하나도 예외 없이 말씀으로 계시된 아버지의 뜻이 이 땅에 이루어지도록 하는 데 초점이 맞춰져 있습니다. 왜냐하면 악이 가득한 세상에서 아버지의 뜻을 수행하기 위해서는 초자연적인 기사와 이적과 은사 없이는 불가능하기 때문입니다. 세상을 이기는 힘이 오직 성령 하나님의 은총을 통해서만 나타납니다.

사랑하는 성도 여러분, 여러분에게 이 놀라운 성령의 역사가 나타나길 바랍니다. 여러분에게 중생의 은총뿐만 아니라, 세상을 넉넉히 이길 힘과 능력과 은사가 나타나길 바랍니다. 그러나 무엇보다 우리의 마음이 바울 사도의 고백처럼 "먹든지 마시든지 무엇을 하든지 다 하나님의 영광을 위하여"(고전 10:31) 살아가는 놀라운 변화가 나타나길 바랍니다. 이것이 우리가 창조된 목적이며, 정체성인 것입니다.

예수께서 세례를 받으시고 곧 물에서 올라오실새 하늘이 열리고 하나님의 성령이 비둘기 같이 내려 자기 위에 임하심을 보시더니 하늘로부터 소리가 있어 말씀하시되 이는 내 사랑하는 아들이요 내 기뻐하는 자라 하시니라(마 3:16-17)

06

복음서에 나타난 예수님과 성령

우리가 신약의 성령론을 살펴보기 전에 먼저 염두에 두어야 할 것은 구약의 성령에 대한 이해입니다. 지난 시간에 언급했던 것처럼 구약에서 성령은 성부의 작정하심을 성자께서 말씀하신 것을 성취하시는 '실행자'라고 했습니다. 그리고 사람은 성령께서 성부의 작정과 성자의 선포를 실행하는 성령의 수행자 역할을 한다고 했습니다. 이런 차원에서 성령의 활동은 사람과 직접적인 연관성을 가지고 있습니다. 물론 성령은 당신의 주권에 의해 사람(사람의 실행) 없이도 얼마든지 말씀을 성취하실 수 있습니다. 그럼에도 불구하고 성령은 사람의 순종을 통해 성부께서 작정하시고 성자께서 하신 말씀을 성취하시기로 작정하셨습니다.

여기서 우리는 한 가지 중요한 개념이 있습니다. 그것은 사람이 처음 창조될 때부터 **'성령의 전'**으로 창조되었다는 점입니다. 사람이 성령의 전이 된 것은 신약시대에 와서 갑자기 나타난 개념이 아닙니다. 이미 창세기에서 하나님이 피조물을 창조하실 때, 다른 피조물들은 땅이 생령(네페쉬 하야)을 냈다고 하지만, 사람만은 흙(먼지)으로 빚어진 후에 하나님의 숨이 들어온 후에 생령(네페쉬 하야)이 되었습니다. 이는 구약에서 성전이 만들어진 후에 하나님의 영(성령)이 임하게 된 것과 그 결을 같이 합니다. 이 개념이 신약에 와서 더욱 선명하게 나타납니다.

───── 너희 몸은 너희가 하나님께로부터 받은 바 너희 가운데 계신 성령의 전인 줄을 알지 못하느냐 너희는 너희 자신의 것이 아니라(고전 6:19)

신약에서 성령을 받았다는 것은 단순히 구원을 받아서 천국에 가게 되었다는 것을 의미하지 않습니다. 성령을 받았다는 것은 신자가 더 이상 자기를 위해 살지 않고 하나님의 뜻을 실행하는 **'말씀 수행자'**가 된다는 것을 의미합니다. 그러므로 바울은 신자가 옛 사람을 십자가에 못 박은 사람(롬 6:6)이라 말했고, 또 성령으로 세례를 받아 그리스도와 한 몸 된 존재(고전 12:13)라고 말했습니다. 예수님도 제자들에게 뜻이 하늘에서 이룬 것처럼 땅에서도 이루어지도록 기도할 것을 가르치셨습니다(마 6:10).

오늘 본문은 이러한 성령의 사역을 아주 잘 보여줍니다. 예수님께서 공생애를 시작하시기 전에 세례 요한으로부터 세례를 받은 장면입니다.

—— **예수께서 세례를 받으시고 곧 물에서 올라오실새 하늘이 열리고 하나님의 성령이 비둘기 같이 내려 자기 위에 임하심을 보시더니 하늘로부터 소리가 있어 말씀하시되 이는 내 사랑하는 아들이요 내 기뻐하는 자라 하시니라**(마 3:16-17)

예수님께서 세례 요한에게 세례를 받는 장면은 매우 특이합니다. 첫째로 "하늘이 열리고 하나님의 성령이 비둘기 같이 내려 자기 위에 임하심을 보시더니"라고 합니다. 예수님의 세례 받은 사건은 하늘이 열리는 것으로 시작됩니다. 이는 아담의 타락 후에 봉쇄되었던 에덴동산이 두 그룹에 의해 다시 열리게 된 것을 보는 듯합니다. 실제로 이와 같은 표현이 예수님께서 나다나엘에게 자신이 어떤 존재인지 말씀하신 장면에서도 나옵니다.

—— 또 이르시되 진실로 진실로 너희에게 이르노니 하늘이 열리고 하나님의 사자들이 인자 위에 오르락 내리락 하는 것을 보리라 하시니라(요 1:51)

예수님께서 나다나엘에게 자신의 정체성을 언급하실 때 야곱이 보았던 환상을 인용하셨습니다. 이는 예수님께서 하나님과 죄인 된 세상의 중보자 되심을 드러낸 것이었습니다. 이렇게 하늘 문이 열림으로 인간에게 구원의 문이 열렸음을 선포한 것입니다. 이것은 분명히 에덴동산의 폐쇄된 문이 예수님을 통해 열렸음을 가리킵니다.

이렇게 열린 하늘에서 하나님의 성령이 비둘기같이 내렸습니다. 성령이 비둘기같이 내렸다는 것은 성경 문학적으로 볼 때, 성령의 온유함(11:29), 순결(1:16), 생명과 창조의 충만(창 1:2; 요 7:37-39)을 상징합니다. 이는 성령의 특징을 보여줄 뿐만 아니라, 그 성령이 예수님 위에 임하셨다고 함으로써 예수님의 사역을 잘 보여줍니다.

정말 중요한 것은 그다음입니다. 17절 말씀을 보면 성령이 예수님 위에 임하시면서 하늘로부터 "이는 내 사랑하는 아들이요 내 기뻐하는 자라"라는 소리가 있었다는 점입니다. 여기서 **"내 사랑하는 아들"**이라는 표현은 시편 2편 7절의 "내가 여호와의 명령을 전하노라 여호와께서 내게 이르시되 너는 내 아들이라 오늘 내가 너를 낳았도다"라는 말씀 인용입니다. 이 부분은 이스라엘에서 왕을 세우고 머리에 기름 부을 때 꼭 읽는 말씀입니다. 그리고 "내 기뻐하는 자라"라는 말씀은 이사야 42장 1절 "내가 붙드는 나의 종, 내 마음에 기뻐하는 자 곧 내가 택한 사람을 보라 내가 나의 영을 그에게 주었은즉 그가 이방에 정의를 베풀리라"라는 말씀의 인용입니다. 먼저 "내 사랑하는 아들"이라는 말씀의 인용은 예수님이 하나님께서 세우신 왕(메시아)이라는 점을 선포하며, 두 번째 **"내 기뻐하는 자"**라는 말씀의 인용은 하나님의 뜻에 부합한 사역자라는 의미를 가지고 있습니다. 이 두 구절을 연결해서 해석한다면, 예수님은 하나님의 뜻에 부합한 하나님께서 세우신 왕이라는 뜻이 됩니다.

중요한 사실은 예수님께서 세례를 받을 때 이런 일이 일어난 것은 구약에서 **왕**이나 **선지자**나 **제사장**에게 기름을 머리에 부어 임직하는 임직식을 보여주고 있다는 점입니다. 구약에서 왕, 제사장, 선지자에게 기름 붓는 행위는 그냥 형식적인 행위가 아니라, **성령의 임재**를 상징합니다. 이런 형식은 궁극적으로 장차 오실 메시아의 임직식을 보여주는 예표입니다. 이스라엘 왕이나 선지자나 제사장이 머리에 기름 부음 받은 것의 실체(original)는 지금 예수님이 요한에게 세례를 받으면서 일어난 이 사건이라고 할 수 있습니다. 이렇게 기름 부음을 받은 사람은 새 마음을 갖게 되며 새로운 사람이 됩니다.

지난 시간에도 언급한 것처럼 사울이나 다윗이 사무엘로부터 기름 부음을 받은 후에 새 마음을 품고 새로운 사람이 되었습니다. 그들이 새로운 마음을 품고 새 사람이 된다는 것이 의미하는 바는 그들이 비로소 성령의 수행자가 되었음을 의미합니다. 이렇게 성령의 수행자 역할을 하는 사람을 구약은 왕, 제사장, 선지자라고 합니다. 이들을 다른 말로 **'삼직자'**(3직자)라고도 합니다.

흥미로운 점은 최초의 인류였던 아담이 하나님으로부터 호흡이 주어지자 그에게 이런 삼직이 나타났다는 점입니다. 아담은 단순한 성령의 수행자가 아니었습니다. 그는 바로 왕, 제사장, 선지자의 사역을 했던 것입니다. 최초의 인류였던 아담에겐 이 세 가지 직분이 그대로 나타났습니다. 이런 사실은 왕과 제사장과 선지자라는 삼직 없이 사람이 성령의 수행자 역할을 할 수 없음을 보여줍니다.

예수님이 공생애를 시작하기 전에 성령으로 세례 받음으로 나타난 것은 이러한 삼직에 대한 수여에서 시작됩니다. 삼직의 수여는 단순히 왕으로서 등극한다는 것만을 의미하지 않습니다. 예수님의 사역은 성령에 의해 왕과 제사장과 선지자의 사역을 함으로써 하나님의 통치를 이 땅에 구현한다는 점을 가르칩니다.

예수님을 이때부터 공식적으로 "메시아", 혹은 "그리스도"라고 합니다. "메시아", 혹은 "그리스도"라는 말은 '기름부음 받은 자'라는 뜻이며, 기름부음 받았다는 뜻은 예수님이 왕이고 선지자며 제사장임을 가르칩니다. 이것은 성령께서 처음 아담을 통해 행하시는 방식이었습니다.

마지막 아담으로 오신 예수님은 첫 아담이 실패했던 왕과 제사장과 선지자의 직분을 충성되게 실행하시는 분으로 나타납니다. 그런데 더 놀라운 사실은 본래 이 삼직을 통해 성령의 수행자가 되는 것은 사람에게 부여된 것이었습니다. 그런데 성자 하나님께서는 친히 완전한 사람이 되셔서 성령의 삼직 수행자 역할을 자처하시는 겸손을 보이셨습니다.

예수님은 철저히 성령에 의존된 삶을 사셨습니다. 예수님은 성령으로 동정녀 마리아의 몸에 탄생하셨습니다. 또 모든 일을 위해 항상 성령으로 기도하셨으며, 성령으로 기뻐하시고, 성령으로 능력을 행하셨습니다. 아더핑크Arthur Pink는 예수님께서 어느 정도로 성령 안에서 행했는지를 다음과 같이 언급했습니다.

> 모든 것은 성부로부터 나오며, 성자를 통하여 이루어지며, 성령에 의하여 되어지는 것이다.……그(예수님)는 성령의 지시 없이는 아무 일도 하지 않으셨고, 그의 인도하심이 아니고서는 아무 말씀도 하지 않으셨으며, 그의 권능이 아니고서는 아무것도 행하지 않으셨다.[9]

예수님의 공생애 사역은 온전히 성령께 의존된 삶으로 요약됩니다. 예수님은 항상 성령으로 충만한 인도를 받기 위해 습관을 따라 기도하시고, 때로는 밤을 맞도록 기도하셨으며, 더 나아가 고난받는 종의 삶을 순종하기 위해 땀방울이 핏방울처럼 떨어지는 기도를 하셨습니다.

예수님은 분명히 제2위 하나님이셨습니다. 그렇지만 동시에 예수님은 완전한 사람이셨기 때문에 사람으로서 성령의 수행자가 되기 위해 기도로 성령을 의지해야 했습니다. 예수님이 성령께 완전히 의존되었다는 주장이 어쩌면 모순처럼 들릴 수 있습니다. 경륜적 삼위일체 논리에 위배되는 것처럼 보일 수 있습니다. 이에 대해 아더 핑크는 "그리스도께 관여하시는 성령의 활동은 아들의 영광을 가로막는 것이라기보다는, 오히려 그 아들을 더 두드러지게 나타내는 것"이라고 했습니다.[10] 이는 성자께서 성령의 주권을 철저히 존중했다는 사실을 잘 보여줍니다.

---

9) 아더 핑크, 『성령론』 지상우 역 (서울: 도서출판 엠마오, 1994), 48.
10) 아더 핑크, 『성령론』 49.

여기서 저는 성령 충만과 기도에 대한 주님의 모본을 잊지 말아야 한다는 점을 강조하고 싶습니다. 이런 차원에서 지난번에도 언급했던 하이델베르크 116문을 다시 살펴보고자 합니다.

하이델베르크 요리문답
제 116 문: 왜 그리스도인들은 기도해야 합니까?
답: 기도는 하나님께서 우리에게 요구하시는 감사의 가장 중요한 부분이며, 또한 하나님께서는 그의 은혜와 성령을 오직 탄식하는 마음으로 쉬지 않고 구하고 그것에 대해 감사하는 사람에게만 주시기 때문입니다.

하이델베르크 요리문답은 은혜와 성령으로 충만하기 위해 반드시 요구되는 한 가지 중요한 사항을 우리에게 가르칩니다. 그리스도인이 기도해야 하는 이유는 하나님께서는 은혜와 성령을 **"오직 탄식하는 마음으로 쉬지 않고 구하고 그것에 대해 감사하는 사람에게만 주시기 때문"**이라는 점입니다. 그냥 기도하는 사람에게 성령으로 충만하게 하는 것이 아닙니다. 정말로 하나님의 뜻을 이 땅에 이루어드리는 성령의 수행자가 되길 열망하는 사람들이 탄식하는 마음으로 쉬지 않고 구할 때 가능합니다.

하나님의 뜻은 단순히 인간의 행위로 이루어지는 것이 아닙니다. 사람의 행위가 하나님 나라에서 의미가 있기 위해서는 반드시 성령께서 사용하시는 순종이어야 합니다. 이것을 바울은 다른 말로 "믿음으로 따라 함"(롬 14:23)이라고 했습니다. 믿음으로 따라 행하는 성령의 삶을 위해 주님은 쉬지 않고 기도했습니다. 항상 자기 뜻대로 하지 않고 아버지의 뜻대로 하기 위해 기도하셨습니다. 바울이 "성령으로 아니하고는 누구든지 예수를 주시라 할 수 없다"(고전 12:3)라고 한 가르침은 바로 예수님의 가르침과 그대로 일치합니다. 이를 위해 주님은 우리에게 구하고, 찾고, 두드리라고 하셨습니다. 주님은 구하고 찾고 두드리는 자들을 향하여 "너희가 악할지라도 좋은 것을 자식에게 줄 줄 알거든 하물며 너희 하늘 아버지께서 구하는 자에게 성령을 주시지 않겠느냐"(눅 11:13)라고 가르치셨습니다.

그러면 왜 신자는 이렇게 구하고 찾고 두드려 가면서 성령 충만해야 하겠습니까? 왜 원죄 없이 육신으로 오신 예수님은 항상 기도하며 성령을 의지해야 했습니까? 그것은 하나님께서 인간을 창조하신 목적이 바로 **성령의 전**이 되도록 하는 데 있었기 때문입니다.

성령의 전으로서 성육신 하신 예수님은 아버지의 뜻을 이루시기 위해 "성령에게 이끌리어 마귀에게 시험을 받으러 광야로"(마 4:1) 가셔야 했습니다. 성령께서 예수님으로 하여금 마귀에게 이끌리어 광야에서 시험을 받도록 하신 것은 옛 아담과 구약 이스라엘 백성들의 불순종을 극복하는 메시아의 역할을 예수님께서 감당해야 했기 때문입니다. 성령은 예수님으로 하여금 율법의 완성자가 되도록 하셨습니다.

전도에 대해서도 성령의 주권은 선명하게 잘 나타납니다. 예수님은 열두 제자들을 전도하도록 파송하시면서 성령만을 전적으로 의지해야 할 것을 가르치셨습니다. 예수님은 제자들이 복음을 증거할 때 반드시 박해가 있을 것을 경고하셨습니다.

—— 너희를 넘겨 줄 때에 어떻게 또는 무엇을 말할까 염려하지 말라 그 때에 너희에게 할 말을 주시리니 말하는 이는 너희가 아니라 너희 속에서 말씀하시는 이 곧 너희 아버지의 성령이시니라(마 10:19-20)

전도에 성령의 주권을 가르치신 이유는 하나님께서 택하신 백성의 마음을 여시고 말씀을 심령에 각인시키시는 분이 바로 성령이시기 때문입니다. 이런 개념은 사도행전 16장에서 루디아에게 바울이 복음 전한 장면 속에 아주 잘 나타납니다. 바울이 두아디라 시에서 루디아를 만나 복음을 전했을 때 성경 기자는 "주께서 그 마음을 열어 바울의 말을 따르게 하신지라"(행 16:14)라고 가르칩니다. 여기서 "주"는 예수 그리스도의 영이신 성령을 의미합니다. 성령께서 루디아의 마음을 여시고, 바울을 통해 전해지는 말씀을 따르게 하십니다.

이렇게 말씀을 받게 하는 성령의 역사를 사도 바울은 고린도후서 3장 3절에서 "오직 살아 계신 하나님의 영으로 쓴 것이며 또 돌판에 쓴 것이 아니요 오직 육의 마음판에 쓴 것"이라고 가르칩니다. 이런 가르침은 예레미야 31장 33절에서 "내가 나의 법을 그들의 속에 두며 그들의 마음에 기록하여 나는 그들의 하나님이 되고 그들은 내 백성이 될 것이라"라고 하신 말씀을 염두에 둔 것입니다. 전도는 성령께서 자연인들의 마음에 율법을 각인하여 새로운 이스라엘 백성을 삼는 구약 언약의 성취입니다.

다시 우리는 성령으로 기름 부음 받으신 예수님의 삼직에 우리의 시선을 돌려야 할 필요가 있습니다. 왜냐하면 성령께서는 말씀으로 선포된 아버지의 뜻을 이루어드리기 위해 왕직, 제사장직, 선지자직을 통해 사역하시기 때문입니다. 이 사역은 하나님의 백성 된 특징이며, 성령이 거하시는 성전의 특징입니다.

그러면 성령께서 거하시는 성전 된 그리스도께서는 이 삼직을 어떻게 수행하셨을까요? 그리고 그리스도와 연합하여 성전이 된 신자는 이 삼직을 어떤 식으로 수행하여 성령의 수행자 역할을 하게 되겠습니까? 우리는 이 부분을 하이델베르크 요리문답 제31문을 통해 살펴보도록 하겠습니다.

하이델베르크 요리문답

제 31 문: 그를 가리켜 왜 그리스도, 즉 기름 부음을 받은 자라 부릅니까?

답: 그분은 성부 하나님으로부터 정하심을 받고 성령으로 기름 부음을 받아, 우리의 큰 선지자요 교사가 되사 우리의 구원에 관한 하나님의 은밀한 작정과 뜻을 충만히 계시하셨기 때문이요, 또한 우리의 유일한 대제사장이 되사 그의 몸을 단번에 제물로 드리사 우리를 구속하셨고 우리를 위하여 아버지께 끊임없이 간구하시기 때문이요, 또한 우리의 영원한 왕이 되사 그의 말씀과 성령으로 우리를 다스리시고, 우리를 위해 얻으신 구원을 누리도록 우리를 보호하시고 보존하시기 때문입니다.

여기서 우리가 먼저 염두에 둘 것은 그리스도의 선지자직은 우리와 다른 "큰 선지자"며, 제사장직은 오직 한 분만 되는 "대제사장"이고, 왕직은 "영원한 왕"이 되신다는 점입니다. 이스라엘에서 선지자들 가운데 선지자는 모세나 사무엘이었다면, 그 외의 선지자는 그와 비교할 수 없는 선지자였습니다. 마찬가지로 주님만 유일한 큰 선지자이십니다. 또 구약 제사 제도에서 제사장은 수천 명에 육박했지만 대제사장은 오직 한 분이었습니다. 마찬가지로 주님만 진정한 대제사장이시며 교회는 제사장으로 부름받은 존재들입니다. 그리스도의 왕직도 주님이 왕이시라면 교회의 왕직은 분봉왕 같은 직분으로 이해하면 됩니다. 이것이 교회의 삼직과 그리스도의 삼직의 차이입니다. 기능상에서는 차이가 없으나 유일성에서는 분명한 차이가 있다는 말입니다.

그러면 첫 번째로 성령에 의한 **선지자직의 기능**은 무엇이겠습니까? 하나님의 감추인 경영과 뜻을 온전히 계시하는 데 있습니다. 교회는 그리스도를 통해 계시된 하나님의 뜻을 성령의 조명을 통해 세상에 증거하는 역할을 합니다.

두 번째로 **제사장직의 기능**은 그의 몸을 단번에 제물로 드려 우리를 구속하셨고, 성부 앞에서 우리를 위해 항상 간구하는 것입니다. 이는 성령께서 신자들로 하여금 죽도록 충성하게 하며 하나님의 영광과 이웃을 위해 끊임없이 기도하게 하는 것을 말합니다.

마지막 세 번째로 **왕직의 기능**은 그의 말씀과 성령으로 우리를 다스리시고, 우리를 위해 획득하신 구원을 누리도록 보호하고 보존하는 것입니다. 성령은 예수 그리스도를 통해서 말씀과 성령으로 우리를 다스리십니다. 그리고 우리의 구원을 누리고 보호하고 보존하도록 하십니다. 성령의 역사는 교회 안에서도 동일한 방식으로 나타납니다. 성령은 신자가 말씀과 성령의 다스림을 받도록 할 뿐 아니라 이 통치를 세상에 구현하도록 하여 복의 근원이 되도록 합니다.

이제 말씀을 정리하겠습니다. 우리는 지난 시간에 살펴보았던 구약에 나타난 성령에 대한 이해를 기초로 하여 복음서, 특히 예수님을 통해 나타난 성령의 사역에 대해 살펴보았습니다. 구약을 염두에 둔 성령의 사역은 신약의 복음서에서도 그 일관성에 아무 차이가 없습니다. 단지 복음서에서 성령의 사역은 성육신하신 그리스도를 통해 나타난다는 점에서 약간의 어려움을 줄 뿐입니다. 그럼에도 불구하고 구약의 성령에 대한 이해는 신약의 그리스도를 통해 더욱 선명해질 뿐입니다.

무엇보다 우리가 관심 가져야 할 부분은 성령이 사람을 본래 창조하신 의도대로 성전을 삼으신다는 점입니다. 성육신하신 예수님은 마지막 아담으로 오셔서 어떻게 사람이 성령의 전으로 살아갈 것인지를 보여주실 뿐입니다. 궁극적으로 달라진 것은 없습니다. 성령께서 거하시는 성전으로 부름받은 신자는 그리스도께서 인정하셨던 것처럼 성령의 주권을 인정해야 합니다. 신자는 성령 안에서 성령의 실행자로 살아가야 합니다. 그 실행자의 삶은 선지자, 제사장, 왕으로 살아가는 것이어야 합니다. 성도는 어디를 가든지 이 열매로 가득해야 합니다.

이제 다음 시간에는 성령의 세례를 통해 복음서의 성령과 오순절 성령강림 이후의 성령에 대한 이해가 어떻게 달라지는지 살펴보도록 하겠습니다.

때가 제 삼 시니 너희 생각과 같이 이 사람들이 취한 것이 아니라 이는 곧 선지자 요엘을 통하여 말씀하신 것이니 일렀으되 하나님이 말씀하시기를 말세에 내가 내 영을 모든 육체에 부어 주리니 너희의 자녀들은 예언할 것이요 너희의 젊은이들은 환상을 보고 너희의 늙은이들은 꿈을 꾸리라 그 때에 내가 내 영을 내 남종과 여종들에게 부어 주리니 그들이 예언할 것이요 또 내가 위로 하늘에서는 기사를 아래로 땅에서는 징조를 베풀리니 곧 피와 불과 연기로다 주의 크고 영화로운 날이 이르기 전에 해가 변하여 어두워지고 달이 변하여 피가 되리라 누구든지 주의 이름을 부르는 자는 구원을 받으리라 하였느니라(행 2:15-21)

07

오순절 성령강림과 구약 예언의 성취

지난 시간까지 우리는 구약에 나타난 성령에 대한 이해에서 복음서에 나타난 예수님과 성령에 대해 살펴보았습니다. 성령론에 대한 저의 접근 방식은 항상 **경륜적인 삼위일체로서의 성령**, 그리고 **언약하시고 성취하시는 성령**이라는 일관적인 관점입니다.

우리가 이 관점에서 성령론을 바라보지 않는다면 거룩하신 성삼위 하나님 가운데 한 분에 대하여 심각한 오류에 빠질 가능성이 많습니다. 그 대표적인 태도가 성령에 대해 실용적인 관점으로 해석하는 태도입니다. 실제로 오늘날 성령론에 대한 오류는 교회로 하여금 신비주의나 종교다원주의로 빠지는 원인으로 작용하고 있는 것이 사실입니다. 이는 성경의 중요한 관점을 염두에 두지 않고 일관성 없이 지엽적으로 해석한 데 그 원인이 있습니다. 그러므로 저는 이제까지 살펴보았던 이 관점에서 성령론을 계속 논의하겠습니다.

우리가 오늘 살펴보게 될 성령론에 대한 부분은 말도 많고 탈도 많은 오순절 성령세례에 대한 문제입니다. 성령세례에 대한 신학적인 문제는 주로 중생 후 성령세례와 중생이 곧 성령세례라는 입장으로 나뉩니다. 전자는 주로 감리교나 성결교, 오순절 교단, 그리고 로마 가톨릭에서 주장합니다. 후자, 즉 중생이 곧 성령세례라는 가르침은 주로 우리 개혁파 입장입니다. 이 두 문제에 대한 문제점과 차이는 다음 시간에 다루도록 하고 저는 이 시간 사도행전에 나타난 성령세례에 대한 문제를 먼저 다루고자 합니다.

오늘 본문은 오순절에 성령이 강력하게 역사한 사건을 배경으로 합니다.

오순절 날이 되자 갑자기 하늘로부터 급하고 강한 바람 같은 소리가 있으면서 성령이 불의 혀처럼 갈라지는 모습으로 120명의 제자들에게 보이고 각 사람에게 임했습니다. 성령이 임하자 사람들은 다 성령 충만함을 받고 성령의 말하게 하심을 따라 방언으로 말하기 시작했습니다. 여기서 120명의 제자들이 했던 방언은 다른 나라 언어를 말합니다. 우리가 흔히 생각하는 문법적으로 해석 불가능한 신비한 언어가 아닙니다. 오늘날 한국교회 안에서 흔히 발견되는 방언은 고린도전서 14장에 나오는 방언에 가깝습니다. 사도행전에 나타난 방언과 고린도전서 14장에 나오는 방언은 완전히 다른 방언이었습니다. 사도행전 방언은 일시적인 현상이었다면, 고린도전서 14장의 방언은 지속적인 현상이었다는 점도 다릅니다. 이런 방언 현상은 천하 각국에서 모인 사람들에게 매우 큰 충격을 주기에 충분했습니다. 이 현상을 본 사람들은 이 일에 대해 의문을 갖게 되었습니다. 어떤 사람들은 이 현상을 보고 술에 취했다고 조롱까지 했습니다.

오늘 본문은 이런 상황에서 사도 베드로가 오순절 성령강림의 의미를 설명해 주었습니다.

—— **이는 곧 선지자 요엘을 통하여 말씀하신 것이니 일렀으되**(행 2:16)

베드로는 이 현상을 선지자 요엘을 통해 하나님께서 말씀하신 예언의 성취라고 말합니다. 정확히 말해서 이 사건은 요엘 2장 28-32절에서 예언된 말씀이 비로소 성취된 것입니다. 우리가 오순절 성령강림을 이해하기 위해 먼저 접근해야 할 부분은 바로 여기입니다. 우리는 사도 베드로가 시작했던 시점에서 이 현상을 해석해야 합니다. 상당수 사람이 생각하는 것처럼 현상과 효력으로 해석하는 것은 항상 오류로 가는 지름길입니다. 방언을 했다든지, 능력이 나타났다든지, 많은 사람이 전도를 받아 교회가 급성장했다는 점에서 시작하는 것은 항상 본질을 흐리는 접근입니다. 이런 접근은 실용주의 철학적 접근입니다. 우리가 관심 가져야 할 점은 이 현상이 교회 성장에 어떤 유익을 가져다주었는가가 아닙니다. 이 사건이 구약의 가르침과 어떤 일관성과 연관성이 있는가를 보아야 합니다.

우리는 이 사건에서 인간 타락 가운데 하나님께서 인류를 회복하시려는 구약 언약의 연장선을 바라볼 수 있어야 합니다.

오순절에 120명의 제자들이 각 나라 방언으로 말하게 된 것은 창세기 11장의 바벨탑 사건의 연장선에서 볼 수 있습니다. 창세기 11장은 노아 홍수 심판 이후 사람들이 하나님께 반역함으로 저주를 받아 수많은 언어로 말하게 된 바벨탑 사건입니다. 각자 사용하는 언어가 달라져서 인류는 사분오열四分五裂되었습니다. 이 사건이 있은 지 수천 년이 지났습니다. 구약 여러 선지자의 예언대로 메시아가 도래했습니다. 그리고 메시아 되신 예수님의 부활 승천 후 오순절에 성령이 임했습니다.

성령이 임하자 120명의 제자들은 성령에 붙들려 각 나라의 언어로 말하게 되었습니다. 인간적인 방법이 아니라 하나님의 주권에 의해 하나의 언어로 통일된 것입니다. 이것은 오늘날 인간적으로 하나의 언어를 추구하려는 인본주의 운동과 대조를 이룹니다. 하나님은 바벨탑 사건으로 각 사람이 다양한 언어로 말하게 하셨고, 이제 오순절 날에 이르러 모든 민족이 하나의 언어로 다시 말하게 하셨습니다. 이것은 모든 민족이 하나로 통일되는 회복을 경험한 것입니다. 여기서 한 언어로 말한 것은 그냥 아무 말이나 한 것이 아니었습니다. 사람들은 "각 언어로 하나님의 큰 일 말함"(행 2:11)을 들었다고 합니다. 헤르만 바빙크Herman Bavinck는 여기서 성령이 말하게 하신 "하나님의 큰 일"을 "하나님께서 그리스도로 말미암아 성취하셨던 구원의 전 사역에 관한 것"이라고 합니다.[11] 이는 바벨탑 사건에서 사람들이 하나의 언어로 "우리의 이름을 내고 온 지면에 흩어짐을 면하자"(창 11:4)라고 했던 말과 분명한 대조를 이룹니다.

바벨탑 사건과 오순절 성령강림 사건은 극명한 대조를 이룹니다. 바벨탑에서는 사람들이 타락하여 한 언어로 자기 이름을 내려고 했습니다. 그 결과 그들은 각자 다른 언어로 말하게 되었습니다. 그런데 오순절 성령강림은 다양한 언어에서 다시 하나의 언어로 회복됩니다. 그냥 하나의 언어만 된 것이 아닙니다. 그들은 자기의 이름을 내던 언어에서 하나님의 큰 일을 높이는 언어로 회복된 것입니다.

그뿐만 아니라 인류는 창세기 11장의 바벨탑 사건을 기점으로 더 심각한 타락을 맞이하게 됩니다. 이것은 마치 옛 아담의 타락으로 말미암아 인류에 저주가 임한 것과 같은 방식입니다. 그런데 반대로 인류는 마지막 아담이신 예수 그리스도의 도래로 말미암아 첫 아담의 저주로부터 해방이 시작되고, 오순절 성령강림으로 말미암아 바벨탑 저주의 해방이 시작됩니다.

---

11) 강병도, 『호크마주석5-사도행전』 (서울: 기독지혜사, 1992), 55.

하나님 없이 자기 스스로 구원을 추구하기 위해 탑(이르/city/도시)을 건설하던 인류에, 이제는 하나님의 큰 일(하나님의 구속사역)을 이루기 위해 하나의 새로운 영적 도시가 시작될 것을 가르치고 있습니다. 이 사건은 바벨 공동체와 대조되는 교회 공동체의 시작을 알리는 신호탄이었습니다. 이런 사실은 이제부터 우리가 요엘서 예언을 비롯한 구약의 예언에서 더욱 선명하게 잘 나타납니다

애석하게도 오늘날 상당수 교회는 오순절 성령강림 사건을 교회 성장이라는 실용의 관점에서만 보려 합니다. 이들은 오순절 성령강림을 신비적 체험과 방언 말함, 이적과 예언과 은사의 관점에서 해석합니다. 이 놀라운 사건에 대한 잘못된 해석은 교회 안에 다른 예수, 다른 영, 다른 복음이 들어오는 통로가 되고 말았습니다.

그러면 이제 우리는 오순절 성령 강림 사건이 온 인류가 하나의 거룩한 공동체에 참여하게 되는 하나님의 큰 일이라는 관점을 염두에 두고 베드로가 인용한 선지자 요엘의 예언을 살펴보도록 하겠습니다.

—— 하나님이 말씀하시기를 말세에 내가 내 영을 모든 육체에 부어 주리니 너희의 자녀들은 예언할 것이요 너희의 젊은이들은 환상을 보고 너희의 늙은이들은 꿈을 꾸리라 그 때에 내가 내 영을 내 남종과 여종들에게 부어 주리니 그들이 예언할 것이요 또 내가 위로 하늘에서는 기사를 아래로 땅에서는 징조를 베풀리니 곧 피와 불과 연기로다(행 2:17-19)

선지자 요엘의 예언의 핵심은 "말세에 내가 내 영을 모든 육체에 부어 주리니"라는 말씀에 요약됩니다. 여기서 베드로는 요엘의 예언을 약간 변형해서 언급했습니다. 본래 선지자 요엘은 "그 후에 내가 내 영을 만민에게 부어 주리니"(욜 2:28)라고 했습니다. 요엘은 "그 후에"라고 했지만, 베드로는 "말세에"라고 했고, 요엘은 "만민에게 부어 주리라"라고 했지만, 베드로는 "모든 육체에게 부어 주리라"라고 했습니다. 베드로가 이렇게 요엘서의 예언을 변형시킨 것은 그가 가지고 있는 신학적 입장을 선명하게 전달하기 위해서였습니다.

먼저 우리는 유대인들이 "말세"라는 표현을 우리처럼 '인류 종말의 날'이라는 의미로 이해하지 않았다는 점을 기억해야 합니다. 유대인들은 '말세'를 '언약이 성취되는 시점'이라는 의미로 사용했습니다. 따라서 베드로가 요엘이 "그 후에"라고 예언한 말씀을 의도적으로 "말세에"라고 표현한 것은 지금 이 사건이 요엘의 예언이 성취된 것이라는 사실을 말하고자 했던 것입니다.

베드로는 "만민에게 부어 주리라"라는 말씀을 다시 "모든 육체에게 부어 주리라"라는 표현으로 바꾸어 언급했습니다. 우리가 이 부분을 바르게 이해하는 것이 중요합니다. 왜냐하면 여기서 바로 온 인류가 하나님의 큰 일을 하나의 언어로 말하게 된 것과 직접적인 관련을 맺고 있기 때문입니다. 여기서 베드로는 오순절에 임한 이 놀라운 성령강림 사건이 유대인들만이 아니라 온 인류가 하나님의 큰 일(그리스도를 머리로 하는 거룩한 공동체)에 참여하게 되는 일이 될 것을 알리는 사건이라고 말하고 싶었던 것입니다.

이것이 신약의 교회가 관심을 가져야 할 부분입니다. 신약의 교회는 교회

성장이 아니라, 하나님의 큰 일을 선포하는 공동체를 이루는 일에 관심 가져야 합니다. 교인 수가 얼마나 많고 교회 규모가 얼마나 커지는가는 항상 타락한 교회가 추구하는 바였습니다. 성령은 교회의 규모를 크게 하기 위해 오신 것이 아닙니다. 하나님의 큰 일을 선포하는 교회를 세우기 위해 오신 것입니다. 구약에서 요엘이 "만민"이라 한 것은 '모든 민족'에게 성령이 부어질 것이라는 의미였습니다. 다시 말해서 유대인들에게만 독점적으로 주어질 것이라고 생각했던 성령이 이방인들에게도 임하신다는 예언이었습니다.

이것을 베드로는 좀 더 신학적으로 표현했습니다. 유대인들이 이방인들을 볼 때, 저주받은 존재라는 차원에서 '육체'로 인식했다는 점을 염두에 둔다면 이해가 쉽습니다. "모든 육체"라는 말은 성령 받을 자격 없어 보이는 이방인들을 염두에 둔 표현입니다. 이 표현은 창세기 2장에서 "흙으로 사람을 지으시고 생기를 그 코에 불어넣으시니"를 떠올리게 합니다. 하나님을 모르는 이방인들은 흙으로 지어진 생기 없는 진흙 덩어리에 불과하다는 말입니다. 베드로는 오순절 성령강림 사건이 창세기 인간 창조사건과 비견되는 충격적인 사건이라는 점을 암시합니다. 다시 말해서 오순절 성령강림은 유대인들만이 아니라 이방인들까지도 그리스도 안에서 하나의 언어로 거룩한 도시를 이루는 하나님의 큰 일임을 말합니다. 그렇기에 오순절 성령강림 사건은 신약 교회가 창조된 사건이라 할 수 있습니다.

그런데 여기서 성령 받음을 단순히 구원받음 정도로만 이해한다면 부족합니다. 구약 창세기에서 하나님이 아담을 창조하시고 그에게 생기를 불어넣으신 후에 기대하셨던 것은 하나님의 대리통치자(삼직제)로 살아가는 것이었습니다. 이것은 하나님의 큰 일을 선포하는 하나님 나라의 방식입니다. **모든 민족이 새 이스라엘을 이루어 하나님의 구속 사역에 적극적인 수행자로 살아가는 것, 이것이 하나님의 큰 일의 핵심입니다.**

오순절 성령강림을 통해 하나님께서 기대하신 것도 옛 아담의 기능 회복과 직접적인 관련을 맺고 있습니다. 요엘서는 약속한 성령이 임하게 되었을 때, "자녀들은 예언할 것이요 너희의 젊은이들은 환상을 보고 너희의 늙은이들은 꿈을 꾸리라 그 때에 내가 내 영을 내 남종과 여종들에게 부어 주리니 그들이 예언할 것이요 또 내가 위로 하늘에서는 기사를 아래로 땅에서는 징조를 베풀리니 곧 피와 불과 연기로다"(행 2:17-19)라고 합니다. 이는 옛 아담이 삼직(왕, 제사장, 선지자)을 수행함으로써 나타나는 현상이었습니다. 그리고 이 직분은 이스라엘 국가가 유지되기 위해 특정한 사람들에게 주어졌던 직분입니다. 다시 말해서 오순절 성령강림은 왕이나 제사장이나 선지자에게 임직을 하는 기름 부음 사건이라는 뜻입니다. 그런데 이 임직하는 기름부음이 특정한 왕이나 선지자나 제사장에게만 임하지 않을 것이라고 합니다. 오순절에 임한 성령은 예수님을 구주로 영접한 모든 육체(자녀, 너희 젊은이, 너희 늙은이, 남종과 여종, 이방인)에게 왕과 제사장과 선지자의 직분을 수여하실 것이라고 선언하는 것입니다.

이런 차원에서 우리는 리차드 개핀Richard B. Gaffin 교수가 신약 교회를 그리스도의 사역과 분리된 독자적 사역이 아니라고 한 말을 떠올릴 필요가 있습니다.[12] 이 말은 오순절 성령강림 사건을 통해 신약의 교회를 이룬 목적은 그리스도 사역의 연장선에서 이해해야 한다는 뜻입니다. 신약의 교회는 단

---

12) 리차드 개핀, 『성령 은사론』, 권성수 역 (서울: 기독교문서선교회, 1999), 22.

순히 예수 믿고 천당 가기 위해 존재하는 것이 아니라는 말입니다. 모든 민족(육체)이 옛 아담처럼 그리스도의 삼직에 참여하여 이 땅에 하나님의 나라, 다시 말해서 바벨 공동체(Babel city)와 대립되는 거룩한 공동체(Holy city)를 이루도록 부르신 사건으로 이해해야 합니다. 이렇게 하여 자기 이름을 내려는 바벨 공동체와 대립되는 하나님의 큰 일을 선포하는 선지자, 제사장, 왕 공동체를 이루게 됩니다. 그것은 모든 민족으로 구성되는 새 이스라엘입니다.

제가 여러분에게 다시 말씀드리고 싶은 것은 구약 시대와 신약 시대의 성령 사역의 차이는 중생 여부의 문제가 아니었다는 점입니다. 구약 시대 성도들도 믿음으로 의롭게 되어 성령으로 거듭나서 구원받았습니다. 성령의 중생하게 하시는 사역은 표현만 없을 뿐이지 구약 시대에도 분명하게 나타납니다. 이런 사실은 예수님께서 니고데모와 대화를 나눈 내용 속에 잘 드러납니다. 예수님은 한밤중에 은밀히 찾아온 유대인 지도자 니고데모에게 중생에 대해 가르치셨습니다. 그런데 니고데모가 중생을 전혀 알지 못하는 것을 보고 예수님은 "너는 이스라엘의 선생으로서 이러한 것들을 알지 못하느냐"(요 3:10)라고 책망하십니다. 이 지적은 중생의 문제가 오순절 성령 강림 이후에 갑자기 생긴 개념이 아니라는 뜻입니다. 예수님은 구약성경을 바르게 이해하고 있다면 당연히 중생을 알아야 한다고 말씀하신 것입니다. 오늘날 이 시대 교회도 예외는 아닙니다. 우리가 성경을 바르게 이해하고 있다면 당연히 중생을 알아야 합니다. 이것을 모르면 예수님께서 니고데모에게 말씀하신 것처럼 하나님의 나라에 들어갈 수 없습니다.

그렇다면 구약과 신약에서 성령 사역은 근본적으로 무엇이 다른지 의문을 던지게 됩니다. 구약도 신약과 마찬가지로 성령께서 죄인들을 믿음으로 의롭다 하시고 중생시키시는 일을 하신다면 오순절 성령강림이 과연 어떤 의미가 있다는 것입니까? 결론부터 말씀드린다면 리차드 개핀이 한 말처럼 그리스도의 삼직 계승이 특정한 소수에게만 주어지던 것이, 이제는 구원받은 모든 사람에게 주어지게 되었다는 것입니다. 여기서 차이가 있습니다. 또한 구약의 이스라엘은 신약 교회의 그림자와 같다면, 신약의 교회는 진정한 영적 이스라엘로서 구약 이스라엘의 실체인 것입니다.

그렇습니다. 예수 그리스도의 사역은 구약에서 소수 특정한 사람들에게만 부여된 직분이었습니다. 그리고 이 삼직은 인간이 타락하기 전, 아담에게 부여된 직분이기도 했습니다. 아담은 하나님의 대리통치자(왕)이면서, 하나님의 뜻을 알고 대언하는 선지자였으며, 하나님께만 헌신하는 제사장이었습니다. 그런데 아담이 타락한 후에 이 삼직은 이스라엘이라는 나라에서 특정한 소수에게만 부여되는 직분이 되었습니다. 이스라엘의 왕직은 오직 특정한 한 사람에게 제한적인 사람들을 통치하는 권력으로 주어졌습니다. 선지자직도 특정한 몇몇 사람에게만 제한적으로 주어졌고 그 선지자의 직분은 오직 이스라엘만을 위한 것이었습니다. 제사장직도 마찬가지였습니다. 그래서 왕과 제사장들과 선지자들은 이스라엘 중에 소수의 특권층이었습니다.

그런데 이렇게 이스라엘 중에서 특별하게 삼직을 부여받은 사람들에게 문제가 있었습니다. 첫 번째 문제는 이스라엘 삼직자 중에 하나님께서 기뻐하시는 사람들도 있었지만 타락한 사람들이 계속 쏟아져 나왔다는 것입니다. 이스라엘의 삼직자들은 너무도 불완전한 사람들이었습니다. 그리고 두 번째 문제는 비록 탁월한 삼직자가 역사에 등장했다고 해도 그 사람들이 영원히 살 수 없었다는 것이었습니다. 탁월한 왕이나 선지자나 제사장이 나와도 그들이 세상을 떠나면 이스라엘은 또 타락하고 혼란에 빠져야 했습니다.

그러므로 구약에서 선지자들이 반복적으로 예언했던 삼직자(기름 부음 받은 자/메시아)는 결코 타락하지 않으며, 영원히 죽지 않고 이스라엘 왕국을 영원히 다스리는 사람이었습니다. 장차 메시아(기름 부음 받은 자)가 도래하면 계속 반복되는 이런 고질적인 문제가 영원히 해결될 것이라고 기대했습니다. 선지자들은 모세와 같은 메시아, 다윗과 같은 메시아가 장차 도래하게 될 터인데 그 메시아는 영원한 메시아(기름 부음 받은 종)가 될 것이라고 했습니다. 이런 구약의 예언을 믿었기 때문에 유대인들은 예수님께서 자신의 죽음을 예언하자 다음과 같이 반응했던 것입니다.

—— 이에 무리가 대답하되 우리는 율법에서 그리스도가 영원히 계신다 함을 들었거늘 너는 어찌하여 인자가 들려야 하리라 하느냐 이 인자는 누구냐(요 12:34)

이런 놀라운 메시아(삼직자)의 통치가 영원히 지속되는 방식은 바로 약속한 성령을 보내시는 것이었습니다. 오순절 성령강림은 시간과 공간의 제약받는 예수님(원보혜사)께서 "다른 보혜사"(그리스도의 영)를 모든 육체에게 보내셔서 메시아가 영원히 직접 통치하는 것이 가능하게 한 사건이었습니다.

―― 그러나 내가 너희에게 실상을 말하노니 내가 떠나가는 것이 너희에게 유익이라 내가 떠나가지 아니하면 보혜사가 너희에게로 오시지 아니할 것이요 가면 내가 그를 너희에게로 보내리니 그가 와서 죄에 대하여, 의에 대하여, 심판에 대하여 세상을 책망하시리라 죄에 대하여라 함은 그들이 나를 믿지 아니함이요 의에 대하여라 함은 내가 아버지께로 가니 너희가 다시 나를 보지 못함이요 심판에 대하여라 함은 이 세상 임금이 심판을 받았음이라(요 16:7-11)

교회란 단순히 구원받은 성도들의 모임일 뿐 아니라, 그리스도의 통치를 이 땅에 구현하도록 부름받은 삼직자들의 공동체입니다. 교회는 성령을 받음으로 그리스도를 머리로 삼아 만물을 충만하게 하시는 자의 충만을 이루도록 살게 됩니다(엡 1:23). 세상에서 하나님의 복을 제공하는 통로 역할을 함으로써 소금과 빛으로 살아갑니다. 이것은 분명히 바벨탑 공동체와 극명하게 대조를 이루는 모습입니다. 이것이 신약에서 오순절 성령강림을 통해 태어난 교회의 정체성입니다. 이렇게 그리스도의 삼직이 다른 육체에게 계승되어 통치하시는 방식을 예표하신 사건이 바로 민수기 11장에 나오는 칠십 장로들에게 성령이 임한 사건이었습니다.

―― 모세가 나가서 여호와의 말씀을 백성에게 알리고 백성의 장로 칠십 인을 모아 장막에 둘러 세우매 여호와께서 구름 가운데 강림하사 모세에게 말씀하시고 그에게 임한 영을 칠십 장로에게도 임하게 하시니 영이 임하신 때에 그들이 예언을 하다가 다시는 하지 아니하였더라(민 11:24-25)

이 사건은 모세가 자신의 직분을 감당하는 데 한계를 느끼며 하나님께 하소연하던 상황을 배경으로 합니다. 모세는 한 명이었습니다. 혼자서 수많은 이스라엘 백성들을 통치하기에는 역부족이었습니다. 모세는 자신의 지도력의 한계를 느끼고 있었습니다.

하나님은 모세에게 백성의 장로와 지도자가 될 만한 자 칠십 명을 모으라고 명령하셨습니다. 그리고 모세가 세운 칠십 인의 장로에게도 모세에게 임한 영을 임하게 하신다고 약속하셨습니다. 이 말씀에서 중요한 점은 칠십 장로에게 임한 영이 모세에게 임한 영과 전혀 다르지 않았다는 점입니다. 25절 말씀에 의하면 그들에게 임한 영은 "모세에게 말씀하시고 그에게 임한 영"(25절)이라고 규정됩니다. 이렇게 모세에게 임한 영이 칠십 인에게 승계된 사건은 매우 충격적입니다. 이것은 자칫 모세의 리더십에 위협이 될 수 있었습니다. 이 사건을 목격한 여호수아는 모세에게 그들의 예언을 금해야 한다고 주장합니다. 그러나 그 말을 들은 모세는 "여호와께서 그의 영을 그의 모든 백성에게 주사 다 선지자가 되게 하시기를 원하노라"(민 11:29)라고 대답합니다. 모세의 이런 대답은 이스라엘 공동체는 모세 자신이 다스리는 공동체가 아니라 하나님께서 다스리는 공동체라는 고백을 보여줍니다. 그뿐 아니라 이는 약속한 성령(메시아의 영)이 신약의 모든 성도에게 주어질 것이라는 것과 관련된 예표였습니다.[13]

이 예표는 요엘의 예언에서 다시 구체적으로 언급됩니다. 사도행전에서 베드로가 인용한 요엘의 예언은 바로 민수기 11장에 나온 칠십 장로들에게 임한 성령을 염두에 둔 예언이었습니다. 오순절 성령강림은 예수님께 임한

---

13) 강병도, 『호크마주석4-민수기』(서울: 기독지혜사, 1992), 228.

성령을 모든 육체(교회)에게 부어주셔서 예수님께서 하셨던 사역을 그대로 감당하게 하신 사건이었습니다. 이제 특별한 소수 엘리트들만 강력하게 쓰임 받는 것이 아닙니다. 성령으로 거듭난 모든 사람은 이 놀라운 열매에 참여하게 됩니다. 이런 사실은 모든 신학자가 다 인정하는 바입니다. 그리고 사도 베드로는 오순절 성령강림으로 인해 혼란스러워하는 사람들을 향하여 이것이 요엘의 예언 성취라고 가르친 것입니다.

성도가 성령으로 거듭났다고 해서
그리스도의 삼직이 자동으로 나타나는 것은 아닙니다.
항상 성령으로 충만해야 합니다.

성령으로 충만하지 못하고 죄에 빠지면 성도는 무능해집니다. 특별히 중생 이후에 별도로 성령 받는 경험을 한 사람들에게만 나타나는 것이 아닙니다. 거듭난 성도들이 성령으로 충만하면 성령의 주권에 의해 능력이 나타납니다. 따라서 항상 성령으로 충만하기 위해 성도는 쉬지 말고 기도해야 합니다. 날마다 자기를 부인하여 성령을 소멸하지 말아야 합니다. 하나님의 말씀을 마음속에 묵상하며 말씀에 순종하는 삶을 살아야 합니다.

예수님의 기도는 우리가 삼직에 충실하도록 살아가기 위한 간구로 가득합니다. 이런 기도는 날마다 성령 부어주심을 경험하게 합니다. 성령께서는 삼손에게 갑자기 임하셔서 능력을 발휘하게 하셨던 것처럼 신약 시대에도 하나님의 신에 감동하여 능력이 나타나게 하십니다. 사도행전 4장을 보면 기독교 신앙의 박해를 받던 사도들은 하나님께 간절히 기도합니다. 그들은 하나님의 성령으로 충만하여 박해 중에도 복음을 증거하고 세상을 이기는 능력을 보였습니다(행 4:31).

사랑하는 성도 여러분, 우리는 오늘 오순절 성령강림에 대해 살펴보았습니다. 오순절 성령강림은 단순히 중생에 대한 것도, 혹은 은사에 대한 것도 아닙니다. 이 사건을 이해하는 가장 중요한 관점은 바벨탑 공동체와 대조를 이루는 거룩한 공동체의 탄생이라는 점입니다. 이 놀라운 사건은 유대인들 가운데 특별히 구별된 소수의 사람들에게만 허락되었던 기름 부으심이 인종과 민족과 남녀와 연령에 관계없이 부어진다고 하신 구약 언약의 성취였습니다. 이 언약의 성취는 새 이스라엘 공동체의 정체성을 규정합니다. 성령은 언어와 민족과 나이를 불문하고 모든 세대에게 바벨 공동체와 대조되는 새 공동체를 이루신 것입니다. 이것이 바로 신약 교회의 특징입니다.

하나님은 이를 위해 먼저 성자로 하여금 육신을 입고 기름 부으심을 받아 메시아 사역을 감당하게 하셨습니다. 그리고 그 후에 성령으로 거듭난 신약의 교회는 그리스도와 연합하여 그 메시아의 삼직에 참여하게 하셨습니다. 구약의 왕이나 선지자나 제사장은 장차 오실 그리스도의 그림자며, 예수 그리스도만이 참 메시아(기름 부음 받은 자)의 실체입니다. 그리고 예수 그리스도 이후에 성령으로 거듭나 그리스도와 연합하게 될 교회는 성령 안에서 메시아직에 참여합니다.

우리가 진정으로 성령의 은총 안에 있다면 주님께서 그러셨던 것처럼 세상을 이기는 능력이 나타나야 할 것입니다. 요한계시록은 신약의 교회가 어떻게 큰 성 바벨론을 무너뜨리는 거룩한 공동체인지 보여줍니다. 우리가 이 놀라운 공동체 안에서 하나님의 영광을 강력하게 나타내고 거룩한 공동체를 이루는 소금과 빛이 되길 소망합니다.

여호와의 말씀이니라 보라 날이 이르리니 내가 이스라엘 집과 유다 집에 새 언약을 맺으리라 이 언약은 내가 그들의 조상들의 손을 잡고 애굽 땅에서 인도하여 내던 날에 맺은 것과 같지 아니할 것은 내가 그들의 남편이 되었어도 그들이 내 언약을 깨뜨렸음이라 여호와의 말씀이니라 그러나 그 날 후에 내가 이스라엘 집과 맺을 언약은 이러하니 곧 내가 나의 법을 그들의 속에 두며 그들의 마음에 기록하여 나는 그들의 하나님이 되고 그들은 내 백성이 될 것이라 여호와의 말씀이니라(렘 31:31-33)

08

맥추절과 성령세례

지난 시간 우리는 오순절 성령강림이 구약 언약 성취의 결과라는 점을 살펴보았습니다. 이제 우리는 구약 언약의 성취로서 오순절 성령강림을 이해하는 중요한 절기를 살펴보고자 합니다. 그것은 맥추절입니다.

개혁파 교회는 절기를 지키는 일에 그다지 큰 관심 두지 않습니다. 종교개혁 당시에는 오늘날 세계 교회가 요란하게 지키고 있는 성탄절이나 사순절도 지키지 않았습니다. 어찌 보면 성탄절이나 사순절(주님의 십자가 수난과 죽음을 기억하는 절기)은 복음의 핵심인 예수님과 직결된 절기라고 생각할 수 있습니다. 그럼에도 불구하고 개혁파 교회는 이런 절기까지 지키지 않았습니다. 왜냐하면 절기는 주로 복음이 주어지기 전에 율법 시대에 지키던 행사였거나, 가톨릭에서 종교 행사로 성경에 아무 근거 없이 만들어낸 행사였기 때문입니다.

그러나 그렇다고 해서 개혁파 교회들이 절기가 주는 신학적인 의미까지 무시한 것은 아니었습니다. 도리어 절기의 신학적 의미에 대한 관심은 다른 어떤 교파보다 깊다고 할 수 있습니다. 이런 차원에서 맥추절에 대해 살펴보고자 합니다.

맥추절은 대부분 교회가 추수감사절에 비해 별 관심을 두지 않는 절기입니다. 그러나 이 절기의 신학적인 의미를 안다면 이 절기가 언약과 성취라는 관점에서 매우 중요한 절기라는 사실을 알 수 있습니다. 특히 우리가 계속적으로 살펴보고 있는 오순절 성령강림을 이해하는 데 있어서 더욱 그렇습니다.

그러면 맥추절이란 과연 어떤 절기일까요?

대부분의 교회는 맥추절을 7월 첫째 주일로 지킵니다. 맥추절을 7월 첫째 주일로 지키는 이유는 보리 추수기 때문입니다. 보리를 추수한 것에 대해 감사하는 절기가 바로 맥추절이었습니다. 맥추절을 표면적으로만 본다면 지난 6개월을 뒤돌아보면서 우리에게 풍요를 주시고, 굶지 않게 하신 하나님께 감사하는 절기라 할 수 있습니다. 그러나 맥추절을 이 정도로만 이해하는 것은 이 절기의 본질을 보지 못하는 것입니다. 왜냐하면 맥추절은 신약의 복음을 선명하게 알려주기 위한 신비로운 절기였기 때문입니다.

그러면 무엇이 그토록 놀랍고 신비롭다는 것일까요? 그 신비로움을 이해하기 위해서 우리는 맥추절을 오순절이라 부른다는 사실부터 알아야 합니다. **구약의 맥추절과 오순절은 같은 날이었습니다.** 이런 사실을 알면 우리는 이 맥추절이 단순히 보리 추수에 대한 감사를 올리기 위한 절기보다는 하나님께서 약속하신 성령을 기대하도록 주신 날이라는 사실을 어느 정도 눈치챌 수 있습니다.

이 절기를 이해하기 위해 좀 더 많은 지식이 필요합니다. 먼저 이스라엘 백성들은 오순절을 유월절부터 7주 다음날로 지켰습니다. 그런데 오순절로 불리기도 하는 이 맥추절이 또 다른 중요한 날과 중복됩니다. 그것은 바로 이스라엘 백성들이 광야에서 십계명을 받은 날이라는 사실입니다. 그래서 이날은 '율법 기념일'로 불리기도 합니다. 이런 사실은 성령 받음이 구약의 예레미야서 예언이나, 신약에서 하나님의 사랑(율법)이 마음에 부어진 사건과 같은 것으로 본다는 차원에서 그대로 일치합니다.

여러분은 이 맥추절이 성령이 강림하신 '오순절'과 관련 있고, 또 이스라엘 백성들이 출애굽을 해서 '십계명'을 받은 날과 관련 있다는 사실을 염두에 두면서 뭔가 심상치 않은 의미가 있다는 것을 감지하게 될 것입니다.

맥추절은 놀랍게도 이스라엘 백성들이 새로운 시대를 맞이하게 되는 날과 다 겹치고 있습니다. 맥추절은 바로 새로운 시대(New Age)의 도래를 알리는 날입니다. 이러한 사실은 맥추절이 일 년의 전반기와 후반기를 나누는 기점에서 '감사'를 추구하고 있다는 점과도 일맥상통합니다. 마치 구약에서 신약으로 넘어가는 기점을 보여주는 것과 같습니다.

이런 차원에서 우리는 먼저 새로운 역사의 도래로서 맥추절이 '십계명' 받은 날이라는 점을 묵상해 봅시다. 우리가 잘 알고 있는 것처럼 십계명을 받은 날은 이스라엘 백성들이 출애굽을 하고 난 후에 있었던 가장 중요한 사건입니다. 간혹 어떤 사람들은 이스라엘 백성에게 가장 획기적인 날이 홍해를 건넌 사건이라고 생각합니다. 물론 홍해를 건넌 사건은 매우 중요한 의미를 담지한 사건임에 틀림없습니다. 실제로 이스라엘 백성이 홍해 사이로 건너고, 또 그 뒤를 쫓던 애굽의 군사들이 진멸하게 되었다는 점은 신학적으로 매우 큰 의미가 있습니다. 이 사건을 바울 사도는 고린도전서 10장 2절에서 모세에게 속하여 다 구름과 바다에서 세례를 받은 사건이라고 가르칩니다. 이스라엘 백성들이 홍해 사이로 건넌 사건은 신약의 세례를 예표하는 아주 중요한 사건입니다.

그럼에도 불구하고 이스라엘 백성들에게 궁극적으로 의미가 있는 사건은 홍해를 마른 땅처럼 건넌 사건이 아닙니다. 홍해도강紅海渡江 사건은 사실 출애굽기 19장부터 시작되는 시내산 언약을 위한 과정에 불과합니다. 다시 말해서 이스라엘 백성들이 홍해를 건너고 그 바다에 애굽의 군사들이 수장된 것은 모두 다 시내산 언약을 위한 사건들이었습니다. 하나님은 이스라엘 백성들에게 새로운 삶을 주시기 위해서 홍해를 건너게 하시고, 그들의 옛 주인인 애굽 사람들을 바다에 장사 지내신 것입니다. 이 사건들은 모두 다 시내산 언약을 성취시키기 위해 반드시 필요했던 무대에 불과한 사건들이었습니다. 기독교 신앙의 핵심은 세례 받음에 있지 않습니다. 기독교 신앙의 핵심은 **하나님과 언약을 맺고 그 언약 가운데 살아가는 것**입니다. 이것을 이 시대의 교인들이 이해하기 쉽게 적용해서 살펴봅시다. 우리가 방금 살펴보았던 것처럼 이스라엘 백성들이 홍해를 건넌 사건은 신약 시대의 성도들이 세례를 받음에 대한 예표입니다.

그러면 이 세례의 의미가 무엇입니까?

첫째, 세례는 우리가 옛 삶(애굽의 군사들)**을 장사 지내고 새로운 삶**(해방된 삶)**을 살게 되었다는 것을 의미합니다.** 세례의 핵심적인 의미는 죽음과 부활입니다. 세례란 이전과 단절된 새로운 인생을 살기로 결정했다는 외적인 징표입니다. 그런데 이전과 단절된 새로운 인생을 산다는 것이 중요한 것이 아니라, 이전과 다른 '어떤' 인생을 사느냐가 중요합니다. 새로운 인생의 내용을 구체적으로 약속하는 것이 바로 시내산 언약입니다. 단순히 술과 담배를 끊고 종교적으로 열심히 사는 것이 중요한 것이 아닙니다. 진리를 위해 싸우고 윤리 도덕적으로 살아가는 것보다 더 중요한 것은 어떤 원리로 살아가는 사람이 되느냐입니다. 시내산 언약은 출애굽 한 이스라엘 백성들이 하나님을 사랑하고 이웃을 사랑하는 원리로 살아가는 백성이 되어야 한다는 점을 가르칩니다.

둘째, 세례는 언약 공동체(교회) **일원이 되었다는 공적인 예식입니다.** 신약 시대에는 예수 믿는 교회 일원이 되기 위해 반드시 모든 성도가 보는 앞에서 세례를 받아야 했습니다. 세례 받기 위해 입교자는 모든 성도가 보는 앞에서 신앙고백을 해야 합니다. 세례보다 더 중요한 것은 신앙고백이며, 이 신앙고백을 인정한다는 예식이 바로 세례입니다. 그러나 오늘날 대부분 교회는 세례라는 예식에 더 초점을 맞춘 나머지 새신자가 고백해야 할 신앙의 내용은 대충 넘어갑니다. 상당수 교회에서 세례는 불신자들을 교인으로 등록시키는 하나의 형식적 과정으로 전락해 버렸습니다.

여기서 오늘날 상당수 교회의 전도에 심각한 오류가 들어오는 통로가 되고 말았습니다. 흔히 전도의 목적을 주로 세례를 주고, 천국 백성 만드는 데 있다고 생각합니다. 그래서 언약에 참여하도록 하는 데는 관심이 없습니다. 그 결과 교인들은 세례를 받았지만 언약에 무관심한 사람들이 되고 말았습니다. 다시 말씀드리지만 기독교 신앙의 목적은 세례에 있지 않습니다. 세례는 본질적인 목표(언약에 참여하는 사람이 됨)에 도달하기 위해 반드시 거쳐야 하는 종속적 목적일 뿐입니다.

──── 그러므로 너희는 가서 모든 민족을 제자로 삼아 아버지와 아들과 성령의 이름으로 세례를 베풀고 내가 너희에게 분부한 모든 것을 가르쳐 지키게 하라 볼지어다 내가 세상 끝날까지 너희와 항상 함께 있으리라 하시니라(마 28:19-20)

예수님은 승천하시기 전에 제자들을 향하여 가서 모든 민족으로 제자를 삼아 아버지와 아들과 성령의 이름으로 세례를 주라고 명령하셨습니다. 여기서 주님은 분명히 제자들을 향하여 세례를 주라고 명령하셨습니다. 그러나 주님의 명령은 여기서 그치지 않았습니다. 주님께서 제자들에게 세례를 주라고 명령하신 것은 궁극적 목적이 도달하기 위한 종속적 목적이었습니다. 왜냐하면 그다음 구절에서 예수님은 내가 너희에게 분부한 모든 것을 가르쳐 지키게 하라고 명령하셨기 때문입니다. 궁극적 목적은 세례가 아니라 가르쳐 지키게 하는 데 있다는 말씀입니다. 주님은 **언약 안에서 살아가는 백성을 이루기 위해 세례를 주라**고 명령하신 것입니다.

이 말씀을 방금 살펴본 이스라엘 백성들의 출애굽 사건에 대입하여 생각해 본다면 그 의미가 분명해집니다. 예수님은 제자들에게 출애굽이 신앙의 목표가 아니라, 시내산에서 언약 맺는 것이 궁극적인 목표라고 말씀하시는 것과 같습니다. 우리의 신앙은 교회 일원이 되는 것에 초점 맞춰진 것이 아닙니다. 하나님과 올바른 관계, 이웃과 올바른 관계를 맺는 것이 목적입니다. 교회 일원이 되고 정기적으로 출석하는 것은 단지 하나님과 올바른 관계를 맺기 위해 없어서는 안 될 조건일 뿐입니다. 이것은 마치 음식을 먹는 것 자체가 목적이 아니라, 음식을 먹음으로 얻는 유익이 목적인 것과 같습니다.

이러한 구약 도식을 기초로 오늘날 기독교 신앙의 문제점을 생각해 봅시다. 오늘날 기독교는 자꾸 영혼 구원에만 초점을 둡니다. 설교도 주로 예수 믿고 천당 가는 것에만 초점을 맞춥니다. 그 결과 교회에 출석해서 세례를 받고 정식 교인이 되면 더 이상 신앙생활에 신경 쓰지 않습니다. 정작 세례를 준 목적인 가르쳐 지키게 하라는 명령에는 무관심합니다. 왜냐하면 신앙의 목표가 하나님과 언약 맺은 성숙한 관계 속에 살아가는 것이라는 점을 망각하고 있기 때문입니다.

다시 원점으로 돌아가서 생각해 봅시다. 우리는 오늘 맥추절이라는 절기와 오순절 성령세례에 대해 생각하고자 합니다. 맥추절에 우리가 묵상해야 할 점이 무엇이라고 했습니까? 출애굽 한 이스라엘 백성들이 시내산 언약을 기념하게 하기 위해서입니다. 하나님은 의도적으로 출애굽을 한 이스라엘 백성들이 시내산에서 십계명 받은 날을 '맥추절'과 일치하게 하심으로써 이스라엘 백성들로 하여금 출애굽을 한 날보다, 십계명 받은 날을 더 중요시하고 잊지 않도록 했던 것입니다. 이는 마치 한 남녀가 결혼했을 때 처음 사랑을 고백하게 된 날보다 결혼한 날을 기념하게 되는 것과 같습니다.

우리 신앙의 관점에서 다시금 생각해 봅시다. 하나님은 어느 시대든지 교회가 세례를 주는 일보다, 주의 계명을 가르치고 지키도록 하는 데 초점을 맞추도록 독려하십니다. 실제로 바울의 사역에서 세례를 주는 일은 별 비중이 없었습니다.

—— 나는 그리스보와 가이오 외에는 너희 중 아무에게도 내가 세례를 베풀지 아니한 것을 감사하노니 이는 아무도 나의 이름으로 세례를 받았다 말하지 못하게 하려 함이라

(고전 1:14-15)

세례를 주는 일이 중요하지 않다는 것이 아닙니다. 주님은 분명히 제자들에게 성부와 성자와 성령의 이름으로 세례를 주라고 말씀하셨기 때문에 세례를 베풀어야 합니다. 그런데 바울은 이렇게 물로 세례를 주는 일보다 마음에 할례(세례)를 주는 일이 더 본질적인 일이라고 생각했습니다.

맥추절은 우리에게 세례와 시내산 언약의 차이점을 분명하게 지적하고 있습니다. 기독교 신앙에서 세례는 시내산에서 그의 백성들이 소위 '율법'이라고 하는 언약문을 받아들이게 하기 위하여 불가피하게 반드시 있어야만 하는 과정에 불과합니다.

이런 관점에서 본다면 복음이 '중생'과 '죄 사함'을 많이 강조하는 이유는 그것이 신앙의 목적이기 때문이 아닙니다. 이 과정을 통해서만 하나님과 언약에 참여할 수 있기 때문입니다. 사람은 전적으로 타락했기 때문에 성령으로 거듭나고 죄 용서받지 않으면 결코 하나님의 언약을 받아들일 수 없습니다. 이러한 사실을 바울은 고린도전서 2장에서 다음과 같은 말로 잘 설명했습니다.

—— **육에 속한 사람은 하나님의 성령의 일들을 받지 아니하나니 이는 그것들이 그에게는 어리석게 보임이요, 또 그는 그것들을 알 수도 없나니 그러한 일은 영적으로 분별되기 때문이라**(고전 2:14)

복음이 궁극적으로 목표로 삼는 것은 신분의 변화가 아니라, **변화된 신분에 의한 새로운 삶**입니다. 다시 말해서 하나님과 맺은 언약에 충실한 삶을 살게 함으로써 새롭게 도래하는 시대(하나님 나라 시대)의 삶을 살게 하는 데 있습니다. 이것이 바로 하나님께서 맥추절을 통해 우리가 잊지 않고 기념하기를 바라는 내용입니다. 마치 결혼이 한 사람의 인생에서 새로운 시대의 삶을 살게 되는 것과 같다면, 남자나 여자는 새로운 시대의 삶(결혼)을 위해 그에 부합한 삶을 준비해야 한다는 말입니다. 결혼식이 중요한 것이 아니라 결혼에 부합한 삶을 사는 것이 중요합니다.

이제 우리는 맥추절이 오순절 날 성령께서 강림하신 날이라는 관점을 살펴보겠습니다. 요즘 맥추절과 오순절을 서로 다른 날로 지키고 있습니다. 그러나 본래 맥추절과 오순절은 같은 날입니다. 오순절은 유월절부터 시작해서 7주가 지난 다음날, 즉 50일이 되는 날에 지키는 절기입니다. 유월절로부터 7주 다음 날이 50번째 날이기 때문에 우리는 한자어로 '오순절'(五巡節/다섯 五, 돌 巡, 마디 節)이라 합니다. 흥미로운 점은 이 오순절이 하나님께서 모세를 통하여 이스라엘 백성에게 율법을 주신 날이라는 차원에서 '율법 기념일'로 불린다는 점입니다. 그런데 이런 율법 기념일에 약속한 성령께서 강림하셨다는 점은 매우 의미하는 바가 큽니다. 그리고 그날이 또한 맥추절이라는 사실은 매우 흥미롭습니다.

그러면 이 절기들이 가지고 있는 공통점이 무엇이겠습니까?

그것은 제가 앞에서 잠시 언급했던 것처럼 **'새로운 시대의 도래'**를 점화하는 절기들이었다는 점입니다. 율법 기념일은 이스라엘 백성들이 하나님의 통치를 따르며, 하나님 나라 백성으로 살게 된 구약 교회 탄생의 순간입니다. 마찬가지로 오순절은 구약 예레미야와 에스겔의 예언(율법이 마음에 새겨짐)

의 성취로 말미암아 '신약의 교회가 탄생한 날'이 됩니다. 구약의 교회는 두 돌판에 율법을 새겨서 탄생했다면, 신약의 교회는 마음 판(심비/心碑)에 율법을 새겨 탄생합니다. 이것이 바로 맥추절을 지키면서 신약의 교회가 항상 묵상해야 하는 중요한 개념입니다.

자, 여기서 저는 이제 오순절에 대한 구약의 중요한 가르침을 살펴보면서 맥추절의 중요성을 좀 더 강조하고 싶습니다. 구약의 이스라엘 백성들은 오순절이 되면 성전에서 새로운 소제를 바쳐야 했습니다. 그런데 그 소제는 일반적인 소제와 차이점이 있었습니다. 그 소제물에 누룩을 넣어야 했습니다.

—— 일곱 안식일 이튿날까지 합하여 오십 일을 계수하여 새 소제를 여호와께 드리되 너희의 처소에서 십분의 이 에바로 만든 떡 두 개를 가져다가 흔들지니 이는 고운 가루에 누룩을 넣어서 구운 것이요 이는 첫 요제로 여호와께 드리는 것이며(레 23:16-17)

유월절에는 하나님께서 틀림없이 이스라엘 백성들에게 빵을 만들어 먹되 누룩 없는 빵을 만들어 먹으라고 명령하셨습니다. 그러나 유월절이 지난 7주 다음날, 오순절에는 '누룩 들어간' 소제를 구워서 하나님께 드리고 제사장은 그 음식을 먹도록 했습니다. 이것은 과연 무슨 의미일까요?

집에서 누룩 없는 보리빵을 먹는 무교절과 성전에서 누룩이 들어간 밀가루로 밀 빵을 만들어 제사장이 먹는 오순절은 서로 밀접한 관계가 있습니다. 본래 무교절은 보리를 추수하기 시작하는 한 해 농사의 초기라고 할 수 있습니다. 옛 것을 버리고 새롭게 시작하는 혁신의 표징으로 누룩을 제거한 무교병을 먹습니다. 그러나 밀 수확으로 곡식 추수가 마무리되는 시점인 오순절에는 누룩을 넣은 유교병을 먹습니다. 이렇게 하여 누룩이 없는 보리빵(무교병)을 먹는 고통의 때를 벗어나, 추수가 완결된 오순절에는 누룩이 들어간 밀빵(유교병)을 먹음으로 가나안 땅의 풍요를 누린다는 의미가 있는 것입니다. 이런 차원에서 볼 때 오순절은 고통스러운 무교절의 종결을 알리는 절기라 할 수 있습니다. 맥추절인 오순절은 이제까지의 광야 생활을 마치고 가나안 땅의 풍요로운 생활을 누리게 하신 하나님의 은총을 기념하는 날이기도 합니다.

여기서 우리는 이제 맥추절의 신약적인 아주 중요한 교훈을 발견하게 됩니다. 맥추절은 단순히 보리 추수에 대한 감사를 표현하는 절기 정도가 아닙니다. **이날은 신약 교회들이 구약의 경직된 율법주의에서 해방되어 영적인 하나님 나라의 풍요를 맛보게 된 날을 예표하는 날입니다.** 구약의 경직된 율법주의적 교회는 마치 무교절과 같습니다. 반대로 신약의 교회는 오순절 성령강림으로 말미암아 이제 기쁨과 즐거움으로 율법을 지키게 되었습니다.

신약의 교회는 율법의 억압으로부터 자유롭게 됩니다. 이는 마치 입에 껄끄러운 율법주의에 더 이상 신음하지 않고 율법을 누룩을 넣은 빵처럼 즐거워하게 되었다는 것을 의미합니다. 신약의 교회에게 율법은 더 이상 억지로 먹는 무교병이 아닙니다. 누룩 들어간 빵처럼 적극적으로 먹고 싶은 빵과 같습니다. 신약의 교회는 이미 도래한 하나님 나라의 풍요와 자유함과 희락을 누리는 언약 백성이 되었습니다. 이제 신약의 성도들은 율법을 억지로 지키는 자들이 아닙니다. 기쁨으로 자원하여 지키는 사람들의 모임입니다.

이런 차원에서 맥추절은 신약 교회가 율법주의 시대에서 복음주의 시대로 넘어가게 된 날을 기념하라고 주어진 날로 이해해도 무방합니다. 그러므로 신약의 교회는 이제 더 이상 무교병과 같은 율법주의에 빠져서는 안 됩니다. 이런 모습은 개가 그 토하였던 것을 다시 먹는 것과 진배없습니다. 만일 이 시대의 교회들 가운데 여전히 주의 계명을 마치 누룩 없는 딱딱하고 껄끄러운 보리빵 먹는 것처럼 여기는 사람이 있다면 그는 복음이 주는 율법으로부터의 자유함을 알지 못하는 것입니다. 이 자유함은 보리빵을 거부하는 자유가 아닙니다. 보릿가루에 누룩이 들어가 같은 보리빵이지만 이전과 다른 맛을 내는 보리빵이라는 차원에서 기쁨과 즐거움으로 먹게 되는 자유입니다. 그러므로 오순절 성령강림의 맥락 안에 참여한 성도는 다윗처럼 주의 율법을 즐거워하여 주야로 묵상하는 사람이 됩니다. 마치 맛있는 빵이 자꾸 생각나는 것과 같습니다. 따라서 신약 교회에게 율법은 폐기가 아니라 사랑 안에서 완성을 의미합니다.

오늘날 상당수의 교인은 이런 맥추절의 정신을 망각하며 살아가고 있습니다. 이런 교인들은 예수를 믿는다고 입으로 고백하지만, 예수 믿는 것이 창살 없는 감옥과 같습니다. 억지로, 마지못해 예배당에 출석합니다. 예수 믿는 것이 즐겁냐고 물으면 "예수 믿는 것을 재미로 하나요?"라고 반문합니다. 예수를 믿으면서도 하나님을 사랑하고 교회를 뜨겁게 사랑하며, 이웃을 내 몸처럼 사랑하는 것이 무엇인지 전혀 알지 못합니다. 율법적 엄격함을 추구하지만 그 안에 사랑이나 기쁨이 없습니다. 율법의 정죄만 난무

하고 살벌합니다. 이렇게 신앙생활 하는 것은 그야말로 누룩 없는 보리빵을 먹는 것과 진배없습니다. 보리빵 자체도 거칠고 맛없는데, 거기다가 누룩조차도 없으니 그 빵이 얼마나 맛없겠습니까? 먹어야 하니까 먹지 억지로 먹게 됩니다. 아니면 안 먹고 싶습니다. 오늘날 상당수의 교인이 이런 식으로 신앙생활을 합니다. 맛없는 빵 억지로 먹듯이 마지못해 신앙생활합니다. 주일 성수를 기쁨과 감사로 하는 것이 아니라 억지로 합니다. 율법을 지키더라도 의무적으로 합니다. 이런 모습이 바로 오순절 성령강림 이전의 유대교인들의 모습이었습니다.

그러나 오순절 성령강림 이후에 교회는 더 이상 누룩 없는 보리빵을 억지로 먹는 것과 같은 신앙생활을 하지 않았습니다. 신약의 교회가 성령으로 충만함을 받자 그들은 주님의 명령을 자발적이고 적극적으로 기쁨으로 지켰습니다. 이들에게 주님의 명령은 마지못해 억지로 먹어야만 하는 양식이 아니었습니다. 마음과 힘과 지혜와 의지와 생명을 다해서 지켰습니다. 이런 행위가 어떻게 가능했겠습니까? 주의 계명이 즐거웠기 때문입니다. 율법의 정신이 신자의 마음속에 들어왔기 때문입니다.

—— 여호와의 말씀이니라 보라 날이 이르리니 내가 이스라엘 집과 유다 집에 새 언약을 맺으리라 이 언약은 내가 그들의 조상들의 손을 잡고 애굽 땅에서 인도하여 내던 날에 맺은 것과 같지 아니할 것은 내가 그들의 남편이 되었어도 그들이 내 언약을 깨뜨렸음이라 여호와의 말씀이니라 그러나 그 날 후에 내가 이스라엘 집과 맺을 언약은 이러하니 곧 내가 나의 법을 그들의 속에 두며 그들의 마음에 기록하여 나는 그들의 하나님이 되고 그들은 내 백성이 될 것이라 여호와의 말씀이니라(렘 31:31-33)

오순절 성령강림은 하나님의 백성들에게 혁명적인 날이 되었습니다. 성도들은 더 이상 율법을 억지로 지키지 않습니다. 그들은 정말로 율법으로부터 자유롭게 되었습니다. 왜냐하면 오순절 성령강림 이후의 하나님의 백성들에게 율법은 엄격한 의무를 강요하는 돌판에 적힌 강요가 아니라 마음의 본성에 새겨진 즐거움이 되었기 때문입니다.

예레미야는 이것을 다음과 같이 예언한 것입니다. **"곧 내가 나의 법을 그들의 속에 두며 그들의 마음에 기록하여 나는 그들의 하나님이 되고 그들은 내 백성이 될 것이라"**(32절) 여기서 예레미야가 예언한 "내가 나의 법을 그들 속에 두며"라고 한 말씀의 의미는 하나님의 명령(토라)이 더 이상 의무 조항으로 여겨지지 않고, 자기 본성으로 즐기고 자원하여 행하게 되는 것이 될 것이라는 말입니다.

오순절 성령강림은 새 시대의 도래가 시작된 날입니다. 이것은 마치 의무적으로 교회를 다니던 사람이 예수를 믿고 성령 받는 그날에 새 시대 도래가 시작된 날인 것과 같습니다. 그날부터 하나님의 백성들은 더 이상 율법의 노예 생활을 하지 않게 됩니다. 그날은 율법으로부터 자유가 주어진 날입니다. 단순히 유대인들에게만이 아니라 헬라인이나, 이방인이나, 야만인이나, 남종과 여종과 어린아이와 노인에게도 주어지는 은혜의 날입니다. 그런데 어떤 사람은 이 가르침을 오해하여 율법으로부터의 자유를 무율법주의로 이해합니다. 아닙니다. 예수님이 약속하신 율법으로부터의 자유는 '무율법주의'를 말하는 것이 아닙니다. **도리어 율법이 즐거워서 주야로 묵상하고 자원하여 지키게 되는 자유입니다.** 맛없는 무교병을 의무적으로 먹을 때는 노예의 삶이었지만, 이제 누룩 들어간 빵은 너무 맛있어서 자발적이고, 적극적이며, 기쁨으로 먹게 되는 것과 같습니다. 보리빵을 안 먹는 것이 자유가 아니라 보리빵이 맛있어서 적극적으로 즐거움으로 먹게 되는 것이 자유입니다. 이것이 주님께서 가르치신 자유의 개념입니다. 그렇습니다. 성경이 가르치는 구원이란 율법을 지키지 않아도 천국 가게 되었다는 것이 아닙니다. 도리어 천국 시민이 됨으로써 율법을 자원하여 지키게 되었다는 것을 의미합니다. 이것이 바로 맥추절을 통해서 성경이 우리에게 기념하도록 요구하는 핵심 내용입니다.

사랑하는 성도 여러분, 우리는 오순절 성령강림을 묵상하면서 이 놀라운 자유를 주신 하나님의 구원을 찬미하게 되기를 바랍니다. 이 놀라운 은혜가 여러분의 삶 속에 구체적으로 열매 맺고 간증이 되길 바랍니다. 오순절 성령강림을 통해 탄생한 신약 교회는 율법으로부터 자유롭게 된 사랑의 공동체입니다. **믿음으로 성령을 영접한 사람에겐 틀림없이 이런 새로운 시대, 새로운 인생이 도래하게 됩니다.** 이 새로운 시대의 도래는 자기 자신에게만 놀라운 변화를 주는 것이 아닙니다. 자기를 만난 모든 사람에게 놀라운 영향을 주게 됩니다. 이전에는 나타나지 않았던 소금과 빛의 삶이 드러나게 됩니다. 그러므로 이 믿음을 가지고 헌신하는 사람을 통해서 하나님은 새로운 역사를 또한 창조하실 것입니다. 이것이 바로 위대한 오순절 성령강림의 핵심입니다.

—— 복음이 궁극적으로 목표로 삼는 것은 신분의 변화가 아니라
변화된 신분에 의한 새로운 삶입니다.

사도와 함께 모이사 그들에게 분부하여 이르시되 예루살렘을 떠나지 말고 내게서 들은 바 아버지께서 약속하신 것을 기다리라 요한은 물로 세례를 베풀었으나 너희는 몇 날이 못되어 성령으로 세례를 받으리라 하셨느니라 그들이 모였을 때에 예수께 여쭈어 이르되 주께서 이스라엘 나라를 회복하심이 이 때니이까 하니 이르시되 때와 시기는 아버지께서 자기의 권한에 두셨으니 너희가 알 바 아니요 오직 성령이 너희에게 임하시면 너희가 권능을 받고 예루살렘과 온 유대와 사마리아와 땅 끝까지 이르러 내 증인이 되리라 하시니라(행 1:4-8)

09

성령세례와 부흥

언제부터인가 교회에서 부흥은 신사도운동가들이나 은사주의자들만의 전유물처럼 취급되고 있습니다. 부흥의 당위성을 어느 정도 인정하지만 부흥을 언급하면 일종의 종교적 미신을 추구하는 사람처럼 취급됩니다. 이런 현상이 나타난 데는 부흥과 성령세례에 대한 잘못된 이해도 크게 한몫했습니다. 방언이나 은사 받음이 곧 성령세례 받음이라고 생각하거나, 혹은 성령세례 받음을 광신자가 되는 것으로 이해하게 만든 것이 부흥과 성령세례에 대한 부정적인 선입견을 갖게 했습니다.

우리가 성령세례와 부흥의 관계에 접근하기에 앞서 성령세례와 부흥에 대한 개념부터 간략하게 이해하고 이 문제에 접근하는 것이 적절하리라 생각합니다. 저는 이제까지 우리가 살펴보았던 것처럼 오순절에 임한 성령은 성령으로 세례 받음으로 이해하는 것이 적절하다는 점을 먼저 말씀드리고 싶습니다.

—— 사도와 함께 모이사 그들에게 분부하여 이르시되 예루살렘을 떠나지 말고 내게서 들은 바 아버지께서 약속하신 것을 기다리라 요한은 물로 세례를 베풀었으나 너희는 몇 날이 못되어 성령으로 세례를 받으리라 하셨느니라(행 1:4-5)

예수님은 승천하시기 전 제자들에게 예루살렘을 떠나지 말고 아버지께서 약속하신 것을 기다리라고 명령하셨습니다. 그러면 아버지께서 약속하신 것이란 무엇이겠습니까? 그것을 예수님은 "성령으로 세례를 받으리라"라고 구체적으로 언급하셨습니다. 아버지는 만민에게 성령으로 세례 주실 것을 약속하셨다면, 성령으로 세례를 베푸시는 분은 바로 예수님이 되실 것입니다. 성부 하나님께서는 성령으로 세례 주심을 약속하신 분이시고, 성자께서는 성령을 베푸시는 분이십니다. 그리고 성령은 성부의 약속과 성자의 보내심에 의해 우리에게 와서 그리스도와 우리를 연합시키십니다. 예수님께서 성령을 베푸시는 분이시라는 사실은 세례 요한이 "나는 너희에게 물로 세례를 베풀었거니와 그는 너희에게 성령으로 세례를 베푸시리라"(막 1:8)라고 한 말씀에서 더 선명하게 잘 나타납니다. 그리고 이 성령의 세례가 바로 오순절 성령강림으로 현실화되었습니다.

지난 시간까지 우리는 오순절에 임한 성령에 대해 구체적으로 살펴보았습니다. 우리는 성령의 세례라는 표현을 은사주의자들처럼 이해하지 않습니다. 왜냐하면 오순절에 임한 성령님은 믿음으로 모든 민족과 나라와 방언이 이스라엘이 되도록 오신 분이시기 때문입니다. 무엇보다 이전에는 민족적 이스라엘 백성들 가운데서도 특정한 소수만 왕, 제사장, 선지자가 되었지만, 이젠 민족과 나라와 혈통과 나이를 불문하고 예수 믿는 모든 사람을 왕, 제사장, 선지자가 되도록 하신 사건이 바로 오순절에 임한 성령이었습니다.

이렇게 성령 오신 사건을 예수님은 '성령으로 세례 받음'이라 하셨고, 조지 휫필드^{George Whitefield}는 다른 말로 '성령 부으심'으로 묘사하기도 했습니다. 이는 사도행전 10장 45절에서 오순절과 같이 성령이 이방인에게 오셨을 때, "이방인들에게도 성령 부어 주심으로 말미암아 놀라니"라고 한 말씀과 정확히 부합하는 표현입니다.

여기서 우리가 주의해야 할 부분이 있습니다. 그것은 성령 부으심이란 표현 때문에 성령을 비인격체로 이해하지 않도록 해야 한다는 것입니다. 이 표현은 성령의 오심이 곧 신자들로 하여금 구약의 삼직자들(왕, 제사장, 선지자)이 임직될 때, 기름을 머리에 부은 사건을 염두에 둔 표현일 뿐입니다. 실제로 구약에서 왕, 제사장, 선지자에게 기름을 붓는 이유는 장차 약속된 성령의 오심을 상징적으로 묘사하는 방식이었습니다. 그리고 그들에게 성령 오심의 상징인 기름을 붓고 나면 사람들은 새 사람(새로운 인격)이 되었습니다. 사울이나, 다윗이나, 사사들을 볼 때, 그들은 성령 부으심을 받고 새 마음을 품고 담대히 하나님의 사역을 충실하게 감당했습니다.

성령을 받으면 새 사람이 된다는 사실은 오순절에 입증되었습니다. 오순절에 120명의 제자들이 성령을 받을 때 그들은 방언만 한 것이 아니었습니다. 그들은 새 사람이 되었습니다. 두려움에 떨던 사람들이 담대히 하나님의 말씀을 증거했습니다. 그리스도의 탁월함이 나타났습니다. 이들에겐 왕과 제사장과 선지자의 특징이 선명하게 나타났습니다. 왜냐하면 이 직분을 가진 사람들을 통해서 하나님께서 뜻하신 나라(하나님 나라)가 세워지도록 작정하셨기 때문입니다. 새 사람이 된다는 것은 바로 하나님 나라를 세울 수 있는 사람이 된다는 것을 의미했습니다.

제자들은 바로 이 부분을 오해했습니다. 6절을 보면 예수님께서 성령으로 세례 받음을 예언하시자 **"주께서 이스라엘 나라를 회복하심이 이 때니이까"**라고 질문합니다. 구약에 익숙한 제자들은 성령으로 세례 받음이 왕이나 제사장이나 선지자를 세우는 임직행위라는 사실을 알았습니다. 그들은 이런 임직식이 거행되면 정치적 이스라엘 나라가 다시 복구될 것이라고 생각했습니다. 그러나 예수님께서 세우시는 임직자들은 세상 나라 건설을 위해 세워지는 임직자들이 아니었습니다. 주님은 제자들을 향해 이 말씀만 남기셨습니다.

—— 이르시되 때와 시기는 아버지께서 자기의 권한에 두셨으니 너희가 알 바 아니요 오직 성령이 너희에게 임하시면 너희가 권능을 받고 예루살렘과 온 유대와 사마리아와 땅 끝까지 이르러 내 증인이 되리라 하시니라(행 1:7-8)

여기서 흥미로운 점은 예수님께서 이스라엘 나라 회복에 대해 부정하지 않으셨다는 점입니다. 예수님은 도리어 때와 시기는 아버지께서 자기의 권한에 두셨으니 너희가 알 바 아니라고 하실 뿐이었습니다. 물론 그렇다고 해서 이 말씀 속에 민족적 이스라엘 왕조의 회복이 내포되었다는 말은 아닙니다. 주님은 이스라엘 왕조의 개념이 영적으로 회복될 것을 암시하셨습니다. 그리고 그 나라 회복의 때와 시기는 신자들이 가져야 할 관심이 아님을 가르치고 있을 뿐입니다. 신자들이 가져야 할 관심은 권능을 받고 예루살렘과 온 유대와 사마리아와 땅 끝까지 이르러 주님의 증인이 되는 것입니다.

이 말씀의 핵심은 하나님 나라 건설이 성령으로 세례 받기 전에는 이루어지지 않을 것이라는 점을 암시합니다. 하나님 나라는 인간의 힘과 지혜와 권능으로 세워지는 것이 아닙니다. 약속한 성령이 오셔서 그 백성이 왕과 제사장과 선지자로 임직될 때, 비로소 가능하게 됩니다. 그렇지 않으면 인간들이 세우려는 나라는 결국 사람의 나라가 될 뿐입니다.

제가 말하고자 하는 핵심은 여기서부터 시작됩니다. 오늘날 우리는 약속한 성령에 대한 이해부터 잘못되었습니다. 우리는 하나님 나라 건설을 위해 전 세계에 선교하고, 교리를 가르치고, 개척을 하고, 진리를 사수하기 위해 교리 논쟁하기도 합니다. 그런데 가장 중요한 부분이 간과되고 있다는 점을 우리는 알지 못합니다. 하나님 나라 건설을 위해 우리가 무엇보다 관심을 가져야 할 부분은 **헌신하는 사람들이 그리스도께 성령 부어짐을 받아 선지자와 제사장과 왕으로 임직되어야 한다는 것입니다.**

하나님 나라 건설은 거룩하신 삼위 하나님의 일이며, 신자는 그 일에 사용되는 일꾼일 뿐입니다. 무엇보다 하나님 나라 건설을 위해 실제적으로 진리를 적용하시고 열매 맺게 하시는 분은 성령이십니다. 하나님의 나라는 오직 성령 안에서 의와 평강과 희락입니다(롬 14:17). 성령이 아니고는 누구든지 예수를 주시라 할 수 없습니다(고전 12:3). 제자들도 하나님 나라 건설을 위해 약속한 성령을 기다려야 했습니다. 성령으로 세례 받기 전에는(임직되기 전에는) 천하의 사도들이라도 아무 일을 할 수 없었습니다. 그들이 하나님 나라 건설을 위해 위대한 일을 시작한 것은 성령으로 세례를 받은 그 순간부터였습니다. 이는 하나님 나라 건설의 주체가 바로 하나님이심을 잘 보여줍니다.

여기서 한 가지 문제가 생기기 시작합니다. 우리 개혁파 진영에서는 중생이 곧 성령세례라고 보지만, 성령운동을 추구하는 사람들은 중생과 성령세례를 분리해서 본다는 점입니다. 성령운동을 하는 분들은 신자가 중생했어도 성령으로 세례를 받기 전에는 무능하다고 합니다. 그들은 두 번째 축복(Second Blessing)을 받아야 한다고 주장합니다. 신자가 되기 위해서 첫 번째 축복인 중생이 필요하다면, 사역자가 되기 위해서는 두 번째 축복인 성령세례를 받아야 한다고 합니다. 이들이 이런 주장을 하는 이유는 오순절에 임한 성령세례가 사마리아인들(행 8장)과 이방인 고넬료(행 10장)와 에베소의 제자들(행 19장)에게도 반복적으로 임했다는 것을 근거로 합니다. 실제로 이들에게는 오순절에 임한 성령의 역사처럼 방언도 하고 예언도 하는 역사가 나타났습니다. 이것을 근거로 그들은 성령 받기 전에도 이미 중생(첫 번째 축복)했지만, 사도들의 복음을 듣거나 안수를 받았을 때, 성령세례(두 번째 축복)를 받았다고 주장합니다.

이런 현상은 구약의 언약과 성취라는 관점을 염두에 두지 않고 성경을 부분적으로만 보면서 나타난 오해입니다. 사도행전의 기록자 누가는 이 사건들을 통해 예수님의 명령이 구체적으로 성취되었음을 말하고자 했던 것입니다. 예수님은 제자들에게 **"예루살렘과 온 유대와 사마리아와 땅 끝까지 이르러 내 증인이 되리라"**(행 1:8)라고 하셨습니다.

사도행전은 이 예언이 어떻게 구체적으로 성취되었는지를 가르치기 위해 첫 번째로 오순절 성령강림이 예루살렘에 임했음을 기록했습니다. 이는 예수님께서 예언하신 **"예루살렘과"**에 해당하는 부분입니다. 두 번째로는 사마리아에 성령 부어짐을 기록했습니다. 이는 예수님의 예언 **"사마리아와"**에 해당합니다. 세 번째는 에베소에서 만난 세례 요한의 제자들에게 성령이 오순절과 같은 방식으로 임한 것을 기록했습니다. 이는 **"온 유대와"**에 해당합니다. 그리고 마지막으로 이방인 고넬료에게 성령 부어짐을 기록했는데, 이는 예수님의 예언 **"땅 끝까지"**에 해당합니다. 이를 통해서 사도행전 기록자 누가는 사도행전 1장 8절의 말씀이 사도들을 통해 땅 끝까지 진행되고 있음을 가르치고 있던 것입니다.

이렇게 일어난 성령세례는 더 이상 역사 속에서 반복되지 않습니다. 왜냐하면 이렇게 예루살렘과 온 유대와 사마리아와 땅 끝에 해당하는 대표에게 성령이 임함으로써 예수님의 예언은 성취된 것이기 때문입니다. 이렇게 하여 바벨탑(바벨 공동체)의 저주는 새 이스라엘 공동체의 사역을 통해 점진적으로 제거되는 것입니다. 그러나 바벨탑 저주가 완전히 제거되고 하나님 나라가 완성되는 시기는 우리가 알 바 아닙니다. 오직 하나님의 주권 안에 있을 뿐입니다.

이제 여기서 우리는 한 가지 전제를 염두에 두어야 합니다. 사도행전에서 일어난 성령의 세례는 반복되지 않는다는 사실입니다. 오순절 성령강림 이후의 부흥은 그 의미가 다릅니다. 오순절 성령강림과 온 유대와 사마리아와 모든 이방인(땅 끝)에게 임한 성령이 상징하는 바는 모든 민족이 중생과 더불어 왕과 제사장과 선지자가 될 것임을 알리는 신호탄으로 그 사명을 다했습니다.

이 놀라운 사건 이후에 중생한 모든 사람은 중생과 동시에 성령으로 세례를 받습니다. 그리고 중생과 동시에 모든 성도는 선지자, 제사장, 왕의 기능이 나타나게 됩니다. 이것이 정상입니다. 만일 그렇지 않고 두 번째 축복을 받아야 한다고 하면 교회는 '중생만 한 사람'과 '중생 후에 성령세례 받은 사람'이라는 두 계급으로 나뉘는 이상한 현상이 나타납니다. 이는 마치 구약

시대처럼 같은 이스라엘 백성이지만 특별히 성령 부음 받은 소수의 사람들만 왕이나 제사장이나 선지자가 된다는 특권층이 만들어지는 것입니다. 실제로 이런 현상은 은사주의자들이나 신사도운동가들에게 명확하게 나타납니다. 이들 가운데 특정한 사람은 자신이 사도로 부름 받았다고 믿거나, 혹은 선지자로 부름 받았다고 주장합니다. 그리고 사람들은 이런 사람들을 추종합니다. 이렇게 된다면 베드로가 "너희는 택하신 족속이요 왕 같은 제사장들이요 거룩한 나라요 그의 소유가 된 백성"(벧전 2:9)이라고 한 만인 제사장, 선지자, 왕이라는 성경의 가르침은 묵살되고 맙니다.

이것은 종교개혁의 중요한 핵심이기도 했습니다. 그러나 중생 후에 특별한 기름 부음(임직식)이 필요하다고 주장한다면, 구약의 이스라엘과 신약의 교회는 구분되지 않게 됩니다. 단지 히브리인과 이방인의 차이일 뿐입니다. 이는 또한 다시 중세 시대로 회귀하는 격이 될 뿐입니다. 이제 우리에게 필요한 왕과 제사장과 선지자는 오직 그리스도입니다. 신약의 교회는 그리스도와 연합하여 만인이 왕이요, 제사장이요, 선지자가 됩니다.

이 시점에서 저는 이미 중생한 성도에게 비상한 성령 부으심과 부흥에 대해 설명하고자 합니다. 우리가 이 부분에 대해 바르게 이해하지 못한다면 전 세계의 상당수 교회가 진리는 알고 있지만 악한 세상을 향해 아무 역할을 제대로 하지 못하는 무능한 교회가 될 것입니다. 왜냐하면 C. R. 보햄이 "성령은 진리를 통해서만 역사하신다."라고 지적한 것처럼 성령과 진리는 결코 뗄 수 없는 관계 가운데 있기 때문입니다. 성령의 강력한 부어짐 없는 진리는 냉랭하고, 진리 없는 성령은 공허하게 됩니다.

우리는 윌리엄 쉐드William G. Shedd의 조언에 귀를 기울어야 합니다.

진리는 인격체가 아니므로 진리와 교제하는 것만으로는 불충분하다. 우리는 진리의 하나님과 교제해야만 한다. 종교서적들이나 더 나아가 성경 자체를 공부하고 그것을 좋아한다고 할지라도 그것만으로는 불충분하다. 우리는 간청함과 애원함으로 성경의 저자에게 호소해야만 한다.

오늘날 교회의 위기는 진리를 즐거워하여 진리에 대해 열심히 연구하고 거짓 교리와 싸우는 일에 열심을 가지고 있지만, 정작 진리의 하나님과 성령으로 교제하는 데 너무 어둡다는 것입니다. 우리는 진리와 교제하는 것만으로는 불충분합니다. 우리는 진리의 하나님과 교제해야 합니다. 진리는 있는데 인격이 실종된다면 그것은 바리새인에 불과합니다. 성령이 아니고서는 하나님 나라가 세워지지 않습니다. 쉐드의 조언처럼 진리는 거듭나지 못한 이성으로도 추종 가능합니다. 하지만 진리의 하나님과 교제하는 일은 오직 성령으로 거듭난 심령을 통해서만 가능합니다. 진리의 하나님과 교제하기 위해서는 진리만이 아니라 성령 안에서 간청함과 애원함이 필요합니다.

이런 관점을 염두에 두고 이제 오순절 이후 교회가 성령으로 충만한 능력을 보여준 근거가 어디에 있었는지, 그리고 경건했던 사람들을 통해서만 부흥이 일어나게 되는 성경적 근거가 무엇인지 살펴보겠습니다.

먼저 우리는 성령으로 세례 받음이 그리스도와 삼직으로 연합되는 것이라는 관점을 떠올려야 합니다. 이 관점은 성도가 거듭남과 동시에 왕이요 제사장이요 선지자로 세워지는 것이라는 말입니다. 거듭난 후에 별도로 두 번째 축복(second blessing)이 있어야 왕이나 선지자나 제사장의 능력이 나타나는 것은 아닙니다.

마틴 로이드 존스Martyn Lloyd Jones나 상당수 사람이 중생하는 것만으로는 교회가 연약, 무기력함을 극복할 수 없다고 주장한 것은 성령의 충만함, 혹은 성령의 기름 부으심에 대한 오해에서 나온 것이라 생각됩니다. 왜냐하면 오늘날 교회의 무기력은 두 가지 사실에서 기인하기 때문입니다. 첫째는 중생한 사람과 중생하지 못한 사람의 구별이 잘 이루어지지 않기 때문입니다. 중생하지 못한 사람은 아무리 훈련시키고 가르쳐도 연약, 무기력함을 극복할 수 없습니다. 중생하지 못한 사람들의 무기력은 그 영혼의 성향 자체가 하나님과 이웃을 사랑하며, 그리스도의 위대한 삼직에 참여함과 관련 없기 때문입니다.

두 번째로 오늘날 교회의 무기력은 중생을 했으나 너무 세속화된 데에 있습니다. 신자가 비록 성령으로 거듭난 상태가 되었다고 해도 세속화된 상황에서는 신자다운 능력이 나타나지 않습니다. 이는 마치 삼손이 나실인임에도 불구하고 나실인으로서 금해야 할 행동을 금하지 않음으로 무기력해진 것과 같습니다. 삼손의 능력은 그의 직분에서 나온 것이 아니었습니다. 그가 그 직분에 합당한 나실인의 삶을 살 동안에만 그의 능력이 나왔습니다. 오늘날 교회의 무기력 문제는 바로 여기에 있습니다. 거듭난 그리스도인들이 영적 나실인으로 살고 있지 않기 때문에 무기력해진 것입니다.

그러므로 이 두 가지를 종합해 본다면 교회가 영적 무기력을 해결하기 위해 취해야 할 두 가지는 성령으로 거듭나게 되는 회심의 역사와 회심한 신자들의 거룩함입니다. 부흥은 이 놀라운 일이 동시에 일어나는 것을 말합니다. 하나님은 마른 뼈와 같이 무기력해진 교회를 살리시기 위해 부흥을 허락하십니다. 이 부흥은 인간의 노력에 의한 결과가 아닙니다. 하나님의 절대적인 주권에 의해 일어납니다. 찰스 피니^{Charles Finney} 같은 부흥사들이나 오늘날 한국 부흥사들이 인위적으로 부흥을 일으킬 수 있다고 생각하는 것과는 다릅니다. 부흥회를 하고, 사람들을 많이 모으고, 캠페인을 하면 부흥이 일어날 것이라고 생각하는 것은 잘못입니다. 부흥은 전적으로 하나님의 주권입니다. 인간이 인위적인 방법으로 일으킬 수 없으며, 유지시킬 수도 없습니다. 로이드 존스 목사님의 표현처럼 부흥은 하나님의 주권에 의해 일종의 계절(season)처럼 옵니다. 부흥은 사람의 힘으로 막을 수 있는 것이 아니고, 유지시킬 수 있는 것도 아닙니다.

그럼에도 불구하고 부흥은 사람들의 탄식 어린 기도를 통해 일어납니다. 기도 없이 부흥이 일어나지는 않습니다. 여기서 사람들이 착각하지 말아야 할 부분이 있습니다. 그것은 하나님께서 부흥을 위해 신자의 기도를 사용한다는 것과 기도가 부흥의 일으키는 도깨비방망이라고 생각하는 것입니다. 제가 분명히 말씀드리지만, 성경이 가르치는 부흥은 우리가 기도했기 때문에 일어나는 것이 아닙니다. 부흥을 주시기 위해 하나님께서 하나님의 백성에게 기도하도록 하신 것입니다. 하나님은 깨어있는 소수의 사람을 각성시키시고 그들로 하여금 부흥을 열망하게 하십니다. 그리고 하나님은 그들로 하여금 부흥을 위해 기도하게 하시고 부흥을 주십니다. 하나님의 주권은 신자들에게 기도하게 하심을 통해서 행사됩니다.

그러면 신자들의 부흥에 대한 기도가 어떤 역할을 하는지 말씀드려야 하겠습니다. 신자들의 부흥에 대한 열망은 그리스도께 연합하고자 하는 강한 열망입니다. 성령께서 부흥을 주시기 위해 신자들에게 요구하시는 기도는 단순히 수적 증가나 세속적인 성취를 의미하지도 않습니다. 교회의 연약, 무기력함의 근원과 직결되어 있습니다. 즉, 죄인들의 회심과 세속화된 그리스도인들이 다시 회개하고 그리스도와 관계를 회복하는 것입니다.

부흥이 일어날 때는
예외 없이 죄인들의 회심이 교회 안에서 강력하게 일어납니다.

이미 거듭났으나 무기력해진 그리스도인들이 기존의 세속화된 인생을 회개하고 경건을 회복합니다. 이런 현상을 통해서 교인의 수가 증가하고 전도가 일어나며, 그리스도인들을 통한 사회 개혁과 급진적인 변화가 동반됩니다. 세상에서 무력했던 교회가 세상에 급진적인 영향을 주게 됩니다. 이렇게 부흥이 올 때, 역사적으로 회중들에게는 오순절 성령강림 때처럼 천둥과 번개로 성령이 심령들에게 역사하십니다. 성령의 역사는 오늘날 은사주의자들이 생각하는 것처럼 금가루가 날리고, 신비적, 광신적 체험에 빠지는 것이 아닙니다. 이것은 주로 이방종교에서 나타나는 현상입니다. 성경적인 부흥은 언제나 말씀을 통해 일어납니다. 말씀을 듣는 가운데 자신의 죄인 됨을 깨닫고 회심합니다. 거듭났으나 무력한 그리스도인들은 불경건에서 떠나 그리스도와 긴밀한 연합의 상태로 돌아옵니다.

여기서 제가 말씀드리고자 하는 것은 부흥이 일어나는 방식은 신비적인 열광주의에 있지 않다는 점입니다. 본질은 그리스도와 단절되거나, 혹은 요원해진 관계가 밀접하게 된다는 점입니다. 불신자들은 부흥을 통해서 그리스도와 원수 관계에서 하나님 자녀 관계로 회복되는 것이라면, 기존 거듭난 신자들은 멀어진 관계가 다시 친밀하게 회복되는 것을 말합니다. 실제로 부흥기 때 성령의 역사는 크게 이 두 가지로 일어난다고 볼 수 있습니다.

그런데 문제는 이런 부흥의 역사가 일어날 때, 성령의 비상한 역사가 마치 중생 후에 별도로 일어나는 것처럼 착각하게 된다는 것입니다. 예를 들어서 부흥이 일어나면서 기존 교인들 가운데 중생하지 않은 어떤 사람은 거듭남과 동시에 그리스도의 삼직이 주어짐으로 말미암아 갑자기 자신이 변화될 뿐 아니라 주변에 엄청난 영향을 끼치게 됩니다. 반면 이미 거듭난 신자들은 각성과 회개를 통해 경건이 회복됨으로 자신과 주변을 강력하게 개혁하는 일이 생깁니다. 이 두 종류의 사람들은 출발이 다릅니다. 전자는 아직 성령으로 세례 받아 중생하지 못한 상태고, 후자는 성령으로 이미 세례를 받고 중생한 상태였습니다. 그러나 현상으로는 구분이 쉽지 않습니다. 이 두 종류의 사람들은 부흥이 일어나기 전엔 거룩한 삶과 세상에 영향 주는 데 무력했다는 차원에서 별 차이가 없습니다. 본질적으로는 차이가 있었지만, 현상적으로는 차이가 나타나지 않았습니다.

상당수 사람은 현상만으로 이 문제를 해석하려 합니다. 대부분의 목회자는 이 양편 사람들이 이전에도 교회에 출석했던 사람들이기 때문에 성령으로 거듭난 사람이라는 전제로 바라봅니다. 따라서 부흥이 일어났을 때 놀라운 변화가 나타남으로 극단적인 두 가지 방식으로 해석합니다. 첫째는 이제야 비로소 그리스도인이 되었다고 보거나, 혹은 중생 후에 성령으로 세례를 받았다고 보는 것입니다. 그러나 이런 판단은 틀린 것입니다. 부흥이 일어남으로 능력 있는 그리스도인들이 된 사람들은 아직 중생하지 않은 사람들(성령세례를 받지 못한 사람들)이었거나, 혹은 이미 중생한 사람들(성령세례를 받은 사람들)이었습니다. 부흥은 이 두 종류의 사람들에게 성령을 비상하게 역사하셔서 한편 사람들은 '중생'을 통해 능력 있게 하신 것이고, 다른 한편 사람들에겐 '회개'를 통해 능력 있게 하신 것입니다.

이제 결론으로 들어가겠습니다. 우리는 오늘 성령세례와 부흥이라는 주제를 살펴보았습니다. 부흥은 오순절 성령강림과 다른 것입니다. 부흥을 성령세례라고 부르는 것은 성경적으로 적절하지 않습니다. 성령세례는 중생을 지칭한다고 보는 것이 더 적절합니다. 왜냐하면 **성령세례는 나라와 민족과 피부와 혈통과 남녀를 불문한 죄인들을 거듭나게 해서 그리스도와 연합시키시는 하나님의 행위**이기 때문입니다. 이렇게 성령으로 세례 받은 사람들은 중생과 동시에 모두 왕이요 제사장이요 선지자의 삶을 살게 됩니다. 중생한 이후에 또다시 특별한 성령의 축복(second blessing)을 받아야 하는 것은 아닙니다.

신자가 성령으로 세례 받아 거듭났다고 해서 모두에게 왕, 제사장, 선지자의 직무가 자연스럽게 나타나는 것은 아닙니다. 이 직무가 선명하게 나타나려면 거룩함과 성령의 충만한 상태에 있어야 합니다. 신자가 비록 거듭났다 해도 불경건하고 기도 생활을 게을리한다면 나실인 규례를 깨뜨린 삼손처럼 무능함에 떨어지고 맙니다. 대부분 교회가 무능하게 된 주요 원인은 회심치 않은 사람들이 교회에 가득하다는 데 있습니다. 회심하지 않은 목사와 신학자로부터 시작해서 회심치 않은 중직자들과 신자들이 교회 안에 너무 많기 때문입니다. 이것이 교회사가 보여주는 진실입니다.

부흥(성령을 비상하게 부어주심)이 일어나면 교회 안에는 두 가지 놀라운 일이 일어납니다. 첫째는 회심하지 않았던 거짓 신자들이 중생하게 됩니다. 그리고 두 번째는 회심은 했으나 경건과 기도를 상실한 그리스도인들이 하나님과 관계를 회복하게 됩니다. 이렇게 두 종류의 사람들이 변화되면서 교회는 개혁되고 세상을 개혁하는 놀라운 역사를 보여줍니다.

오늘날 대한민국 교회를 보면서 우리는 이 놀라운 부흥의 영광을 소망하게 됩니다. 인간적인 힘으로 더 이상 회복이 불가능해 보이는 대한민국은 그 어느 때보다 하나님의 비상한 성령 부어주심이 절실합니다. 주님께서 수일 내에 부흥을 주시길 기도합시다. 주님께서 부흥을 주시면 이제까지 우리 힘으로 할 수 없다고 보였던 모든 영역에 놀라운 개혁이 일어날 것입니다. 상상할 수 없었던 죄인들이 하나님의 편에서 싸우게 될 것입니다. 세상은 제대로 된 질서를 회복하며, 비상식이 상식이 된 세상에서 상식이 본래의 자리를 회복하게 될 것입니다. 우리 모두 주님께서 성령을 강력하게 부어주시길 기도합시다.

—— 하나님은 깨어있는 소수의 사람을 각성시키시고
그들로 하여금 부흥을 열망하게 하십니다.
그리고 하나님은 그들로 하여금 부흥을 위해 기도하게 하시고
부흥을 주십니다.

너희는 주께 받은 바 기름 부음이 너희 안에 거하나니 아무도 너희를 가르칠 필요가 없

고 오직 그의 기름 부음이 모든 것을 너희에게 가르치며 또 참되고 거짓이 없으니 너희

를 가르치신 그대로 주 안에 거하라(요일 2:27)

10

성령의 부어주심

지난 시간에 우리는 부흥과 성령세례에 대해 살펴보았습니다. 성령세례는 부흥과 동의어로 볼 수는 없습니다. 그러나 부흥이 성령세례와 같은 방식으로 일어난다는 점도 부정할 수 없습니다. 그럼에도 불구하고 저는 오순절 사도행전의 성령세례는 단회적인 사건이었음을 기억해야 한다는 점을 다시 강조하고 싶습니다. 사도행전에서는 오순절 예루살렘에 성령이 임했고, 그다음엔 같은 방식으로 에베소에 임했으며, 사마리아와 로마의 백부장 고넬료 가정에도 성령의 세례가 임했음을 기록하고 있습니다. 이 모든 사건은 예수님께서 "예루살렘과 온 유대와 사마리아와 땅 끝까지 내 증인이 되라"(행 1:8)라고 하신 말씀의 성취입니다. 이런 차원에서 네 번에 걸쳐 임한 성령세례는 예수님께서 약속하신 말씀이 어떻게 성취되는지를 보여줄 뿐입니다.

중요한 점은 약속한 **성령의 목적**입니다. 약속한 성령은 크게 두 가지를 보여주는 데 목적이 있습니다. 첫째는 이제 민족적 이스라엘만이 하나님의 백성이 아니라 헬라인이나 이방인이나 야만인이나 모든 민족이 하나님의 백성이 된다는 것입니다. 둘째는 과거 선지자와 제사장과 왕은 이스라엘 백성들 가운데 소수만 그 특권을 누렸지만, 이제는 예수님을 구주로 영접한 모든 사람이 이 삼직자로 임직된다는 점입니다.

이에 대하여 에드먼드 클라우니Edmund Clowney는 다음과 같은 말로 잘 설명해 주었습니다.

그리스도의 제자들은 성령을 통해 예루살렘과 유대와 사마리아와 온 땅에서 그의 증인이 될 것이다(행 1:8). 성령은 오순절에 유대인 신자들 무리 전체 위에 임했다(행 2:1-4). 후에는 사마리아인들 위에(행 8:14-17) 그리고 가이사랴의 이방인들에게도 임했다(행 10:44-48). 이 기록들은 모든 사람이 이차적 축복의 경험을 했음을 묘사하는 것이 아니다. 유대인, 사마리아인 그리고 이방인들이 새롭고 참된 하나님의 백성으로 편입됨을 보여준다. 성령의 선물은 '기름부음 받은' 구별된 그리스도인 계층만이 아니라 모든 그리스도인들의 특징이다. 각각의 경우에 그 사람들의 무리가 성령으로 세례를 받는다.[14]

사도행전에서 4번에 걸쳐 성령으로 세례를 받은 사건은 모든 민족이 하나님 나라 건설의 일꾼으로 세워지는 것임을 알려줍니다. 그러나 이렇게 모든 구원받은 신자들이 하나님 나라 건설의 일꾼으로 세워지는 논리적 근거는 신자들에게 있지 않고, 그리스도에게 있습니다. 그리스도께서 왕이요 제사장이요 선지자이시기 때문에 그리스도와 연합된 모든 신자는 의롭게 된 신분만 아니라, 왕과 제사장과 선지자의 신분과 권세까지 누리게 됩니다. 존 오웬John Owen의 지적처럼 "믿는 사람들이란 거룩한 자(the Holy One/그리스도)로부터 기름부음 받은 자"입니다.[15] 예수님은 택한 자들에게 성령으로 세례를 주심으로 의롭다 칭하시고 왕과 제사장과 선지자로 삼으십니다. 이를 위해 두 번째 축복(second blessing)이 필요한 것은 아닙니다.

---

14) 에드먼드 클라우니, 『교회』 황영철 역 (서울: IVP, 2007), 267.
15) 존 오웬, 『개혁주의 성령론』 이근수 역 (서울: 여수룬, 2000), 516.

이제 우리는 오늘 본문을 통해서 성령의 부어주심에 대해 좀 더 구체적으로 살펴보고자 합니다.

—— 너희는 주께 받은 바 기름 부음이 너희 안에 거하나니 아무도 너희를 가르칠 필요가 없고 오직 그의 기름 부음이 모든 것을 너희에게 가르치며 또 참되고 거짓이 없으니 너희를 가르치신 그대로 주 안에 거하라(요일 2:27)

우리는 아주 중요한 점을 먼저 살펴보아야 합니다. 그것은 성령의 기름 부으심이 성령의 역할이 아니라 예수 그리스도의 역할이라는 점입니다. 요한은 기름 부음이 "주께 받은" 것이라고 가르칩니다. 지난 시간에도 살펴보았던 것처럼 성령으로 세례 주시는 분이 예수 그리스도시라는 점은 세례 요한의 증언을 통해서도 명확하게 나타난다고 했습니다. 세례 요한은 자신에게 세례를 받기 위해 온 사람들을 향하여 "나는 너희에게 물로 세례를 베풀었거니와 그는 너희에게 성령으로 세례를 베푸시리라"(막 1:8)라고 증언했었습니다.

이렇게 성령으로 세례 받음, 다시 말해서 기름 부으심 받음을 오웬은 두 가지로 설명해주고 있습니다.

첫째, 우리 마음속에 구원받는 영원한 진리의 지식을 알게 되는 것입니다.[16] 다시 말해서 성령의 기름 부음(성령세례)이란 중생이라고 가르치는 것입

---

16) 존 오웬, 『개혁주의 성령론』, 517.

니다. 우리가 흔히 성령으로 기름 부음 받았다고 말하는 것은 그 첫 번째 의미상 중생이라는 말로 이해되어야 합니다.

그런데 우리는 오늘 본문에서 사도 요한이 "너희가 기름 부음을 받았고"라고 언급한 후에 "너희가 모든 것을 알게 되리라"라고 가르치고 있다는 점을 잘 이해해야 합니다. 요한은 중생(성령의 기름 부으심)의 사건을 단순히 신분적 변화로 말하고 있지 않습니다. 그는 구원을 복음의 본질적인 진리를 깨닫게 되는 것과 직결시키고 있습니다. 이는 우리가 흔히 믿음으로 구원받았다고 했을 때, 이 문제를 피상적으로 다루고 있는 태도와 매우 대조적입니다. 사도 요한은 한 사람이 구원받을 때, 복음과 진리이신 하나님께 대하여 아무런 인식 없이 구원받는 것이 아님을 가르칩니다. 도리어 구원은 우리로 하여금 새로운 인식의 변화가 동반됨을 가르칩니다.

물론 구원은 우리의 무의식에 작용합니다. 이는 마치 우리가 어머니의 뱃속에서 태어날 때 아무 의식이 없는 것과 같습니다. 그러나 우리는 태어나는 것을 의식하지 못할 뿐 태어난 상태에 대해서는 의식합니다. 마찬가지로 신자의 중생은 무의식적입니다. 우리에게 그리스도의 의가 전가 되어 의롭다 칭함 받는 일은 체험과 관련되어 있지 않습니다. 그럼에도 불구하고 우리는 우리가 의롭게 된 죄인이라는 점을 의식할 수 있습니다. 왜냐하면 우리는 복음에 대한 무지 상태에서 구원받은 것이 아니기 때문입니다.

우리가 구원받을 때는 복음에 대한 분명한 인식이 생깁니다. 오웬의 표현처럼 "우리가 복음의 모든 근본과 본질적인 진리를 알고 하나님께 진정으로 순종하여 구원을 받는 것"입니다.[17] 그러므로 복음을 듣고 믿음으로 구

---

17) 존 오웬, 『개혁주의 성령론』 517.

원받은 사람들은 그 순간부터 그리스도를 사랑하고 이웃을 사랑하게 됩니다. 우리는 이전과 동일한 삶을 살 수 없습니다. 우리는 하나님과 세상에 대해 새로운 인식을 하게 됩니다. 우리는 구원받은 그 순간부터 진리에 대한 이해가 점점 자라게 됩니다. 이 부분은 믿음으로 의롭게 된다는 이신칭의 교리를 잘못 이해한 사람들에겐 분명한 지침으로 이해되어야 합니다.

오늘날 상당수 그리스도인은 성경이 가르치는, 믿음으로 의롭게 된다는 교리를 너무 피상적으로 이해합니다. 그들은 주로 행위 구원이냐, 아니면 믿음으로만 얻는 구원이냐의 문제에 대한 논쟁에만 관심을 둡니다. 저는 우리 기독교가 여기서 좀 더 나아가 이 교리가 우리의 삶에 구체적으로 적용되는 방식에 관심을 가져야 한다고 말씀드리고 싶습니다.

제가 청교도들을 존경하고 사랑하는 이유가 바로 여기에 있습니다. 청교도들은 교리적 옳고 그름을 따지는 일에만 관심을 가진 사람들이 아니었습니다. 그들은 분명 지적인 사람들이지만, 지적이기만 한 사람들은 아니었습니다. 그들의 지식은 항상 구체적인 경건 행위와 관련된 살아 있는 지식이었습니다. 그들은 믿음으로 의롭게 되는 일이 우리 심령의 속에서 구체적으로 어떻게 일어나는지 관심을 가졌습니다. 그들의 관심은 교리가 아니었습니다. 교리를 통한 구체적인 변화였습니다. 그들이 꿈꾼 성도란 교리를 냉철하게 판단하는 검사 같은 사람이 아니었습니다. '눈에 똑똑히 보이는 그리스도인', 즉 visible saints가 되는 것이었습니다. 단순히 특정 도그마 (dogma/doctrine)를 맹종하는 종교인을 만드는 것이 아니었습니다. 세상을 변화시키고 어둠을 밝히는 언덕 위의 동네와 같은 교회를 세우는 데 관심을 가졌습니다.

이런 관점에서 볼 때, 교리는 신자 됨의 성경적 삶을 정확하게 가르치기 때문에 신봉되어야 합니다. 이신칭의 교리 자체가 중요한 것이 아닙니다. 이신칭의 교리를 통해 칭의된 성도의 삶이 중요합니다. 삶이 없다면 이 교리는 금방 사람들에게 외면당할 뿐 아니라, 사람들에게 고려 됨 없이 기각棄却될 것입니다. 우리가 믿는 정통 칭의 교리는 성도의 삶에서 그 실체가 선명하게 드러날 때, 사람들의 관심을 받게 됩니다.

그러면 정통 칭의 교리가 가르치는 이신칭의의 삶은 무엇입니까? 믿음으로 복음에 대한 올바른 각성이 일어나고 하나님께 진정으로 순종하는 열매를 낳게 되는 것입니다. 이것을 알지 못한다면 맹인이고, 바리새인일 뿐입니다.

둘째, 믿는 사람들이 왕들과 제사장들이 되는 것입니다(계 1:5). [18] 신자가 성령의 부어주심을 통해 왕, 제사장, 선지자가 된다는 것과 그리스도께서 왕이요 제사장이요 선지자이시라는 점에는 중요한 차이가 있습니다. 그 차이는 그리스도만이 가장 높으신 왕이시고 제사장이시고 선지자가 되신다는 점입니다. 그리스도는 모든 왕의 왕이라는 차원에서 '만왕의 왕'이 되십니다. 우리는 그 왕의 명령을 따르는 분봉 왕에 불과합니다. 그리스도만이 대제사장이시고 우리는 그냥 제사장일 뿐입니다. 그리스도가 교회의 선지자이시라면 우리는 그 선지자의 대언자에 불과합니다.

여기서 성령의 부어주심이란 말은 이 직분에 '임직된 자'라는 뜻을 가집니다. 중요한 점은 이 기름 부으시는 분이 예수 그리스도시라는 사실입니다.

---

18) 존 오웬, 『개혁주의 성령론』 517.

우리는 성령에 의해 기름 부음 받은 것이 아니라 거룩한 자에 의해 기름 부음 받습니다.[19] 그리스도께서 기름 부으신다는 말은 그리스도만이 우리에게 성령을 부어주시는 분이시라는 뜻입니다. 이렇게 하여 고린도전서 12장 13절의 말씀처럼 우리가 유대인이나 헬라인이나 종이나 자유인이나 다 한 성령으로 세례를 받아 한 몸이 되었습니다. 이 표현은 오순절 성령강림의 원리를 그대로 보여줍니다. 이것을 통해서 신자는 하나님께 특별히 헌신된 사람이 됩니다.

여기서 우리가 관심 가져야 할 중요한 핵심을 발견하게 됩니다. 성령의 기름 부음 받음이 의미하는 바는 은사에 초점 맞춰진 것이 아니라 **하나님을 향하여 특별히 헌신된 사람**으로 살게 하는 데 초점이 맞춰졌다는 점입니다. 오웬이 지적하는 것처럼 "모든 믿는 사람들에게 기름을 붓는 것은 그들을 견고하게 하는 것"입니다.[20] 성령으로 기름 붓는 그리스도 사역의 본질은 은사가 나타나게 하는 데 있지 않습니다. 하나님의 통치를 구현하는 왕으로, 하나님께 자신을 희생하는 제사장으로, 하나님의 영광을 선명하게 드러내는 선지자로 살아가게 하는 데 있습니다.

물론 성령께서 기름 부으시면 은사가 강화될 수밖에 없습니다. 그러나 은사가 나타나는 것은 부수적인 것이지 목적이 아닙니다. 고린도전서에서 성령의 은사는 오늘날 은사주의자들이 흔히 가르치는 것처럼 추구하는 대상이 아닙니다. 은사는 "같은 한 성령이 행하사 그의 뜻대로 각 사람에게 나누어 주시는 것"일뿐입니다(고전 12:11). 모든 사람이 다 능력을 행하거나, 예

---

19) 존 오웬, 『개혁주의 성령론』, 517.
20) 존 오웬, 『개혁주의 성령론』, 517.

언을 하거나, 영 분별하거나, 방언하거나, 통역할 수는 없습니다. 우리가 더 좋은 은사를 사모하는 것은 좋습니다. 그러나 은사는 성령께서 하나님의 영광을 위해 주권적으로 신자들에게 주시는 것일 뿐입니다.

이제 우리는 성령의 부어주심이 구체적으로 어떻게 우리 삶에 나타나는지 살펴보겠습니다. 성령의 부어주심이 왕, 제사장, 선지자의 직분으로 나타나게 하는 데 주된 역할을 하는 것은 바로 **'기도'**입니다. 예수님은 이런 사실을 그의 기도 생활을 통해서 아주 잘 보여주셨습니다.

예수님은 세례 요한의 세례를 받는 가운데 성령으로 부어주심을 받으셨습니다. 이 부어주심은 왕이요, 선지자요, 제사장으로 임직된 사건이었습니다. 이는 하늘에서 "이는 내 사랑하는 아들이요 내 기뻐하는 자라"(마 3:17)라고 들려온 음성이 잘 대변해 줍니다. 예수님은 이렇게 성령으로 부어주심(임직) 받기 전에는 어떤 식으로든 하나님 나라 건설을 위한 공생애 사역을 하지 않으셨습니다. 예수님의 공생애 사역은 성령으로 기름 부으시는 임직식 이후부터 시작됩니다. 이와 관련하여 이승현 교수는 예수님께서 세례 요한을 통해서 받으신 성령의 부어주심(세례)을 다음과 같이 설명합니다.

> "요한의 물세례 후, 예수님의 머리 위에 내려오신 하나님의 영 곧 성령은 하나님이 이스라엘의 지도자들에게 특히 그의 메시야에게 부어주셨던 바로 그 능력의 영이다. 이 성령은 예수의 그리스도 되심을 최우선적으로 증명하는 역할을 하면서, 예수님의 생애와 사역을 통하여 그리스도이신 예수님께 임한 하나님의 현저한 능력을 다양한 방법으로 나타내 주신다."[21]

21) 이승현, 『성령』 (서울: 킹덤북스, 2018), 117.

여기서 우리가 주의해야 할 점은 예수님께서 임직하신 후에 나타내 보이신 기사와 이적과 능력은 항상 하나님 나라 건설과 직결된 **'왕'**과 **'제사장'**과 **'선지자'**라는 삼직과 직결된 사역의 일부였다는 점입니다. 이러한 삼직은 예수님의 독자적 사역이 아니라 성령을 통한 사역이었습니다. 예수님의 삼직은 항상 성령을 통해 나타났습니다. 이 삼직을 수행하기 위해 예수님의 삶은 온통 기도로 점철됩니다. 예수님은 기도 없이 행하는 법이 없으셨습니다.

변화산에서 내려오신 후에 귀신 들린 아이를 치료하신 것도 성령을 통한 사역이었습니다. 제자들이 귀신 들린 아이들을 자신들은 왜 내쫓지 못했느냐고 질문하자 **"기도 외에 다른 것으로는 이런 종류가 나갈 수 없느니라"**(막 9:29)라고 하셨습니다. 기도야말로 하나님 나라 건설을 위한 삼직의 기능이 나타나도록 하는 유일한 길이라는 뜻입니다.

흥미롭게도 예수님의 제자들에게 이런 삼직의 구체적 모습은 오순절 성령강림 이후에 나타나기 시작합니다. 예수님의 제자들은 오순절에 성령의 부어주심을 받은 후에야 비로소 왕이요, 제사장이요, 선지자의 삼직 기능이 나타난 것입니다. 그러나 그들의 삼직 기능이 오순절에 성령으로 기름 부음을 받았기 때문에 자기가 원하는 대로 자유롭게 나타난 것은 아닙니다. 이 삼직은 항상 하나님의 왕직 수행으로서 하나님의 통치 의도와 일치할 때 일어납니다. 제사장직과 선지자직도 마찬가지입니다. 이렇게 제자들이 하나님의 통치 의도(뜻)와 일치하기 위해 필요한 것은 기도를 통해 하나님의 뜻을 구하는 것이었습니다. 이것은 예수님의 주기도문 가르침과 그대로 일치합니다. 그리고 그들은 날마다, 혹은 문제가 있을 때마다 성령 부어주시길 기도해야 했습니다. 이것은 제자들의 삼직 능력이 자신에게 있지 않고 그리스도에게만 있음을 고백하는 행위였습니다. 그러므로 기도 외에는 이런 유가 나갈 수 없습니다.

사도행전 4장을 보면 제자들이 유대인들의 박해를 받는 장면이 나옵니다. 그 가운데 그들은 하나님께 간절히 기도했습니다.

—— 그들이 듣고 한마음으로 하나님께 소리를 높여 이르되 대주재여 천지와 바다와 그 가운데 만물을 지은 이시요 또 주의 종 우리 조상 다윗의 입을 통하여 성령으로 말씀 하시기를 어찌하여 열방이 분노하며 족속들이 허사를 경영하였는고 세상의 군왕들이 나서며 관리들이 함께 모여 주와 그의 그리스도를 대적하도다 하신 이로소이다 과연 헤롯과 본디오 빌라도는 이방인과 이스라엘 백성과 합세하여 하나님께서 기름 부으신 거룩한 종 예수를 거슬러 하나님의 권능과 뜻대로 이루려고 예정하신 그것을 행하려고 이 성에 모였나이다 주여 이제도 그들의 위협함을 굽어보시옵고 또 종들로 하여금 담대히 하나님의 말씀을 전하게 하여 주시오며 손을 내밀어 병을 낫게 하시옵고 표적과 기사가 거룩한 종 예수의 이름으로 이루어지게 하옵소서 하더라(행 4:24-30)

이렇게 기도하자 "모인 곳이 진동하더니 무리가 다 성령이 충만하여 담대히 하나님의 말씀을 전하니라"(31절)라고 누가는 증거합니다. 사도들이 날마다 개인적으로 기도하고 모여서 기도하자 하나님은 그들에게 큰 권능을 주셔서 부활의 증인이 되게 하셨습니다. 여기서 제자들에게는 기도함을 통해 이미 임한 성령의 기름 부으심이 반복적으로 나타납니다. 이렇게 말하면 어떤 분은 성령의 기름 부으심은 회심 때 단회적으로 일어나는 것이므로 잘 못된 주장이라 합니다.

이안 머레이[Iain H. Murray]는 다음과 같이 주장합니다.

> 그리스도인들을 성령으로 충만케 하시는 '부으심' 혹은 '세례'가 오직 회심 때에만 일어난다고 하는 견해는 그리스도인 안에서 계속 역사하시는 성령의 활동을 축소시키는 경향이 있습니다. 카이퍼의 저서 『성령의 사역(The Work of the Holy Spirit)』에서는 확신에 대한 내용이나 능력 있는 설교를 위한 기름 부으심의 필요에 대한 내용 등을 찾아볼 수 없는 것도 아마 이런 이유 때문일 것입니다.……이런 오류는 특히 오순절주의(Pentecostalism)의 위험성을 염려한다는 것 때문에 성령의 더 크신 교통하심의 역사(役事)를 인정하지 않으려는 20세기의 다른 저자들에게서도 발견됩니다. 그들은 종종 자신들이 구복음주의의 입장에 대해 전혀 모르고 있다는 것을 드러내곤 합니다. 그러나 이들이 만일 청교도들로부터 조지 스미튼[George Smeaton]에 이르는 수많은 사람들의 경험을 무시한다면 자신들의 입장을 지지할 수 있는 동조자들을 얻기 쉽지 않을 것입니다.[22]

이렇게 성령께서 신자들을 중생시키신 후에 반복적으로 생기를 회복시키시기 위해 부어주심을 주신다는 사실을 칼빈[Calvin]은 다음과 같이 가르쳤습니다.

---

22) 이안 머리, 『성경적 부흥관 바로 세우기』 서창원 역 (서울: 부흥과개혁사, 2002), 177.

성령께서는 사람들에게 은혜의 시냇물을 부으시고 그들의 생기를 회복시키며 기르시기 때문에, 기름과 기름부음이라는 이름을 얻으셨다(요일 2:20,27). (기독교 강요. 3. 1. 3.)

이렇듯 성령은 한 사람을 구원하시기 위해 성령을 기름 부으실 뿐 아니라, 반복해서 성령을 기름 부어주십니다. 그러면 성령께서 이렇게 중생 후에도 성령을 반복하여 기름 부어주시는 이유가 무엇일까요?
칼빈은 다음과 같이 가르칩니다.

여기서 성령과 그 은사를 "기름부음"이라고 부르는 것은 하나도 새롭거나 모순된 말이 아니다(요일 2:20, 27). 우리가 힘을 얻는 방법은 이것뿐이기 때문이다. 특히 하늘의 생명에 관하여는, 성령이 우리에게 주입해 주시지 않으면, 우리 안에는 한 방울의 생기도 없다. 성령은 그리스도를 자기의 자리로 택하시고, 그를 통하여 우리가 갈급해 하는 하늘의 풍성함이 넘치도록 흘러나오게 하셨기 때문이다. 신자들은 그들의 임금의 힘에 의해서만 불굴의 자세로 서게 되며, 그 왕의 영적인 풍성함이 그들 가운데 넘친다. 따라서 그들은 그리스도인들이라고 불리우는 것이 당연하다. (기독교 강요 2. 15. 5.)

신자가 반복적으로 성령의 기름 부으심을 추구해야 하는 이유는 인간의 전적 무능에 대한 고백이기 때문입니다. 칼빈의 표현처럼 우리가 힘을 얻는 방법은 이것뿐이며, 또한 하늘의 생명에 관하여는 성령이 우리에게 주입해 주시지 않으면 우리 안에는 한 방울의 생기도 없다는 고백이기 때문입니다.

우리가 성령 부어주심을 반복적으로 추구해야 하는 이유는 교회의 사역이 인간의 사역이 아니라 그리스도의 지상 임재 방식이어야 했기 때문입니다. 여기서 우리가 잊지 말아야 하는 것은 능력이나 기적이나 은사가 본질이 아니라는 사실입니다. 본질은 그 모든 것이 '그리스도의 지상 임재 방식'이어야 한다는 점입니다. 인간 사역자가 얼마나 많은 사람들을 전도했고, 얼마나 교세가 확장되었으며, 병이 고쳐지고 능력이 나타났는가가 아닙니다. 이 모든 것들은 오직 그리스도의 지상 임재 방식에 초점이 맞춰져야 합니다. 그리스도의 지상 임재 방식은 교회의 모든 활동이 항상 그리스도와 연합하여 그리스도께서 왕이요 선지자요 제사장으로 선명하게 드러나도록 하는 데 있습니다. 그리스도께서 드러나지 않는다면 그 어떤 놀라운 사역과 이적도 아무 의미가 없습니다.

여기서 저는 성령의 반복적 부어주심을 부정하는 대표적인 견해를 잠시 언급하고 싶습니다. 그것은 바로 아브라함 카이퍼Abraham Kuyper의 논리입니다. 카이퍼는 신자가 성령으로 거듭날 때, 이미 충만한 상태이므로 더 이상 충만을 추구할 필요가 없다고 했습니다. 마찬가지로 성령으로 기름 부음을 이미 받은 신자는 또다시 성령의 기름 부음이 필요 없다고 주장합니다. 그러나 이런 주장은 단순히 합리주의적 주장에 불과합니다. 이는 마치 한 인격이신 성령이 어떻게 성부와 성자의 두 인격으로부터(filioque 교리) 나올 수 있느냐고 주장한 동방교회의 주장과 다르지 않습니다. 이런 부분은 신비일 뿐입니다. 우리는 단지 성경이 계시하고 있는 그대로 믿을 뿐입니다. 마찬가지로 우리는 성경이 가르치기 때문에 이미 성령으로 세례를 받은 사도들과 성도들에게 반복하여 성령 부어주심을 믿습니다. 이런 주장은 오순절주의자들의 주장과는 완전히 다릅니다.

이 모든 일은 오직 성령의 사역을 통해서만 가능합니다. 기도 외에는 이런 종류가 나갈 수 없습니다. 왜냐하면 하나님은 신자들의 기도를 통해서 그리스도와 신자를 연합시키시고 하나님의 선하신 작정을 진행시켜 나가기로 작정하셨기 때문입니다. 바울은 데살로니가 교회를 향하여 "쉬지 말고 기도하라"(살전 5:17)라고 명령했습니다. 쉬지 말고 기도해야 할 기도의 내용은 "그의 나라와 의"(마 6:33)입니다. 우리는 왕이요, 제사장이요, 선지자의 직분을 온전히 수행하는 데 초점을 맞춰 기도해야 합니다. 우리가 성령 안에서 기도하면 성령은 우리를 항상 이런 기도로 인도하시고 힘주십니다. 주님처럼 항상 주님의 일을 위해 기도하며 주님의 사역을 행하게 될 때, 복음을 전할 때, 주님의 일로 어려움을 당할 때, 악한 영들과 싸울 때, 어려운 일에 인내해야 할 때, 선한 싸움을 할 때마다 성령으로 기름 부으시고 왕으로, 선지자로, 제사장으로 그 직무를 충실하게 담당하게 하십니다.

그러므로 성령 부어주심이 가장 선명하게 나타날 때는 **주님의 나라와 의를 위해 헌신할 때**입니다. 주님의 나라와 의를 위해 헌신하지 않는다면 성령 부어주심은 경험할 이유가 없습니다.

이런 차원에서 설교자는 설교 사역을 통해 성령 부어주심을 세 번 경험해야 한다고 말씀드리고 싶습니다.

첫째, 설교를 준비할 때 성령 부어주심을 경험해야 합니다. 설교를 준비할 때 성령의 부으심이 임하면 성경 본문을 누구보다 탁월하게 이해하고 회중에게 적절하게 적용하도록 돕는 놀라운 역사를 경험합니다. 성령은 설교 원고를 작성하는 내내 주권적으로 이 모든 작업을 주관하셔야 합니다. 설교 준비는 단순한 지적 작업이 아닙니다. 마틴 로이드 존스^{Martyn Lloyd Jones}는 설교를 준비하는 데 있어서 성령의 부어주심의 당위성을 다음과 같은 말로 지적했습니다.

> (성경의) 특정한 단어를 정확하게 이해하게 해 주는 것은 결국 학식이 아니라 그 구절의 영적인 의미입니다. 학문적 권위자들이 완전히 다른 의견을 보이는 경우가 항상은 아니지만 자주 있다는 것을 여러분도 알 것입니다. 말씀의 의미는 궁극적으로 정확한 학식에 따라 결정되는 것이 아니라 영적인 지각과 이해에 따라, 요한일서 2:20,27에 나오는 '기름 부으심'에 따라 결정됩니다. [23]

이 점은 설교를 준비하는 가운데 너무도 중요합니다. 설교자인 저는 가능한 성경 본문을 해석하는 데 가장 필요한 책들을 다 읽어내기 위해 힘씁니다. 그런데 문제는 책을 많이 읽었다고 해서 성경 본문에 대한 해석이 더 선명해지는 것이 아니라는 사실입니다. 도리어 많은 정보가 머릿속에 들어올수록 더 혼란스럽게 됩니다. 과연 어떤 학자의 견해가 더 성경적인지 인

---

23) 로이드 존스, 『설교와 설교자』, 정근두 역 (서울: 복 있는 사람, 2005), 310.

정하고 받아들여야 할지 판단하는 것은 설교자의 몫이기 때문입니다. 결국 책을 많이 읽더라도 영적인 지각과 이해가 따라오지 않는다면 설교자는 오류에 빠질 가능성은 더 높아질 수밖에 없습니다. 그런데 이 어려운 결정을 성령께서 도우십니다. 성령의 부어짐은 설교자에게 영적인 지각과 이해력을 가지고 설교를 준비하도록 함으로 하나님께서 기뻐하시는 설교가 되도록 하십니다. 여기서 기도는 설교를 준비하는 가운데 성령 부어주심을 위해 핵심적인 역할을 합니다.

둘째, 설교를 위해 기도할 때 성령의 부어주심을 경험해야 합니다. 하나님은 설교자가 설교에 성령 부으심을 간청하는 것을 매우 기뻐하십니다. 이 기도를 할 때, 저는 가슴이 뜨거워집니다. 하나님께서 설교 가운데 역사하실 것에 대한 확신이 강력하게 몰려옵니다. 또한 설교 원고에 부족한 부분이 떠올라서 무엇을 더 추가해야 할지 수정해야 할지도 알게 됩니다.

셋째, 설교자는 설교할 때 성령 부어주심을 경험해야 합니다. 하나님은 강단에서 설교자가 설교할 때, 완전히 다른 사람이 되게 하십니다. 성령의 부어주심은 설교자가 선지자 직분을 감당하게 하실 때, 그때에 말하게 하시는 이는 설교자가 아니라 하나님이심을 느끼게 합니다. 설교자는 담대함이 생기고, 때로는 설교 가운데 미리 준비하지 않았지만 그 순간 떠오르는 말씀이나 비유를 통해서 회중의 마음을 정확하게 찌릅니다. 설교하는 가운데 능력이 나가는 것을 종종 경험합니다.

로이드 존스는 다음과 같이 말합니다.

능력이 없는 것은 설교가 아닙니다. 참된 설교는 결국 하나님의 행하심으로 이루어집니다. 사람이 말하는 것이 아닙니다. 하나님이 말씀하시는 것입니다.[24]

이렇게 설교하는 가운데 회중 속에서는 회심이 일어나는 것을 종종 보게 됩니다. 어떤 사람은 자신의 감춰진 은밀한 죄가 설교자의 입술에서 나오는 것에 충격을 받습니다. 때로는 부부간에 고민하며 갈등했던 내용이 그대로 나와 해결 받기도 합니다. 이 놀라운 신비에 대해 로이드 존스는 또 다음과 같이 설명했습니다.

복음을 전체적으로 설교하면 성령께서 각 사람의 경우에 맞게 적용시켜 주십니다. 같은 성령께서 같은 방식으로 남자든 여자든 사람이면 누구나 가지고 있는 근본적인 필요를 보게 하시며 회심시키시고 거듭나게 하시는 것입니다.[25]

이제 말씀을 정리하겠습니다. 신자는 성령으로 거듭날 때 이미 성령으로 세례 받아 그리스도의 거룩하신 삼직에 연합된 존재들입니다. 우리는 성령

---

24) 로이드 존스, 『설교와 설교자』, 148.
25) 로이드 존스, 『설교와 설교자』, 209.

으로 그냥 거듭나는 것이 아닙니다. 성령께서는 우리를 거듭나게 하실 때 복음에 대한 이해를 도우시고 그 이해력 가운데 새 마음을 받아 구원받게 됩니다. 따라서 성령으로 세례를 받은 성도들은 새 사람이 될 수밖에 없습니다. 그들은 하나님 나라 건설을 위한 왕이요, 제사장이요, 선지자의 삶을 살게 됩니다.

그러나 거듭났다고 해서 다 왕과 제사장과 선지자의 직능이 왕성하게 나타나는 것이 아님을 기억해야 합니다. 우리는 경건함 가운데 쉬지 않고 기도해야 합니다. 기도 외에는 이런 종류가 나갈 수 없습니다. 우리 주님도 공생애 기간 동안 쉬지 않고 기도하셨습니다. 우리도 그렇게 기도해야 합니다. 이렇게 기도하게 될 때, 우리는 삶 속에서 하나님 나라 건설을 위해 왕, 제사장, 선지자의 삶을 살면서 성령의 부어주심을 경험하게 됩니다. 성령의 능력과 나타나심을 가정과 직장과 교회와 캠퍼스에서 경험하게 됩니다. 이런 모든 활동은 우리의 활동이 아닙니다. 오직 그리스도의 영광을 드러내는 성령의 활동이고, 그리스도와 연합하여 그리스도께서 하시는 활동입니다. 이 놀라운 은총이 저와 여러분에게 항상 충만하게 나타나길 바랍니다.

술 취하지 말라 이는 방탕한 것이니 오직 성령으로 충만함을 받으라(엡 5:18)

11

성령으로 충만함을 받으라

우리가 성령론에 접근하는 데 있어서 오류를 최소화하기 위해서 항상 잊지 말아야 할 점이 있습니다. 그것은 바로 **경륜적 삼위일체의 관점**에서 성령론을 바라보는 것입니다. 삼위일체 하나님은 독립적으로 사역을 하시되 서로 월권越權 하지 않으시면서 완전한 일체를 이루십니다. 이것이 바로 경륜적 삼위일체의 특징입니다.

우리가 잘 알고 있는 것처럼 성부와 성자와 성령은 각각 인격적으로 독립되어 있습니다. 성부는 작정하시고, 성자는 성부 하나님의 작정하신 뜻을 이루시고, 성령은 성자께서 이루신 작정을 신자의 개인에게 적용하십니다. 이 범주 안에서 성령은 얼마든지 자유롭게 일하십니다.

이런 관점에서 본다면 우리는 성령에 의해 주어지는 은사와 이적의 문제도 쉽게 해결됩니다. 성령은 삼위일체 하나님의 선하신 작정 안에서 우리의 이성과 합리성을 초월하여 어떤 신비적이고 기적적인 일도 행할 수 있습니다. 여기서 상당수의 설교자가 성령의 신비적 능력이나 기적, 감화력 등과 같은 특정한 양태만을 숭배함으로써 그분의 인격을 무시합니다. 특히 성령의 특정한 양태만을 숭배하는 것은 전형적인 우상숭배의 특징입니다. 왜냐하면 우상숭배란 하나님의 속성 가운데 인간의 타락한 본성이 특별히 추구하게 되는 태도를 의미하기 때문입니다.

성령을 추구하지만, 성령의 능력과 지혜와 감화력, 치유력 같은 영역만 선별하여 추구하는 행위가 바로 우상숭배입니다. 우리는 성령에 대해 이런 오류에 빠지지 않도록 주의해야 합니다.

이와 반대로 성령의 사역을 우리의 이성과 경험으로 제한하는 오류에 빠져서도 안 됩니다. 상당수 교회가 이런 오류에 빠지곤 합니다. 물론 이런 반응은 오순절주의 은사운동이나 신사도운동에 대한 반작용에 의해 이렇게 반응하는 것이라는 사실을 압니다. 그럼에도 불구하고 우리는 성령께서 하나님의 뜻 안에 얼마든지 기적과 이적을 일으킬 권한이 있음을 알아야 합니다. 왜냐하면 성령께서는 이 세상의 자연적 법칙에 스스로 제한받지 않기 때문입니다.

우리가 만일 우리가 생각하는 자연 원리와 법칙으로 성령의 역사를 제한한다면 자칫 성령을 소멸하거나 훼방하는 죄에 빠질 수 있습니다. 우리가 참된 성령의 역사와 거짓 성령의 역사를 분별하는 기준은 단지 항상 하나님의 선하신 작정의 범주에서 벗어나는가 여부로 분별하면 됩니다.

성령은 오직 성자를 통해 아버지 하나님의 뜻을 이루시는 범주 안에서 어떤 일도 자유롭게 행하실 수 있습니다. 다시 말씀드리지만 성령은 오늘날에도 아버지 하나님의 선하신 작정을 이루시기 위해서 기적적으로 병을 고치실 수 있고, 신비적인 어떤 일도 행하실 수 있다는 말입니다.

이런 관점을 염두에 두고 **'성령 충만함'**에 대해 살펴보고자 합니다.

성령 충만함에 대한 문제는 오늘날 은사주의자들이나 신정통주의자들에 의해 많이 왜곡된 부분입니다. 상당수의 은사주의자나 신정통주의자는 성령의 충만함을 주로 능력이나 감화력, 혹은 에너지의 개념으로 이해하곤 합니다. 성령의 충만을 감정이나 실용적인 관점으로 이해하려 하는 것이 문제의 핵심입니다. 감정이 침체하거나 은사가 약해지면 성령으로 충만하지 않다고 생각합니다. 이런 태도는 분명히 이방종교적이며 비 성경적 진단임에 틀림없습니다. 우리가 이 문제를 경륜적 삼위일체 관점에서 본다면 해석은 훨씬 선명해집니다.

성령은 당신의 선하신 작정과 뜻 안에서 신자의 감정을 침체하게 하시기도 하고, 때로는 능력을 제한하며 사역이 약화되게도 하십니다. 이런 사실은 다윗의 시편에서 잘 나타나기도 합니다.

다윗의 시편을 가만히 묵상해 보면 대부분 우리가 소위 침체되었다고 생각되는 시점에 기록되었다는 것을 볼 수 있습니다. 예를 들어서 시편 10편은 다윗이 환란 가운데 하나님께 부르짖어 기도하지만, 침묵하시는 하나님을 향하여 기도한 것입니다. 시편 12편은 경건한 자들이 무너지고 있는 것을 보고 탄식하는 시입니다. 우리가 잘 아는 시편 51편은 우리아의 아내 밧세바를 범하고 선지자 나단에게 책망 들은 후에 심한 심적 괴로움 가운데 기록했습니다. 이런 상황에서 기록된 시편이 성경이 되었습니다.

우리가 볼 때 영적으로 침체된 상황에서 기록된 시(詩)가 성경이 되었다는 말은 그 당시 다윗은 감정 상태와 관계없이 성령 충만했다는 것을 입증합니다. 그렇다면 성령 충만함이란 우리가 생각하는 것과 다른 개념이라는 것을 알 수 있습니다. 우리는 오늘 이 시간 이 문제를 살펴보도록 하겠습니다.

—— **술 취하지 말라 이는 방탕한 것이니 오직 성령으로 충만함을 받으라**(엡 5:16)

바울은 성령의 충만함을 설명하기 위해 독특한 대조법을 사용하여 성령 충만이 무엇인지 설명하고 있습니다. 그는 성령으로 충만함을 받으라는 명령 이전에 술 취하지 말라는 명령을 하고 있습니다. 술 취하지 말라는 명령은 성령으로 충만함의 어떤 특징을 명확하게 설명해 줍니다. 바울은 신자가 술의 지배에 빠지지 말아야 하는 것처럼 성령의 지배 아래 있어야 한다는 사실을 가르치고 있습니다.

우리가 잘 아는 것처럼 술은 술 마시는 사람 속에 들어가서 점차적으로 그를 지배합니다. 술 취한 상태에 있는 사람은 술에 의해 전 인격이 지배받게 됩니다. 바울은 술 취함을 금지하는 이유를 방탕한 것이라는 점에서 말합니다. 술 취한 사람은 방탕의 노예가 된다는 말입니다.

그렇다면 술 취함과 대조를 이루는 성령의 충만한 상태도 같은 논리로 이해해야 합니다. 우리는 술에 지배받는 사람이 방탕하게 되는 것처럼 성령의 지배를 받아서 방탕함과 대조를 이루는 거룩한 열매를 기대해야 합니다. 술 취함으로 방탕하게 되는 것과 대조되는 상태를 바울은 19절 이하에서 언급합니다. 흥미로운 점은 이 19절 이하에 언급된 신자의 반응이 하나님 사랑(1계명부터 4계명)과 이웃 사랑(5계명부터 10계명)이라는 율법의 대강령 준수로 언급되고 있다는 사실입니다. 먼저 19-21절은 하나님 사랑에 대한 율법 준수를 보여줍니다.

—— 시와 찬송과 신령한 노래들로 서로 화답하며 너희의 마음으로 주께 노래하며 찬송하며 범사에 우리 주 예수 그리스도의 이름으로 항상 아버지 하나님께 감사하며 그리스도를 경외함으로 피차 복종하라(엡 5:19-21)

이어서 21절부터 6장 9절까지 이웃 사랑의 계명을 내포합니다. 이웃 사랑을 바울은 남편과 아내, 부모와 자녀, 상전들과 종들의 관계 등으로 언급합니다.

여기서 우리가 분명하게 이해해야 할 점이 있습니다. 바울이 아내들을 향하여 남편에게 복종하라고 명령하거나, 남편들에게 아내를 그리스도께서 교회를 사랑하심 같이 사랑하라는 것, 자녀들의 복종, 부모가 자녀를 노엽게 하지 말라는 명령, 혹은 종들의 복종과 상전들의 선한 행동은 모두 성령으로 충만해야 지킬 수 있다는 사실입니다. 이런 바울의 명령은 성령의 충만함을 받으라는 가르침과 직결되어 있습니다. **성령으로 충만함을 받지 않고서는 결코 순종할 수 없습니다.** 상당수 그리스도인은 이 부분을 간과하고 있습니다.

상당수 그리스도인은 성령으로 충만할 생각을 하기보다는 의지와 결단으로 이 명령을 지키려 하면서 실패합니다. 배우자와 자녀, 혹은 종과 상전의 비인격적인 상태만 보며 불평하곤 합니다. 이런 바울의 명령은 남편이 남편답고, 아내가 아내다우며, 자녀가 순종적이고, 종이 성실하고 정직하며, 주인은 자비롭고 인격적이어야 순종이 가능하다고 생각합니다. 그러나 이 명령은 그런 사람들에게만 해당되는 명령이 아닙니다. 이 구절은 어떤 상황을 전제하지 않고 모든 상황의 사람들에게 주는 명령입니다. 한 마디로 이 명령은 성령으로 충만할 때 비로소 순종이 가능하다는 말입니다.

성령 충만(지배) 아래 있지 못한 사람들에게는 바울의 이런 명령이 현실적이지 못한 가르침으로 여겨집니다. 성령 충만하지 않으면 시와 찬송과 신령한 노래들로 서로 화답하며 너희 마음으로 주를 노래하며 찬송할 수 없습니다. 또한 범사에 우리 주 예수 그리스도의 이름으로 항상 아버지 하나님께 감사하며 그리스도를 경외함으로 피차 복종하라는 명령도 비현실적입니다. 인간은 전적으로 타락한 본성을 가지고 있습니다. 이를 인정한다면 이 모든 명령은 오직 성령 충만해야 가능하다는 것을 알 수 있습니다. 우리는 바울이 성령으로 충만함을 받지 않으면 5장 19절-6장 9절까지의 가르침을 따를 수 없다고 가르치고 있다는 것을 알아야 합니다.

그렇다면 어떻게 성령 충만함(성령의 지배함)을 받을 수 있겠습니까? 이 문제에 대해 바울은 이렇게 가르칩니다.

──── 끝으로 너희가 주 안에서와 그 힘의 능력으로 강건하여지고 마귀의 간계를 능히 대적하기 위하여 하나님의 전신 갑주를 입으라 우리의 씨름은 혈과 육을 상대하는 것이 아니요 통치자들과 권세들과 이 어둠의 세상 주관자들과 하늘에 있는 악의 영들을 상대함이라 그러므로 하나님의 전신 갑주를 취하라 이는 악한 날에 너희가 능히 대적하고 모든 일을 행한 후에 서기 위함이라 그런즉 서서 진리로 너희 허리 띠를 띠고 의의 호심경을 붙이고 평안의 복음이 준비한 것으로 신을 신고 모든 것 위에 믿음의 방패를 가지고 이로써 능히 악한 자의 모든 불화살을 소멸하고 구원의 투구와 성령의 검 곧 하나님의 말씀을 가지라 모든 기도와 간구를 하되 항상 성령 안에서 기도하고 이를 위하여 깨어 구하기를 항상 힘쓰며 여러 성도를 위하여 구하라(엡 6:10-18)

바울은 "너희가 주 안에서와 그 힘의 능력으로 강건하여지라"라고 가르칩니다. 이 명령은 우리가 성령 충만 받는 아주 중요한 관점을 제시합니다. 우리가 주님의 명령을 지키려면 **"주 안에"** 있어야 합니다. 그리고 **"그 힘의 능력으로 강건"**해야 합니다. 여기서 "주 안에" 있어야 한다는 말씀은 그리스도와 연합을 의미합니다. 성도에게 성령 충만함이란 바로 주 안에 거하여 그리스도로 충만하게 되는 것을 말합니다. 신자가 성령 충만하기 위해서는 그의 힘의 능력으로 강건해야 합니다. 이 가르침은 신자가 더 이상 자기의 힘의 능력으로 강건하려 하지 말아야 할 것을 가르칩니다. 신자는 자기 "육체"로부터 비롯된 힘과 능력을 신뢰하지 않아야 합니다. 자기 육체를 신뢰하는 자는 결코 그리스도의 힘의 능력으로 강건해질 수 없습니다.

―― 하나님의 성령으로 봉사하며 그리스도 예수로 자랑하고 육체를 신뢰하지 아니하는 우리가 곧 할례파라(빌 3:30)

우리가 성령으로 충만하기 바란다면 우리는 전적으로 육체를 신뢰하지 않는 영적 할례당의 삶을 살아야 합니다. 여기서 성령 충만함이란 곧 그리스도로 충만함을 의미한다는 사실을 다시 분명하게 말씀드리고 싶습니다. 왜 성령 충만이 그리스도로 충만함이라는 등식으로 설명이 가능하겠습니까? 그 이유는 성령의 실체가 바로 예수를 증거하는 영이기 때문입니다.

―― 그러나 진리의 성령이 오시면 그가 너희를 모든 진리 가운데로 인도하시리니 그가 스스로 말하지 않고 오직 들은 것을 말하며 장래 일을 너희에게 알리시리라 그가 내 영광을 나타내리니 내 것을 가지고 너희에게 알리시겠음이라(요 16:13-14)

성령의 또 다른 이름은 예수의 영이기도 합니다. 성령께서 신자를 통해 충만하게 행하실수록 신자는 더욱 그리스도의 영광을 드러내는 것이 정상적입니다. 성령 충만의 핵심은 감정이나, 능력이나 은사가 아닙니다. 혹은 엄청난 사역의 성과를 내는 것도 아닙니다. 도리어 이런 것들은 신자들을 미혹하기 위한 사탄의 수단이 될 수도 있습니다.

오늘날 은사주의자들에게 속한 것이 바로 이것입니다. 그들 가운데 사람들의 환호를 받는 사람들은 사역의 성과가 크게 나타나며, 기사와 이적과 능력이 나타납니다. 그런데 그들 가운데 그리스도의 향기가 풍기지 않는 사람이 너무 많다는 것이 문제입니다. 도덕성에 심각한 결함이 나타나거나 신학적 오류가 심각합니다. 더 심한 경우 신성모독적인 말도 아무렇지도 않게 내뱉습니다. 이런 문제들은 그들을 추종하는 사람들을 혼란스럽게 합니다.

이와 관련하여 사도 요한은 이런 문제를 "영을 다 믿지 말고 오직 영들이 하나님께 속하였나 분별하라 많은 거짓 선지자가 세상에 나왔음이라"(요일 4:1)라는 말씀으로 경계했습니다. 이런 경계는 초대교회 때부터 기사와 이적으로 신자들을 미혹했던 거짓 선지자들을 염두에 두고 있습니다. 사역의 성과로 성령 충만을 측정하는 것이 얼마나 위험한 것인지 경고하는 것입니다.

도덕적으로 뛰어나다고 해서 그가 하나님께 속한 성령 충만한 사역자를 의미하는 것도 아닙니다. 도덕성과 성령 충만을 무조건 동일하게 보는 것은 사탄의 미혹에 빠지는 또 다른 방식입니다. 물론 성령 충만한 사람은 도덕적인 사람으로 나타납니다. 그러나 성령 충만하지 않으면서도 얼마든지 도덕적인 사람들도 있습니다. 때로는 도덕성이 성령이 아닌 자기 의로 충만한 가운데 나타날 수도 있습니다. 그 대표적인 사람들이 바로 바리새인들이었습니다.

우리가 잘 아는 어느 목사님이 있습니다. 그분은 도덕적으로나 인격적으로 매우 뛰어난 분이십니다. 그런데 그분은 신학적으로는 자주 위험한 발언을 하곤 합니다. 이런 분들은 도리어 자유주의 신학자들 사이에 많이 나타납니다. 누군가 그분의 신학적인 위험성을 경고할지라도 그분의 도덕성이나 인격에 현혹된 성도들은 경고를 듣지 않습니다. 도리어 그분의 신학적 위험성을 경고한 목사들을 비난하기까지 합니다.

우리가 여기서 민감하게 분별해야 할 부분은 도덕성이 하나님의 영광을 드러내는 방식으로 나타난 것인가, 아니면 바리새인들처럼 자기 의(영광)를 드러내기 위해 나타난 것인가 하는 것입니다. 도덕성의 출처가 그의 힘의 능력으로 강건함이 동반한 결과가 아니라면 하나님 앞에서 죄일 뿐입니다. 하나님 보시기에 회칠한 무덤일 뿐입니다.

바울은 성령 충만과 관련하여 율법의 이중계명, 하나님 사랑과 이웃 사랑을 언급한 후에 18절에서 "모든 기도와 간구를 하되 항상 성령 안에서 기도하고 이를 위하여 깨어 구하기를 항상 힘쓰며 여러 성도를 위하여 구하라"라는 가르침을 잊지 않습니다.

여기서 바울은 왜 기도를 강조할 수밖에 없었을까요? **성령 충만함이란 결국 도덕적인 존재가 되는 것이 아니라, 그리스도를 전적으로 의지하는 것이기 때문입니다.** 하나님께서 신자들을 통해 기대하시는 것은 바로 이것입니다. 하나님은 우리가 얼마나 도덕적인 존재가 되었는지, 얼마나 사역의 큰 성과를 내는지에 관심을 갖고 있지 않습니다. 하나님께서 우리를 부르시고 성령으로 충만하게 하시는 목적은 오직 하나님을 전적으로 의지하여 당신의 영광을 드러내는 존재가 되도록 하는 데 있습니다. 이것이 바로 "**하나님의 형상**"입니다.

우리가 성령 충만해야 하는 이유는 어떤 신비한 이적과 은사를 행하기 위함이 아닙니다. 성령을 힘입어 그리스도를 통해 하나님의 형상을 드러내는 데 있습니다. 성령은 우리를 통해서 하나님의 형상을 드러내기 위해 도덕적인 존재가 되게 하고, 지혜를 주시며, 능력과 귀신 쫓는 것과 기적과 은사가 나타나게 하시기도 합니다. 여기서 중요한 점은 현상이 아닙니다. 이 모든 것을 통해 하나님의 선하신 작정이 성취되고 있느냐에 있습니다. 성령의 모든 행위는 신자들의 삶이 하나님의 선하신 작정의 일부가 되도록 하는 데 있다는 사실입니다.

이와 관련하여 저는 다윗의 시편을 다시 언급하고 싶습니다. 앞에서 언급했던 것처럼 다윗이 쓴 시편들 가운데 상당수는 성경이 되었습니다. 더 놀라운 사실은 그의 시편 가운데 상당수는 장차 오실 메시아를 예표하고 있었다는 것입니다. 시편 69편 8절을 보면 다윗은 자신의 처지를 "내가 나의 형제에게는 객이 되고 나의 어머니의 자녀에게는 낯선 자가 되었나이다"라고 호소합니다. 이 호소는 다윗의 비참함을 토로한 것이지만, 이는 그리스도께서 동족들에게 거부당함을 예표한 것이었습니다. 시편 22편 1절에서 다윗이 "내 하나님이여 내 하나님이여 어찌 나를 버리셨나이까 어찌 나를 멀리 하여 돕지 아니하시오며 내 신음 소리를 듣지 아니하시나이까"라고 기록한 탄식의 시는 예수님께서 십자가 상에서 "나의 하나님, 나의 하나님, 어찌하여 나를 버리셨나이까"(마 27:46)라는 주님의 탄식의 예표였습니다.

여기서 성령 충만의 핵심은 결국 그리스도를 중심으로 둘 수밖에 없습니다. 구약 시대 사람들은 그들의 성령 충만이 '오실 메시아'를 드러내는 것이었다면, 신약시대 이후 교회의 성령 충만은 '오신 메시아'를 드러내는 것과 직결되어 있습니다. 성령 충만의 목적은 바로 여기에 있습니다. 그리스도를 중심으로 하나님의 뜻을 성취하게 하시는 것이 바로 성령 충만입니다. 여기서 성령 충만함은 신자가 하나님의 선하신 작정의 일부로 살아가게 하는 것과 관련을 맺는다면, 성령 충만이 아닌 것은 악한 날에 악하게 사용하시는 것과 관련되었다고 할 수 있습니다.

제가 서론에서 언급한 것처럼 성령의 주권은 아버지의 작정하심을 성취하는 데 있습니다. 성령은 항상 신자로 하여금 아버지의 작정을 이루시고, 성자를 통해 드러난 계시를 조명하시고 적용하시는 일에 초점이 맞춰져 있습니다. 성령은 이런 큰 그림 안에서 선하신 주권 아래 능력과 기적과 은사를 이룰 수 있습니다. 우리의 이성이 납득할 수 없다거나, 우리의 안목에서 아름답지 않기 때문에 성령의 역사가 아니라고 부정하는 것은 자칫 성령을 소멸하는 것이 될 수 있습니다.

복음서에서 바리새인들이 예수님을 수용할 수 없었던 이유 가운데 하나는 그들이 가지고 있었던 신학적 고정관념이었습니다. 그들은 예수님이 자신들이 생각하고 있었던 신학에 부합해야 한다고 보았습니다. 그런데 예수님은 그들의 신학에 부합하지 않는 부분들이 많았습니다. 예수님은 덕스럽지 못하게 세리와 창기와 죄인들을 친하게 대하시며 같이 식사했습니다. 부정한 나병환자들을 손으로 만져 고치셨습니다. 성전에 들어와서 혈기를 부리며 돈 바꾸는 상을 뒤집으셨습니다. 더 나아가 유대인 종교지도자들을 노골적으로 비난하고 공개적으로 대중들 앞에서 공격했습니다. 그들은 예수님이 귀신을 쫓으실 때, "이가 귀신의 왕 바알세불을 힘입지 않고는 귀신을 쫓아내지 못하느니라"(마 12:24)라고 비난했습니다. 이런 주님의 행위는 성령 충만한 행위였습니다. 주님은 이렇게 비난하는 사람들을 향하여 성령을 훼방하는 죄를 범한다고 책망하셨습니다.

이런 모습은 조나단 에드워즈Jonathan Edwards의 사역에서도 동일하게 나타났습니다. 조나단 에드워즈를 통한 부흥은 매우 강력했습니다. 에드워즈가 설교를 할 때, 어떤 경우에는 사람들이 기절하거나, 비명을 지르거나, 커다란 소요가 일어나기도 했습니다. 어떤 사람은 심각한 우울증에 빠지기도 했습니다. 이에 대해 이성적으로만 성령의 역사를 비판하는 사람들은 계속적으로 비난했습니다. 이에 대해 조나단 에드워즈는 성령의 역사가 얼마든지 우리의 이성과 경험과 감정에 부합하지 않을 수 있다는 점을 논증해야 했습니다.

제가 여기서 다시 말씀드리지만, 성령 충만한 역사는 우리의 본성에 맞는 것이 아닙니다. 기분을 좋게 하거나, 점잖고 고상한 분위기를 연출하는 것만이 아닙니다. 성령의 역사가 항상 초점을 맞추는 것은 아버지의 뜻이 하늘에서 이룬 것처럼 땅에서도 이루어지게 하는 데 있습니다.

이런 차원에서 저는 성령 충만을 측정하는 시금석이 되지 않는 몇 가지를 말씀드리고 싶습니다.

첫째, '감정'입니다. 간혹 어떤 사람은 자신이 우울한 상태에 빠져 있기 때문에 성령으로 충만하지 않다고 생각합니다. 그러나 이런 감정도 우리가 성령 충만한 상태인지를 가늠하는 시금석이 되지 않습니다. 왜냐하면 다윗이 기록한 시편이 성경이 되었다고 한다면, 그 시편 내용은 항상 기분이 밝고 즐거운 상태가 되었어야 하기 때문입니다. 그러나 다윗의 시편은 상당수가 좌절과 낙심과 절망과 고독 가운데 기록되었습니다. 이 말은 그 상태 가운데서도 다윗은 성령으로 충만했다는 말입니다. **침체된 감정들을 통해 하나님을 더 깊이 묵상하게 하시는 은혜가 있습니다.** 물론 다윗의 시편 가운데 상당수도 기쁨과 소망과 열정으로 가득한 것을 보기도 합니다. 제가 여러분에게 말씀드리고 싶은 것은 성령의 충만은 우리의 기분 상태로 측정되는 것이 아니라는 사실입니다.

둘째, '성과'입니다. 상당수 사람은 자신의 사역에 성과가 명확하게 나타나지 않기 때문에 성령으로 충만하지 못하다고 생각합니다. 설교를 해도 교회가 강력하게 성장하지 않고, 문제가 생각같이 잘 해결되지 않기 때문에 성령 충만하지 않다고 생각합니다. 그러나 이런 것도 성령 충만을 측정하는 시금석이 되지 않습니다. 성경은 성령 충만한 가운데 3,000명의 회심자를 얻은 베드로를 기록하고 있지만, 한 편으로는 한 사람의 회심자도 얻지 못했던 예레미야를 기록하기도 합니다. 때로는 스데반도 이렇다 할 회심자 없이 순교를 당하기도 했습니다.

그러면 성령의 충만함을 측정하는 시금석은 무엇이겠습니까?

첫째, '묵상'입니다. 우리가 잘 알고 있는 것처럼 성령은 말씀의 기록자 되십니다. 말씀의 기록자 되신 성령은 신자가 성령으로 충만하도록 하기 위해 말씀으로 사로잡히도록 하십니다. 잠언은 "모든 지킬 만한 것 중에 더욱 네 마음을 지키라 생명의 근원이 이에서 남이니라"(잠 4:23)라고 가르칩니다. 어느 시대든지 성령 충만은 항상 성경 말씀에 그 마음이 사로잡혀 묵상하게 되는 모습으로 나타납니다.

바울은 성도들을 향하여 마음을 지키기 위해 "누가 철학과 헛된 속임수로 너희를 사로잡을까 주의하라"(골 2:8)라고 경고합니다. 세상적인 철학이나 욕망에 마음이 빼앗긴다면 결코 성령 충만할 수 없다는 뜻입니다. 다윗의 성령 충만함의 비결도 바로 여기에 있었습니다. 시편 1편을 보면 성령 충만했던 다윗은 바쁘고 긴박한 중에서도 주의 율법을 주야로 묵상했습니다.

사탄도 말씀에 붙잡히는 것이 성령 충만함임을 잘 압니다. 그래서 사탄은 끊임없이 신자들의 마음을 인터넷과 영화와 음란한 것들과 탐욕으로 사로잡으려 합니다. 근심과 걱정으로 말씀의 기운이 막히게 합니다. 한편으로는 바른 말씀을 듣지 못하도록 합니다. 어찌하든지 예배를 참석하지 못하도록 하며, 말씀 듣는 가운데 잡념과 졸음과 다양한 방식으로 말씀을 멀리하도록 만듭니다.

분명한 사실은 말씀이 아닌 다른 것에 의해 움직이는 것은 성령 충만이 아니라는 사실입니다. 성령 충만한 사람은 항상 말씀이 삶과 행동의 원동력이 됩니다. 세상 철학이나, 욕망, 감정, 기질에 의해 움직이는 것은 성령 충만과 아무 관계없습니다.

둘째, '기도 생활'입니다. 참된 기도는 아무나 할 수 있는 것이 아닙니다. 참된 기도는 오직 말씀으로 심령의 조명을 받아 간절해지고 겸손해진 사람만 가능합니다. 성령이 충만한 사람은 말씀을 생명의 양식처럼 추구하면서, 다른 한편으로는 기도를 영혼의 호흡처럼 추구합니다. 이렇게 기도를 호흡처럼 추구하는 가운데 신자는 성령을 통해서 그리스도와 강력한 연합을 경험하며, 그 안에서 거룩과 지혜와 능력과 은사가 나타납니다. 무엇보다 신자가 성령 안에서 기도하는 가운데, 그의 나라와 의를 구하는 가운데 하나님의 선하신 계획에 참여하도록 인도받게 됩니다. 이렇게 하나님의 선하신 뜻에 참여하게 되는 것이 바로 성령 충만입니다.

셋째, '율법에 대한 순종'입니다. 순종은 그냥 일어나지 않습니다. 성령에 의해 자기를 부인해야 가능합니다. 바울은 "육체의 소욕은 성령을 거스르고 성령은 육체를 거스르나니 이 둘이 서로 대적함으로 너희가 원하는 것을 하지 못하게 하려 함이니라"(갈 5:17)라고 했습니다. 성령 충만은 육체의 소욕을 거스르며 하나님께서 원하는 것을 행하게 합니다. 좋은 열매를 맺지 않는 성령 충만은 없습니다. 육체의 소욕에 충실하게 살아가면서 선지자 노릇하거나 병을 고치거나 귀신을 쫓거나 능력을 행하는 것을 성령 충만이라 할 수 없습니다. 성령이 충만하면 그는 자동적으로 자기를 부인하고 육체의 소욕을 거스르며 살게 됩니다. 성령 충만은 자기를 부인하고 십자가를 지고 주님을 따르는 것으로 나타날 수밖에 없습니다.

이제 결론으로 들어가겠습니다. 우리는 성령 충만이 무엇인지 살펴보았습니다. 성령 충만은 그리스도와 얼마나 밀접하게 연합되어서, 하나님의 영광을 드러내느냐와 관련을 맺습니다. 무엇보다 창세기에서 언급된 것처럼 사람이 성령 충만해서 하나님의 영광을 드러내는 목적은 하나님의 뜻대로 타락한 세상을 경작하게 하는 데 있습니다. 하나님의 영광(도덕성, 혹은 종교적 열성)은 나타나는 것 같은데 하나님의 나라 건설에 무능하거나 방해가 된다면 이 또한 성령 충만이라고 보기 어렵습니다.

하나님께서 성령 충만을 통해 하나님의 영광을 드러내도록 하신 궁극적목적은 그의 나라와 의를 이루는 데 있습니다. 우리가 성령 충만하다면 우리가 얼마나 하나님의 영광을 선명하게 드러내고 있는가를 점검해 보아야 합니다. 그다음에 그 영광이 과연 하나님 나라 경작(삼위일체의 경륜)에 직접적인 유익을 주고 있느냐를 점검해야 합니다. 하나님의 영광이 나타나는 것 같지만, 하나님의 나라 경작(경륜)에 아무 유익을 주지 못한다면, 그것은 단순한 자기 의(義)이거나, 혹은 종교적 유흥에 불과할 수 있습니다. 여러분 모두에게 성경이 가르치는 이 놀라운 성령 충만이 나타나기를 주님의 이름으로 축원합니다.

평강의 하나님이 친히 너희를 온전히 거룩하게 하시고 또 너희의 온 영과 혼과 몸이 우

리 주 예수 그리스도께서 강림하실 때에 흠 없게 보전되기를 원하노라(살전 5:23)

12

성령의 성화 사역

개혁파 신학에서 성령론은 구원론과 동의어로 이해됩니다. 그 이유는 경륜적 삼위일체의 관점으로 성령을 이해하기 때문입니다. 성부는 구원을 계획하시고, 성자는 구원의 근거를 완성하시며, 성령은 구원을 적용하시는 하나님이십니다. 궁극적으로 성령이 아니면 구원이 발생하지 않는다는 말입니다. 그래서 구원론은 곧 성령론이라는 등식으로 바라볼 수밖에 없습니다.

구원론의 관점에서 볼 때, 오늘 우리가 다루고자 하는 주제인 **'성화'**는 이미 받은 구원이 완성을 향해 가는 다른 차원의 **'구원'**이라 할 수 있습니다. 신자는 이미 구원을 받았습니다. 그러나 아직 구원이 완성된 것이 아닙니다. 아직 완성되지 않은 구원은 이 세상을 살아가면서 점진적으로 완성을 향해 진행되어 갑니다. 그리고 종국에 주님의 재림 때, 비로소 구원은 완성됩니다.

우리 자신에게 만일 구원이 완성되어 가는 과정이 선명하게 나타나 보이지 않는다면 우리는 자신의 구원을 확신할 수 없습니다. 아니 확신해서도 안 됩니다. 만일 자신이 성화되는 어떤 확신도 없으면서 구원을 확신한다면 그 사람의 확신은 거짓된 것에 근거하고 있음에 틀림없습니다. 왜냐하면 구원의 확신이란 하나님께서 이미 자신에게 구원을 시작하셨다는 사실에 기반하기 때문입니다. 이렇게 이미 구원이 시작되었다는 사실은 날마다 성화로 나타납니다.

이런 차원에서 본다면 우리는 '구원'을 예수 믿고 천당이라는 장소적 이동으로 보는 것이 별로 성경적인 정의가 아님을 알 수 있습니다. 성경이 가르치는 구원의 핵심은 하나님과 관계 회복이며, 전적으로 타락했던 하나님의 형상 회복입니다. 신자는 구원받음으로 말미암아 단순히 신분만 바뀐 것이 아닙니다. 천당에 가게 된 존재만이 아닙니다. 나병처럼 죄로부터 철저히 오염된 본성이 비로소 성령에 의해 정화되고 하나님의 형상을 회복하는 것입니다. 이제 우리는 구원이 하나님의 형상 회복이라는 관점을 염두에 두고 구원을 주시는 성령의 사역과 관련하여 성화를 살펴보고자 합니다.

—— **평강의 하나님이 친히 너희를 온전히 거룩하게 하시고 또 너희의 온 영과 혼과 몸이 우리 주 예수 그리스도께서 강림하실 때에 흠 없게 보전되기를 원하노라**(살전 5:23)

여기서 우리가 관심 가지고 보아야 할 핵심적인 사항은 성화가 인간과 하나님의 '신인협력神人協力'이 아니라는 점입니다. 상당수의 사람은 성화를 '신인협력'으로 오해합니다. 그러나 오늘 본문은 성화가 하나님의 독자적 사역이라는 점을 명확하게 가르칩니다. 존 머레이John Murray 교수도 "우리는 우리 자신을 성화시킬 수 없다는 사실을 명심하는 것이 필요하다. 성화시키는 분은 하나님이시다."라고 말했고, 더 나아가 "우리는 우리 심령 속에서 성화시키는 성령의 역사를 생각할 때, 우리 자신의 의식이나 인식의 반영으로 보아서는 안 된다."라고 명확하게 지적했습니다.

머레이 교수의 지적처럼 "성화시키는 분은 하나님이시다"라고 한 말속에는 아주 중요한 개념이 녹아져 있습니다. 그것은 성화가 일어나지 않는 것은 우리 기질과 아무 관계없다는 뜻입니다. **성화는 거룩하신 삼위 하나님의 경륜과 주권의 결과입니다.** 우리의 성화가 우리의 의지나 기질과 관계없기 때문에 우리는 성화를 '은혜'라고 합니다. 자기 의를 자랑하지 않습니다. 따라서 바울은 "하나님께서 세상의 천한 것들과 멸시 받는 것들과 없는 것들을 택하사 있는 것들을 폐하려 하시나니 이는 아무 육체도 하나님 앞에서 자랑하지 못하게 하려 하심이라"(고전 1:28-29)라고 합니다. 우리의 성화가 우리의 생래적 기질이나 결단력에 의지하지 않고 오직 은혜로만 이루어지도록 한 데는 "아무 육체도 하나님 앞에서 자랑하지 못하게 하려 하심"에 있습니다. 자신의 도덕성으로 남을 정죄하지 못하도록 하셨습니다.

성화가 은혜라는 주장에 대해 어떤 분들은 동의하지 않습니다. 펠라기우스Pelagius 같은 사람들은 성화가 오직 은혜라는 주장 때문에 도덕적 방종이 발생하고 거룩해지려는 의지를 약화시킨다고 생각합니다. 이들은 성화에 인간적인 노력과 기질도 어느 정도 영향을 준다고 주장합니다. 결단력이나 인내력이 강한 사람은 더 성화가 잘 나타난다고 생각합니다. 그러나 이런 주장은 성화에 대한 개념을 지나치게 도덕적 개념으로만 이해한 것입니다.

성화란 도덕성의 문제가 아닙니다. 물론 성화는 도덕성을 내포합니다. 그러나 어떤 도덕성은 성화가 아니라 도리어 더 큰 악일 수도 있습니다. 바리새인들처럼 사람에게 보이려고 의를 행하는 자들의 도덕성은 자기 눈에 있는 들보는 보지 못하고 타인의 눈에 있는 티를 더 정교하게 보는 잔인한 결과를 낳습니다. 바울의 가르침처럼 '믿음을 따라 하지 않은 것은 다 죄'입니다(롬 14:23). 이러한 바울의 가르침은 "내가 사람의 방언과 천사의 말을 할지라도 사랑이 없으면 소리 나는 구리와 울리는 꽹과리가 되고 내가 예언하는 능력이 있어 모든 비밀과 모든 지식을 알고 또 산을 옮길 만한 모든 믿음이 있을지라도 사랑이 없으면 내가 아무 것도 아니요 내가 내게 있는 모든 것으로 구제하고 또 내 몸을 불사르게 내줄지라도 사랑이 없으면 내게 아무 유익이 없느니라"(고전 13:1-3)라는 말로도 나타납니다.

여기서 우리는 성화에 대한 개념을 다시 명확히 해야 합니다. **성화란 그리스도와 연합하여 아버지의 거룩함에 참여하게 됨을 말합니다.** 이는 도덕 이상의 문제, 다시 말해서 자기를 부인하여 그리스도가 나타나는 것을 의미합니다. 이것을 '그리스도와의 연합'이라고 합니다. 이렇게 그리스도와 연합을 가능하게 하시는 분이 바로 성령이십니다. 성령이 우리로 하여금 마음에 할례를 행하시고 예수를 주로 고백하는 새 사람으로 살아가게 하십니다. 성령이 아니고서는 예수를 주시라 할 수 없습니다(고전 12:3). 성령이 아니면 성화는 불가능합니다.

그러면 성령께서 우리를 어떤 방식으로 성화시키시는지 보겠습니다.

첫째, 조명하심입니다. 성화의 시작은 성령께서 자신이 죄인이라는 사실을 각성하게 하시는 것으로부터 시작됩니다. 이런 현상은 우리가 처음 구원을 받을 때부터 시작됩니다. 우리의 구원은 그냥 아무 감각 없이 중생으로 시작되는 것이 아닙니다. 성령은 우리를 구원하시기 위해 가장 먼저 하나님의 말씀이 효력 있게 들리도록 하십니다. 그다음엔 효력 있게 들린 말씀을 통해 어두운 심령을 조명하셔서 우리가 죄인임을 자각하게 하십니다. 성령은 우리가 죄인임을 확신하게 하십니다.

여기서 조명과 관련하여 반드시 잊지 말아야 할 점은, 성령께서 조명하시는 수단으로 말씀을 사용하신다는 사실입니다. 성령의 조명 없는 심령은 어떤 말씀을 듣더라도 그 마음이 어둠에 가득한 상태입니다. 세상은 빛이 어두움에 비취되 어두움이 깨닫지 못하는 상태에 있습니다(요 1:5). 아더 핑크Arthur Pink의 지적처럼 "성령 하나님께서 심령 속에 은혜의 이적을 행하셔서 죽은 심령을 새로운 생명으로 살리시기 전까지 존재하는 어두움"입니다.[26] 여기서 '어두움'이란 단순한 무지를 지칭하지 않습니다. 아더 핑크는 이 어두움의 성질을 "하나님을 대적하는 힘 있는 원리"라고 지적하면서 다음과 같이 가르칩니다.

> 인간의 심령 속에 있는 '어두움'은 마음을 악으로 향하게 하며, 거룩함에 대한 편견을 갖게 하며, 의지에 차꼬를 채워서 그것을 하나님으로 향하지 못하게 한다.[27]

성령께서 죄인의 마음에 조명하시면 하나님을 대적하는 힘의 원리가 무너지기 시작합니다. 성령이 조명하기 전에는 죄를 죄로 결코 깨닫지 못했던 죄인이, 죄인이라는 사실을 깨닫게 됩니다. 그런데 성령의 조명은 이렇게 깨닫게 되는 것으로 그치지 않습니다. 하나님을 대적하는 힘의 원리가 깨진다는 것이 중요합니다. 성령이 죄인이나 신자의 마음에 강력히 조명되면 이전에도 많이 듣던 말씀이 나의 불경건을 드러내시는 말씀으로 여겨질

---

26) 아더 핑크, 『성령론』, 지상우 역 (서울: 도서출판 엠마오, 1994), 106.
27) 아더 핑크, 『성령론』, 106.

뿐만 아니라, 그 죄의 힘의 원리까지도 서서히 무너집니다. 성령의 이런 강렬한 조명 앞에서 죄인은 자기 의와 고집이 무너집니다.

―――― 내 속 곧 내 육신에 선한 것이 거하지 아니하는 줄을 아노니 원함은 내게 있으나 선을 행하는 것은 없노라(롬 7:18)

성령께서 죄인의 마음을 조명하시면 자기 속에 아무 선함도 없다는 것을 깨닫게 됩니다. 이렇게 자기 의가 철저히 무너지면서 죄인은 비로소 그리스도의 의를 의지하는 법을 배우기 시작합니다. 중요한 사실은 이런 현상이 중생할 때만 단회적으로 나타나는 것이 아니라는 점입니다. 성화는 이런 현상의 반복으로 일어납니다. 칼빈Calvin의 지적처럼 우리의 회심은 단회적이지만, 성화를 위한 회개는 이런 과정의 반복입니다. 마치 회심이 반복해서 일어나는 것처럼 나타납니다. 성령은 말씀을 통해 이런 일을 신자의 마음속에 반복적으로 일어나게 함으로써 성화가 지속적으로 일어나게 합니다.

성화가 이런 식으로 반복하여 일어나는 것을 통해 우리는 자기 신앙이 일시적인 신앙인지, 아니면 진정으로 거듭난 신앙인지도 분별할 수 있게 됩니다. 일시적인 신앙은 히브리서 기자의 말처럼 "한 번 빛을 받고 하늘의 은사를 맛보고 성령에 참여한 바 되고 하나님의 선한 말씀과 내세의 능력을 맛보고도 타락하는 자들"(히 6:4-5)입니다. 이런 사람들은 단회적으로 중생과 같은 은혜를 체험합니다. 하늘의 빛을 받아 크게 회개합니다. 그런데 일시적인 사람들의 특징은 이런 일들이 지속적으로 일어나지 않습니다. 마음이 점점 굳어지고 교만해지며 회개하지 않습니다. 자신이 구원받았다고 하지만 그 근거는 과거 한 시기에 일어난 것일 뿐, 지속적인 비침과 성령에 참여함과 내세의 능력이 나타나지 않습니다. 심하게는 하나님을 대적하는 원리가 다시 나옵니다. 비침을 받기 이전보다 더 상태가 나빠집니다. 베드로가 인용한 "개가 그 토하였던 것에 돌아가고 돼지가 씻었다가 더러운 구덩이에 도로 누웠다 하는 말"(벧후 2:22)처럼 됩니다. 그러므로 우리는 은혜를 받았다는 것만으로 만족할 것이 아니라, 도리어 "선 줄로 생각하는 자는 넘어질까 조심하라"(고전 10:12)라는 말씀에 귀를 기울이며 살아야 합니다.

둘째, 성화는 성령께서 환경을 통해 이루십니다. 성령께서 신자를 성화시키는 것은 매우 복합적입니다. 성령은 신자들을 성화시키기 위해 환경으로 그 심령을 가난하게 하시고, 징계하시기도 하십니다. 히브리서 기자는 "주께서 그 사랑하시는 자를 징계하시고 그가 받아들이시는 아들마다 채찍질하심이라"(히 12:6)라고 가르칩니다. 신자가 성령으로 거듭났다고 해도 우리는 완전하지 않습니다. 성령으로 거듭난 상태는 이제 성화의 시작일 뿐입니다. 성령은 신자를 주변의 모난 사람들이나 환경으로 이끌어 가서서 그의 마음을 가난하게 하십니다. 신자는 환경과 인간관계를 통해 자신이 얼마나 악하고 무능한지, 그리고 이 세상은 기대할 것이 못 된다는 것을 깨닫게 됩니다.

창세기를 보면 요셉은 아무 잘못 없이 형들에 의해 에굽에 팔립니다. 거기서 또 요셉은 애굽의 보디발에게 성실히 종노릇 하다가 억울하게 감옥에 갇힙니다. 감옥에서도 요셉은 술 맡은 관원에 의해 배신당합니다. 이 과정은 전적으로 성령의 주권 아래서 일어난 것입니다. 이 과정을 통해 요셉은 겸손해지고, 이 세상의 어느 누구도 믿음의 대상이 되지 않으며, 오직 하나님만이 믿음의 대상이 될 수 있다는 것을 깨닫게 됩니다. 이런 과정을 통해 신자는 정교하게 깎여서 아름답게 만들어지는 보석처럼 됩니다. 성령은 항상 신자들을 쉬운 길, 편한 길, 안전한 길로만 인도하시지 않습니다. 또한 신자들의 마음을 즐겁거나 활기차게 하시는 것만도 아닙니다. 욥기를 통해서 알 수 있는 것처럼 성령은 신자를 연단하시는 광야의 길로 인도하시기도 하시고, 그 과정을 통해 정금같이 나오도록 하십니다. 성화는 말씀을 많이 안다거나, 기도를 많이 하기만 한다고 되는 것도 아닙니다. 말씀과 기도는 기본이고 그 기초 위에 연단과 훈육의 과정을 통해 성화가 이루어집니다.

—— 그가 아들이시면서도 받으신 고난으로 순종함을 배워서 온전하게 되셨은즉 자기에게 순종하는 모든 자에게 영원한 구원의 근원이 되시고(히 5:8-9)

고난 없이 순종을 배울 수 없습니다. 성령은 신자들에게 고난을 통해 정금같이 나오도록 인도하십니다. 성령은 단순히 우리를 보호만 하시는 것이 아닙니다. 거룩하게 하기 위해 때로는 예수님께 하셨던 것처럼 사탄의 시험으로 우리를 이끌어 가서서 훈련과 연단을 하십니다. 때로 이런 훈련 과정은 인간이 생각하기에 가혹할 정도입니다. 그러나 감사하게도 하나님은 당신의 자녀들이 이 훈련을 반드시 감당하게 하십니다.

—— 사람이 감당할 시험 밖에는 너희가 당한 것이 없나니 오직 하나님은 미쁘사 너희가 감당하지 못할 시험 당함을 허락하지 아니하시고 시험 당할 즈음에 또한 피할 길을 내사 너희로 능히 감당하게 하시느니라(고전 10:13)

이런 연단 과정을 통해 신자는 자신이 얼마나 죄에 깊이 오염되었는지 자각하게 됩니다. 성령은 성령으로 거듭난 후에 자신에게 일어난 거룩한 변화가 너무 놀라워서 자신이 천사처럼 되었다고 착각하게 놔두지 않습니다. 도리어 성령은 다양한 광야의 삶으로 인도하셔서 우리 속에 여전히 교만과 혈기와 인색함과 어리석음과 세상에 대한 미련이 남아 있다는 것을 드러내십니다. 이는 마치 물병에 모래가 침전되어 있는 맑은 물병을 흔들면 물병이 흐리게 되는 것과 같습니다.

여기서 우리는 존 머레이 교수가 지적하는 부분을 귀담아 들어야 할 필요가 있습니다. 존 머레이 교수는 "잔존하는 죄와 왕노릇하는 죄는 전혀 다르다. 중생한 사람은 죄에 대하여 싸우지만 중생하지 않은 사람은 죄에 대해 만족한다."라고 말합니다.[28] 여기서 존 머레이 교수가 말하고자 하는 것은 이것입니다. 성령으로 거듭난 신자와 거듭나지 않은 자연인들의 심령 차이는 하나님께서 죄를 드러내실 때, 비로소 그 실체를 드러낸다는 말입니다. 성령으로 거듭난 신자들은 성령께서 죄를 드러내시면 죄를 죄로 인정하고 죄와 싸웁니다. 그러나 성령이 내주하지 않는 자연인들은 성령께서 드러내시는 죄에 대해 관대하게 반응하며, 그 죄를 합리화하고 성령을 대적합니다.

---

28) 존 머리, 『속죄론』 하문호 역 (서울: 성광문화사, 1994), 193.

그렇습니다. 죄의 심각성을 자각하고, 죄와 싸우는 것은 성령이 그 안에 거하시고 마음을 부드럽게 하실 때만 가능합니다. 이것 또한 성령의 사역 가운데 하나입니다. 성령은 신자들로 하여금 죄와 싸우는 것과 죄인과 싸우는 것을 구분하여 볼 수 있게 합니다. 이 미묘한 차이는 성령이 거하실 때만 가능합니다.

셋째, 성화와 기도의 위치입니다. 바로 전에 우리는 성령께서 신자를 성화시키기 위해 환경을 통해서 죄를 드러내신다고 했습니다. 만일 성령께서 환경을 통해 죄를 드러내시고, 그 죄를 죄로 보도록 만드시는 것으로 그친다면 신자의 마음은 고통 속에 머물고 말 것입니다. 그러나 성령은 여기서 당신의 성화 사역을 끝내지 않습니다. 애석하게도 많은 사람이 이 정도에서 머물러 있는 경향이 있습니다. 어떤 사람들은 설교와 여러 사건을 통해 자신이 얼마나 심각한 죄의 성질을 가지고 있는지 자각하고 죄책감 느끼는 것이 신앙이라고 생각합니다. 혹은 이것을 성화라고 생각합니다. 물론 작은 죄에 대해서도 민감해진다는 것은 매우 중요합니다. 성령은 우리로 하여금 하나님의 시각으로 죄를 죄로 깨닫게 하심으로 성화로 인도하십니다. 그러나 이 죄 문제를 깨닫기만 하고 해결하지 못한다면 성령 없는 사람들보다 더 큰 고통과 죄책감 속에서 살 뿐입니다.

여기서 우리가 오해하지 말아야 할 점이 있습니다. 성령께서 신자들로 하여금 죄의 심각성을 자각하도록 하시는 데는 타당한 이유가 있습니다. 그것은 바로 신자들을 겸손하게 하셔서 기도로 주님만 붙들도록 하는 데 있습니다. 이것이 신자가 죄와 싸워서 승리하도록 이끄시는 성령의 방식입니다. 죄책을 느끼지만 기도하지 않는 사람은 결코 성화의 길로 갈 수 없습니다. 죄책감을 느끼면서 기도하지 않는 사람은 사실 교만한 사람입니다. 왜냐하면 그는 자기 힘으로 이 죄책감을 해결하려 하기 때문입니다. 그러나 기도하지 않고 죄와 싸워 이길 수 없습니다.

교회사를 보면 자신의 죄인 됨과 무능을 자각한 사람들은 예외 없이 하나님 앞에 진지하게 무릎 꿇고 기도하는 자리로 나왔습니다. 아치볼드 알렉산더Archibald Alexander가 주장하는 것처럼 성령께서 율법을 통해 죄인을 정죄하는 궁극적 목적은 그들로 하여금 겸손히 주님의 구원만을 바라보도록 하는 데 있습니다.

성령은 이렇게 자기 죄의 심각성을 깨닫고 기도하도록 하심으로 두 가지 길로 인도하십니다. 그 첫째는 죄 죽임(Mortification)의 삶이고, 두 번째는 새 생명 가운데 사는 삶(Vivification, 蘇生)입니다. 성령께서 이끄시는 이 인도를 받기 위해 필요한 은혜의 방편이 바로 '기도'입니다. 기도 외에는 이런 종류가 나갈 수 없습니다(막 9:29).

──── 예수를 죽은 자 가운데서 살리신 이의 영이 너희 안에 거하시면 그리스도 예수를 죽은 자 가운데서 살리신 이가 너희 안에 거하시는 그의 영으로 말미암아 너희 죽을 몸도 살리시리라 그러므로 형제들아 우리가 빚진 자로되 육신에게 져서 육신대로 살 것이 아니니라 너희가 육신대로 살면 반드시 죽을 것이로되 영으로써 몸의 행실을 죽이면 살리니(롬 8:11-13)

바울이 말하는 죄를 죽이는 주체로서의 영은 성령을 지칭합니다.[29] 여기서 영이 영혼(의지의 좌소)을 지칭하는 것이 아닌 이유는 11절 말씀이 잘 설명해주고 있습니다. 바울은 11절에서 13절에서 몸의 행실을 죽이는 주체로서의 영을 "예수를 죽은 자 가운데서 살리신 이의 영"이라고 말합니다. "예수를 죽은 자 가운데서 살리신 이의 영"이 성령을 지칭하고 있다는 점은 의심할 바가 없습니다. 그러므로 죄를 죽이는 주체는 우리 인간의 영(의지)이 아닙니다. 영성 수련과 많은 공부를 한다고 죄를 죽일 수는 없습니다.

─── **이런 것들은 자의적 숭배와 겸손과 몸을 괴롭게 하는 데는 지혜 있는 모양이나 오직 육체 따르는 것을 금하는 데는 조금도 유익이 없느니라**(골 2:23)

성경은 오직 성령만이 죄를 죽일 수 있으며, 새 생명 가운데 살도록 하실 수 있다고 가르칩니다. 물론 우리는 죄를 죽이기 위해 육신의 정욕과 안목의 정욕에 자극을 주는 것을 '절제하는 태도'를 견지해야 합니다. 적극적으로는 경건에 힘써야 하며, 성령을 소멸하지 말고 예언의 말씀을 멸시하지 말아야 합니다. 그러나 이 모든 것은 항상 성령의 도우심 안에서 일어나야 합니다. 성령께서 우리를 그리스도의 죽음에 연합시키지 않으면 죄 죽임은 일어나지 않습니다. 오웬의 지적처럼 그리스도의 죽음이 없이는 그 어떤 죄의 죽음은 전혀 존재하지 않습니다.[30] 성령의 도우심 없이 하는 이 모든 행위는 위선과 자의적 숭배(자기 신격화)와 죄가 될 뿐입니다. 우리는 범사에

---

29) 존 오웬, 『존 오웬의 죄 죽이기』 서문강 역 (서울: SFC, 2004), 26.
30) 존 오웬, 『존 오웬의 죄 죽이기』 89.

성령의 도우심을 구해야 하며, 그 은혜 안에서 이 모든 일이 실행되어야 합니다. 이렇게 성령의 도우심을 겸손히 구하는 것이 바로 은혜의 방편인 '기도'입니다. 예수님의 말씀처럼 기도 외에 다른 것으로는 이런 종류가 나갈 수 없습니다(막 9:29). 예수님께서 습관을 좇아 기도하셨던 것처럼 우리는 날마다 자기를 부인하는 기도를 해야 합니다. 예수님도 십자가 앞에서 자기를 부인하기 위해 땀방울이 핏방울처럼 떨어지도록 기도하셨습니다. 우리도 예수님의 이 겸손함을 배워 기도해야 합니다.

제가 이렇게 기도를 강조하면 대부분의 사람은 은근히 불편하게 생각합니다. 사람들은 은연중에 종교적 고행이나 영성 훈련, 혹은 많은 교리 공부를 더 선호합니다. 왜냐하면 이 모든 것은 자기 숭배를 강화시키기 때문입니다. 사람들은 놀랍게도 이런 자의적 숭배를 즐거워합니다. 왜냐하면 이런 것들은 사람들로 하여금 성령님의 도움 없이 어떤 도덕적 경지에 올라 영광을 자신에게 돌릴 수 있기 때문입니다. 성경이 가르치는 기도는 자의적 숭배와 반대로 우리의 무능을 인정하는 겸손을 요구합니다. 물론 어떤 사람들에겐 기도 자체가 자기 의가 되기도 합니다. 이런 사람들의 특징은 기도하지만, 죄 죽임과 새로운 삶이라는 성화가 나타나지 않습니다. 아니 기도를 함으로써 더 교만해지는 모습으로 나타납니다. 참된 기도는 겸손해진 사람이 아니면 할 수 없는 것입니다.

우리가 잘 아는 것처럼 12년 동안 혈루병을 앓던 여자가 예수님을 절실하게 만나고자 했던 것은 그냥 이루어진 것이 아닙니다. 그녀는 12년 동안 철저히 겸손해졌기 때문에 가능했습니다. 그녀가 주님께만 소망을 두고 겸손해지기까지 12년이 걸렸습니다. 이 기간 동안 여인은 수많은 실패와 세상의 모든 것에 대한 무가치를 자각해야 했습니다. 그녀에게 12년은 겸손해지기 위한 기간이었습니다. 이 기간이 있었기 때문에 그녀는 절박하게 그리스도만 의지할 수 있었습니다. 참되게 기도할 수 있었습니다. 기도는 이렇게 겸손하게 된 사람들만 할 수 있습니다.

제가 다시 강조하지만 우리의 죄를 죽이고, 우리를 새 생명 가운데 행하게 하시는 주체는 성령이십니다. 우리의 정과 육을 십자가에 못 박는 것은 성령의 역할이지 우리의 의지가 아닙니다. 성화는 신인협력이 아니라 오직 성령의 독단적 사역입니다. 우리는 그 은혜를 찬양할 뿐입니다.

무엇보다 성령이 아니면 이런 놀라운 성화가 이루어질 수 없는 이유는, 성화가 도덕성 문제 이전에 성령께서 우리를 주님과 연합시킨 결과이기 때문입니다. 성화는 성령께서 우리를 그리스도와 연합시키심으로 말미암아 "내게 사는 것이 그리스도"(빌 1:21)가 되는 것입니다. 다시 말해서 그리스도께서 우리를 통해 사시고 우리 옛 사람은 부인된 상태를 의미합니다. 성령은 신자들이 이 상태가 되도록 하기 위해 죄를 자각하게 하시고, 그리스도를 간절히 열망하도록 심령을 가난하게 하시면서 그리스도와 연합시키는 일을 하십니다. 이렇게 그리스도와 연합이 이루어지도록 하시기 위해 성령은 죄를 죽이시고 새 생명 가운데 살도록 하십니다. 이 놀라운 신비적 연합을 통해 신자들은 아버지의 거룩함을 나타낼 수 있게 되는 것입니다.

여러분에게 이 놀라운 성령의 역사가 주님 오시는 그날까지 나타나시기를 주님의 이름으로 축원합니다.

그 안에서 너희도 진리의 말씀 곧 너희의 구원의 복음을 듣고 그 안에서 또한 믿어 약속

의 성령으로 인치심을 받았으니 이는 우리 기업의 보증이 되사 그 얻으신 것을 속량하

시고 그의 영광을 찬송하게 하려 하심이라(엡 1:13-14)

13

성령과 교회

우리가 잘 아는 것처럼 에베소서는 사도 바울의 교회론이라 합니다. 신약이 가르치는 교회가 무엇인지 이해하는 데 에베소서만큼 유익한 성경은 없습니다. 그런데 놀라운 사실은 에베소서에서 사도 바울은 교회론의 핵심을 성령의 역사에 두고 있다는 점입니다.

교회론의 핵심을 성령론에 두고 있다는 사실은 사도행전에서 교회가 세워지는 모습을 통해서 더욱 선명하게 볼 수 있습니다. 에베소서에서 교회론에 대한 사도 바울의 신학적 관점을 제시한다면, 사도행전에서는 바울의 제자인 누가의 기록을 통해 교회가 어떻게 성령을 통해 세워지는지 그 구체적인 역사적 사건을 통해 입증합니다. 바울의 교회론은 이론이 아니라 실제적입니다.

우리는 오늘 성령론의 관점에서 사도 바울이 가르치는 교회란 무엇인가를 살펴보고자 합니다.

먼저 교회론을 이루는 중요한 핵심 골격은 우리가 흔히 생각하는 인간의 조직(직제나 행정)이 아님을 기억해야 합니다. 교회론을 이해하는 가장 중요한 전제는 교회가 성령의 창조물이라는 사실입니다. 이런 사실은 오순절 성령 강림을 통해 신약의 교회가 시작되었다는 점에서 구체화됩니다. 이는 경륜적 삼위일체의 결과이기도 합니다. 성부께서는 교회를 작정하시고, 성부의 작정을 성자께서 그의 십자가 대속과 부활을 통해 교회의 근거를 완성하셨으며, 성령은 이 놀라운 예수 그리스도의 대속과 부활을 모든 이방인에게까지 적용하셔서 교회를 창조하셨습니다. 바울은 교회의 기원을 이런 경륜적 삼위일체로 가르칩니다.

—— 곧 창세 전에 그리스도 안에서 우리를 택하사 우리로 사랑 안에서 그 앞에 거룩하고 흠이 없게 하시려고(엡 1:4)

—— 우리는 그리스도 안에서 그의 은혜의 풍성함을 따라 그의 피로 말미암아 속량 곧 죄 사함을 받았느니라(엡 1:7)

—— 그 안에서 너희도 진리의 말씀 곧 너희의 구원의 복음을 듣고 그 안에서 또한 믿어 약속의 성령으로 인치심을 받았으니(엡 1:13)

먼저 에베소서 1장 4절은 교회 창조의 기초를 성부의 예정에서 찾습니다. 그다음 7절에서는 교회 존재의 근거를 성자 예수 그리스도의 속량에 둡니다. 마지막으로 13절 보면 성령의 인치심은 교회를 실제적으로 이루는 방식입니다. 이렇게 바울은 교회론의 핵심을 눈에 보이는 직분이나 구조에서 찾지 않고 거룩하신 삼위 하나님의 경륜에서 찾습니다.

—— 몸이 하나요 성령도 한 분이시니 이와 같이 너희가 부르심의 한 소망 안에서 부르심을 받았느니라(엡 4:4)

교회의 직분도 사람이 아니라 성령이십니다. 그리고 이 성령께서 교회의 직분자를 세우신 주체이십니다. 이 사실을 4장 11절에서 "그(성령)가 어떤 사람은 사도로, 어떤 사람은 선지자로, 어떤 사람은 복음 전하는 자로, 어떤 사람은 목사와 교사로 삼으셨으니"라고 말합니다. 바울의 이런 가르침은 오늘날 직분자를 사람이 세운다고 생각하는 관점에서는 납득이 되지 않습니다.

그러나 이런 관점은 사도행전에서도 그대로 잘 나타납니다. 사도행전 6장을 보면 사도들이 집사(안수집사)를 세우는 장면이 나옵니다. 여기서 사도들이 세우는 안수집사의 기준은 믿음과 성령이 충만한 사람이었습니다(행 6:5). 사도들은 예수님의 부활 승천 후에 가룟 유다의 자리를 채울 사도를 세울 때도 기도하여 세웁니다(행 1:24). 이는 교회의 직분자를 세우는 주체가 사람이 아니라 성령이심을 잘 보여줍니다. 이렇게 사람이 세워질 때 교회는 교회의 탁월함이 나타납니다.

바울은 이렇게 창조된 교회가 궁극적으로 목표를 삼아야 할 것을 "주 안에서 성전이 되어 가는 것"에 있다고 합니다(엡 2:21). 교회는 더 많은 사람을 천국에 보내는 데 목적이 있는 것이 아닙니다. 직분자들이 정치하는 모임도 아닙니다. 교회의 목적은 주님 앞에 서는 그날까지 거룩한 성전으로 만들어져 가는 데 있습니다. 이러한 본질적인 목적을 망각하고 더 많은 사람을 예배당에 채우고, 사람들끼리 종교적 유흥을 즐기며, 교리논쟁을 일삼으라고 교회가 존재하는 것은 아닙니다. 이 모든 것들이 필요 없다는 것이 아니라, 이 모든 것은 주 안에서 성전으로 지어져 가는 것의 부산물로 여겨져야 한다는 말입니다.

바울은 에베소서 4장에서 교회의 교회 됨을 지속하고 강화시키기 위한 핵심으로 성령이 하나 되게 하신 것을 강조합니다(엡 4:3). 여기서 성령의 하나 되게 하심이란 인간적 친교를 의미하지 않습니다. 4장 1절부터 나온 말씀을 보면 성령께서 죄인을 그리스도와 연합시켜 하나 되게 하신 것을 말합니다. 성령은 죄인들을 구원하셔서 그리스도 안에서 하나가 되게 하셨을 뿐만 아니라, 그 하나 됨을 힘써 지키도록 하십니다. 이렇게 성령의 하나 되게 하심을 통해 교회는 거룩한 성전이 되도록 합니다. 이를 위해 바울은 성령이 모든 겸손과 온유로 하고 오래 참음으로 사랑 가운데서 서로 용납하고 평안의 매는 줄로 하나 되게 하셨다고 합니다(엡 4:2-3).

그렇습니다. 우리가 성령 안에서 그리스도의 몸 된 교회로 하나를 이루었다면, 우리는 성령 안에서 지속적으로 모든 겸손과 온유로 하고 오래 참음으로 사랑 가운데서 서로 용납하고 평안의 매는 줄로 하나를 유지하기 위해 힘써야 합니다. 이렇게 성령의 하나 되게 하신 것을 힘써 지켜야 하는 이유, 혹은 목적은 바로 그리스도의 몸(성전)을 세우려 함에 있습니다. 히브리서 기자는 이 부분을 "모든 사람과 더불어 화평함과 거룩함을 따르라 이것이 없이는 아무도 주를 보지 못하리라"(히 12:14)라고 했습니다. 사탄이 교회가 하나 됨을 지켜내지 못하도록 하는 이유는 "아무도 주를 보지 못하게" 하려는 데 있습니다. 이 말을 뒤집어서 생각한다면 교회가 성령의 하나 되게 하심을 지켜내야 하는 것이야말로 영적 전쟁의 핵심임을 알 수 있습니다. 이것이 에베소서의 일관적인 메시지입니다.

그러면 성령의 하나 되게 하심을 이루기 위해 어떻게 해야 하겠습니까? 이에 대해 바울은 성령의 주권에 대한 인정을 가르칩니다. 그러면 성령의 주권은 어떤 방식으로 인정해야 한다는 것일까요? 바울은 다음과 같이 세 가지로 언급합니다.

첫째, "성령의 한 분 되심"입니다(엡 4:4). 성령의 한 분 되심이란, 성령이 하나 됨의 본질이라는 뜻입니다. 바꾸어서 말하면 성령의 주권을 인정하지 않으면 교회는 분열되고 거짓이 들어오며, 다른 믿음과 다른 세례, 다른 하나님을 추구하게 된다는 뜻입니다. 우리의 하나 됨은 오직 성령의 주권 안에 있음을 인정해야 합니다.

둘째, "성령을 근심하게 하지 말라 그 안에서 너희가 구원의 날까지 인치심을 받았느니라"입니다(엡 4:30). 성령이 교회의 하나 되게 하시는 주체이시므로 우리는 성령을 근심하게 하지 말아야 합니다. 그러면 성령을 근심하게 하지 않는 것은 무엇일까요? 바울은 31-32절 말씀을 통해 구체적으로 가르칩니다.

—— **너희는 모든 악독과 노함과 분냄과 떠드는 것과 비방하는 것을 모든 악의와 함께 버리고 서로 친절하게 하며 불쌍히 여기며 서로 용서하기를 하나님이 그리스도 안에서 너희를 용서하심과 같이 하라**(엡 4:31-32)

셋째, "오직 성령으로 충만함을 받으라"입니다(엡 5:18). 교회의 하나 됨은 성령으로 충만할 때 비로소 가능하게 됩니다. 이것은 인간의 힘과 지식으로 되는 것이 아닙니다. 오직 성령께서 우리를 그리스도와 밀접하게 하실 때 가능합니다. 그러므로 우리는 교회의 하나 됨을 지키기 위해 세속적인 것으로 방탕하지 말아야 합니다. 나아가 교회는 더 적극적으로 "시와 찬송과 신령한 노래들로 서로 화답하며 너희의 마음으로 주께 노래하며 찬송하며 범사에 우리 주 예수 그리스도의 이름으로 항상 아버지 하나님께 감사하며 그리스도를 경외함으로 피차 복종"하는 태도를 견지해야 합니다(엡 5:19-21). 여기서 그리스도를 경외함으로 피차 복종하라는 명령은 부부간의 태도, 부모와 자녀간의 태도, 종과 상전과의 태도로 나타나야 한다는 구체적인 명령입니다. 이렇게 성령의 주권을 인정하는 가운데 교회는 하나 됨을 힘써 지킬 수 있게 됩니다.

사랑하는 성도 여러분, 저는 여기서 교회의 하나 됨을 지나치게 프로그램이나 지식에 의존하는 문제에 대해 말씀드리고 싶습니다. 이것은 인본주의로 하나가 되려는 시도라고 말할 수 있습니다. 이렇게 인본주의로 하나 됨을 추구하는 세상은 급기야 종교통합으로 모든 종교를 하나 되게 하고 있습니다. 이들은 하나 됨이 하나님의 뜻이라고 합니다. 모든 종교와 교파는 화해해야 한다고 주장합니다. 더 이상 옳고 그름을 따지지 말고 사랑으로 포용해야 한다고 합니다. 그 결과 WCC(세계교회협의회)는 기독교로 하여금 불교, 천주교, 이슬람교, 무속신앙 등과 하나로 통합하는 바벨탑에 참여하도록 만들었습니다.

여기서 우리는 인본주의자들이 외치는 하나 됨과 성경이 가르치는 하나 됨을 바르게 분별해야 합니다. 인본주의자들이 외치는 하나 됨이란 결코 성령의 하나 되게 하심과 관계없습니다. 이들은 사람들끼리 하나 됨을 말합니다. 다른 영으로 하나 됨을 유도합니다. 이들에게 진리는 철저히 외면됩니다. 도리어 진리와 하나님의 영광은 매우 거추장스럽게 여겨집니다.

성경이 가르치는 교회의 하나 됨은 오직 성령의 하나 되게 하심에 제한됩니다. 이 말씀은 성령께서 거부하는 것과는 하나를 이룰 수 없다는 뜻입니다. 바울의 가르침처럼 성경이 가르치는 교회의 하나 됨은 "의와 불법이 어찌 함께 하며 빛과 어둠이 어찌 사귀며 그리스도와 벨리알이 어찌 조화되며 믿는 자와 믿지 않는 자가 어찌 상관하며 하나님의 성전과 우상이 어찌 일치가 되리요"(고후 6:14-16)를 전제로 합니다. 성령의 하나 되게 하심은 오직 그리스도를 머리로 한 하나 됨입니다. 이 하나 됨은 사도신경이 가르치는 것처럼 "성도가 서로 교통함을 믿사오며"를 고백하게 합니다. 이렇게 성도가 서로 교통을 이루려면 무엇보다 성령의 거듭나게 하심이 있어야 합니다. 이렇게 성령으로 거듭남으로 한 몸 된 형제는 누가 시키지 않아도 서로 사랑하게 됩니다.

—— 이러므로 하나님의 자녀들과 마귀의 자녀들이 드러나나니 무릇 의를 행하지 아니하는 자나 또는 그 형제를 사랑하지 아니하는 자는 하나님께 속하지 아니하니라(요일 3:10)

교회가 존재하는 궁극적 목적은 거룩한 성전으로 세워져 가는 데 있습니다. 교회가 거룩한 성전으로 세워지도록 하는 주권자는 성령이십니다. 그런데 문제는 교회가 날마다 성전으로 세워져 가는 데 있어서 성령만 역사하는 것이 아닙니다. 성령의 역사 이면에는 사탄의 저항과 공격이 있습니다. 우리는 이 사실을 염두에 두어야 합니다.

—— 우리의 씨름은 혈과 육을 상대하는 것이 아니요 통치자들과 권세들과 이 어둠의 세상 주관자들과 하늘에 있는 악의 영들을 상대함이라 그러므로 하나님의 전신 갑주를 취하라 이는 악한 날에 너희가 능히 대적하고 모든 일을 행한 후에 서기 위함이라(엡 6:12-13)

여기서 바울은 교회가 하는 씨름의 성격이 육적인 것이 아니라, 영적인 것임을 분명하게 명시합니다. 성도가 싸우는 씨름은 "혈과 육을 상대하는 것이 아니요 통치자들과 권세들과 이 어둠의 세상 주관자들과 하늘에 있는 악의 영들을 상대함이라"라고 합니다. 이 부분은 매우 중요합니다. 왜냐하면 예나 지금이나 상당수의 사람은 교회가 성령에 의해 세워진 유기체라거나, 영적인 전쟁을 수행하도록 부름 받은 존재라는 것을 망각하기 때문입니다.

바울은 교회를 '성령의 전'이라는 관점을 가지고 우리의 씨름이 혈과 육을 상대하는 것이 아니라는 점을 강조합니다. 교회를 무너뜨리려는 세력의 실체는 하늘에 있는 악한 영들입니다. 이 악한 영들의 실체는 앞선 강해에서 언급한 것처럼 바벨 공동체를 이루는 영입니다.

성령은 거룩한 성전을 이루는 새 이스라엘 공동체입니다. 이것이 우리가 망각하지 말아야 할 중요한 부분입니다. 교회는 성령께서 세우신 그리스도의 몸이므로, 교회를 허무는 세력들도 악한 영들이라는 것을 알아야 합니다. 그러므로 바울은 교회가 악한 영들의 공격을 대비하기 위해 취해야 할 무장을 육신적인 것으로 가르치지 않습니다. 또 우리가 사용하는 수단을 지칭하지 않습니다. 오직 성령께서 사용하시는 수단으로 무장을 하도록 독려합니다.

그러면 성령께서 사용하시는 무장이란 무엇입니까?

진리의 띠, 의의 호심경, 평안의 복음의 신, 믿음의 방패, 구원의 투구와 성령의 검입니다. 이 가르침을 통해서 교회가 세상적인 것들로 영적 전투를 대비하려는 태도가 얼마나 어리석은 것인지 깨닫게 합니다. 우리는 세상적인 돈과 권세와 전략과 지식으로 영적 전쟁을 수행할 수 있을 것이라고 생각합니다. 또 어떤 사람들은 바울이 가르친 전신갑주를 우리가 사용하는 수단이라고 생각하기도 합니다. 놀랍게도 바울이 당부하고 있는 이 모든 전신갑주는 성령께서 사용하시는 도구들입니다.

우리는 바울의 이 위대한 가르침 속에서 오늘날 기독교를 향해 오는 공격의 본질을 볼 수 있어야 합니다. 오늘날 상당수의 교회는 우리를 향해 오는 수많은 공격의 본질을 육적인 관점으로만 봅니다. 실제로 표면적으로만 본다면 오늘날 교회를 향한 공격은 정치와 경제와 문화와 지적 논리와 세속적인 힘이라고 생각됩니다. 그러나 이 모든 공격의 본질은 영적인 것입니다. 오늘날 교회를 박해하는 것들은 단순히 정치적인 것이 아닙니다. 교육과 경제에 대한 문제도 아닙니다. 본질은 "통치자들과 권세들과 이 어둠의 세상 주관자들과 하늘에 있는 악의 영들"의 공격입니다.

　이렇게 말씀드리면 어떤 분은 너무 신비적으로 가는 경향이 있습니다. 이런 분들은 영적 싸움을 지역 귀신 쫓는 것이나, 가계에 흐르는 저주를 끊어야 하는 식으로 이해합니다. 이런 태도도 영적 전쟁의 본질을 잘못 보는 것입니다. 성경이 가르치는 영적 전쟁이란 하나님의 진리가 다스리는 세상을 만들 것인가, 아니면 거짓이 다스리는 세상을 만들 것인가의 문제, 혹은 성경적 세계관이 지배하는 세상이 될 것인가, 아니면 사악한 세계관이 지배하는 세상이 될 것인가의 문제입니다. 이런 문제와 관련하여 그리스도인들은 정치와 경제와 문화와 교육에 관심을 가지고 세상의 모든 영역에 하나님의 통치를 구현하는 싸움을 해야 합니다. 성경적 세계관으로 세상을 바라보고, 성경적 세계관이 다스리는 세상이 되도록 해야 합니다.

　예를 들어서 헤르만 헤세^{Hermann Hesse}의 『데미안』은 표면적으로만 보면 매우 지적이고 철학적인 소설로 보입니다. 그러나 그의 글은 매우 영적이며 악마적인 세계관이 지배합니다. 하나님을 대적하고 사람들의 생각을 하나님으로부터 멀어지게 하며, 악마적인 삶의 태도를 추구하게 합니다. 정치나 경제의 문제도 마찬가지입니다. 오늘날 자본주의와 공산주의(사회주의), 자유민주주의와 인민민주주의 싸움은 단순한 정치싸움이 아닙니다. 이 싸움의 본질은 하나님의 주권을 인정할 것인가, 아니면 인간의 주권을 인정할 것인가의 세계관 싸움입니다. 바울의 지적처럼 "통치자들과 권세들과 이 어둠의 세상 주관자들과 하늘에 있는 악의 영들을 상대" 하는 싸움입니다.

　바울은 신자가 이 싸움을 수행하기 위해 하나님의 전신갑주로 무장해야 할 것을 가르칩니다. 그리스도의 몸 된 교회는 그의 힘의 능력으로 강건해야 합니다. 그리고 진리의 띠와 의로움의 흉배와 구원의 투구와 복음의 신과 믿음의 방패와 말씀의 검으로 무장해야 합니다.

바울의 권면은 이것으로 끝나지 않습니다. 교회가 거룩한 성전을 이루는 이 거룩한 전쟁에서 무엇보다 잊지 말아야 할 요소를 가르칩니다. 그것은 바로 **'성령이 도우시는 기도'**입니다.

―― 모든 기도와 간구를 하되 항상 성령 안에서 기도하고 이를 위하여 깨어 구하기를 항상 힘쓰며 여러 성도를 위하여 구하라(엡 6:18)

바울 사도가 가르친 하나님의 전신갑주는 우리가 사용하는 갑주가 아닙니다. 성령께서 사용하시는 갑주입니다. 이 갑주는 성령으로 충만하지 않으면 아무 효과를 거둘 수 없습니다. 오늘날 교회들이 망각하지 말아야 할 점이 있습니다. 그것은 영적 싸움이 우리가 싸우는 전쟁이 아니라, 우리를 통해 하나님께서 악한 마귀를 심판하시는 전쟁이라는 사실입니다. 우리가 잘 알고 있는 것처럼 악한 마귀는 예수 그리스도의 십자가 사건을 통해 이미 패배한 존재입니다. 우리가 소위 영적 전투라 할 때, 이 전쟁은 마귀와 하나님이 승리를 겨루는 대등한 싸움이 아닙니다. 영적 전쟁을 이렇게 선과 악의 대등한 싸움이라고 인식했던 이단이 바로 '마니교'입니다. 마니교의 관점에서 볼 때 선과 악은 대등합니다. 그래서 누가 이길지 아무도 확신할 수 없습니다. 그러나 성경이 가르치는 영적 전쟁은 일방적으로 하나님께서 심판하시기 위해 교회를 사용하시는 전쟁입니다.

상당수의 성도는 영적 전쟁을 은연중에 마니교의 교리처럼 생각하고 있습니다. 영적 전쟁은 하나님의 심판 행위라는 인식이 빈약합니다. 거룩한 전쟁을 수행하는 데 있어서 하나님이 매우 힘겹게 이길 것이라 생각합니다. 또는 이 전쟁을 우리의 힘으로 싸워서 쟁취하는 전쟁이라고 착각합니다. 이런 착각은 오늘 본문에 나온 하나님의 전신갑주를 우리가 사용하는 수단이라고 생각하는 오류로 나타납니다.

존 프레스톤John Preston은 하나님의 전신갑주와 관련하여 성령과 기도의 역할을 다음과 같이 가르쳤습니다.

> 기도가 다른 모든 무기들이 제 기능을 수행하도록 분발시키는 역할을 하
> 는 것입니다. 무기가 있어도 사용하지 않는다면 무슨 소용이 있겠습니까?
> 기도가 바로 다른 무기들을 쓸 수 있게 하는 역할을 하는 것입니다.[31]

그렇습니다. 우리가 기도로 성령을 의지하지 않는다면 교회는 결코 성전의 기능을 수행하지 못할 뿐 아니라, 거룩한 전쟁을 수행하는 데 아무 도움이 되지 못합니다.

이제 말씀을 정리하겠습니다. 우리는 오늘 에베소서 전체를 한 시간에 살펴보았습니다. 이 시간 우리가 결코 잊지 말아야 할 점은 교회가 성령에 의해 창조되었고, 성령에 의해 그 존재가 유지되며, 성령에 의해 교회의 정체성이 선명하게 드러난다는 것입니다. 이것이 바울이 바라보는 교회론의 핵

---

31) 존 프레스톤, 나다니엘 빈센트, 사무엘 리 공저, 『기도의 영성』 이광식 역 (서울: 지평서원, 2010), 37.

심입니다. 그러므로 우리는 범사에 성령을 의지해야 합니다. 우리는 성령의 하나 되게 하심을 힘써 지켜야 합니다. 성령으로 충만하도록 해야 합니다. 무엇보다 사탄의 전쟁에서 승리하기 위해 기도로 무장해야 합니다. 이렇게 우리가 성령의 주권을 인정하면 교회는 비로소 그 정체성에 부합하는 거룩한 성전으로 지어지며, 하나님의 영광을 선명하게 드러낼 것입니다.

—— 교회가 거룩한 성전을 이루는 이 거룩한 전쟁에서

무엇보다 잊지 말아야 할 요소는

'성령이 도우시는 기도'입니다.

모든 기도와 간구를 하되 항상 성령 안에서 기도하고 이를 위하여 깨어 구하기를 항상

힘쓰며 여러 성도를 위하여 구하라(엡 6:18)

14

성령과 기도 사역

이제 우리는 성령론과 관련하여 신자의 경건에 가장 중요한 은혜의 방편인 '기도'에 대해 살펴보고자 합니다. 오늘날 기독교는 성령 충만과 관련하여 두 가지 극단으로 치우치는 경향을 보입니다. 한쪽은 교리를 무시하고 오로지 기도만 추구한다면, 다른 한쪽은 기도의 중요성을 가볍게 취급하고 오로지 교리만을 성령 충만의 방식으로 이해합니다.

결론부터 말씀드린다면 이 두 가지 태도는 모두 성경의 가르침에 위배됩니다. 양극단 모두 성령 충만을 위한 중요한 요소들이 결핍되어 있습니다. 이 두 요소는 동전의 앞뒤와 같습니다. 놀랍게도 사탄은 예나 지금이나 이 두 가지 요소가 하나로 결합하는 것을 막기 위해 모든 노력을 기울여왔습니다. 사탄은 교회가 이 두 요소를 하나로 받아들이게 될 때마다 치명상을 입었습니다. 이것은 교회사가 입증하는 바입니다. 그러므로 우리는 사탄의 속임수에 넘어가지 말아야 하며, 어느 한 요소도 결코 등한시 여기지 말아야 합니다.

이와 관련하여 저는 아브라함 카이퍼^{Abraham Kuyper}가 주장하는 이 두 요소의 중요성을 소개하는 것으로 이번 설교를 시작하고자 합니다.

변종길 교수는 카이퍼의 『칼빈주의 강연』을 인용하면서 카이퍼가 성령 충만을 위해 기도와 말씀의 위치가 어떤 것인지를 아주 잘 설명해 주었습니다. 변종길 교수는 카이퍼의 "칼빈주의도 주의 영이 없으면 완전히 무력하다."는 말을 인용하면서 아무리 훌륭한 신학체계이고 완벽한 교리와 신학으로 짜여있는 칼빈주의라 할지라도 하나님께서 그의 성령을 보내 주시지 않는다면 아무런 변화도 오지 않는다고 말했습니다.[32] 이를 설명하기 위해 카이퍼는 옛날의 '에올루스 하프'를 예를 들었습니다. 하프는 바람이 불면 저절로 아름다운 소리를 냅니다. 그러나 바람이 불지 않으면 아무 소리도 나지 않습니다. 카이퍼는 이런 '에올루스 하프'를 예로 들면서 신자에게 성령 충만을 위해 두 가지 사명이 있다고 가르칩니다. 첫째는 성령의 바람이 불도록 하나님께 기도하는 것이고, 둘째는 성령의 바람이 불 때 우리의 하프가 잘 조율되어서 거룩한 시온의 창가에 놓여 있도록 준비하는 것이라고 합니다. 변종길 교수는 다음과 같이 독자들에게 질문을 던집니다.

> 그러나 과연 화란개혁교회가 이 두 가지 사명을 잘 실천했는가 하는 점에 대해서는 의문이 있다. 두 번째 사명인 하프를 준비하는 것은 잘했다고 생각된다. 성경 말씀을 부지런히 읽고 가르치고 지키려고 애썼다. 날마다 식탁에서 성경을 읽고 가르쳤으며, 교회에서는 말씀과 교리를 가르치고, 학교에서는 기독교 교육을 실시하였다. 그러나 첫 번째 사명인 기도는 과연 얼마나 했는가? 성령의 바람이 불도록 얼마나 기도했는가? 여기에 대해서는 회의적이다. 기도에 대해 말은 하지만 막상 기도생활에 대해서는 잘 모른다. "철야기도는 왜 하느냐?" 하면서 의아스러운 눈으로 쳐다본다. 새벽기도회는 아예 전통이 없다. 그러다 보니 에올루스 하프는 준비돼 있는데 바람이 불지 않아서 소리가 나지 않는다. 바람이 불더라도 약하게 불어서 소리가 잘 들리지 않는다. 그러다 보니 좋은 신학과 전통을 가지고 있으면서도 세속화의 물결 앞에서는 속수무책이었다.[33]

---

32) 변종길, "칼빈주의와 성령", 《기독교보, 2015년 6월 5일).
33) 변종길, "칼빈주의와 성령".

변종길 교수의 이런 주장에 반감을 가질 사람들도 있을 것입니다. 또는 변종길 교수의 주장을 비난하거나 인정하지 않을지도 모릅니다. 그러나 개혁파 교회가 기도에 게을렀고 안일했다는 점은 겸손히 인정해야 합니다. 자꾸 합리화하려 하지 말아야 합니다. 그리고 회개해야 합니다. 성경의 가르침 앞에 자기 정당화나 변명하지 않고 날마다 자신을 개혁하는 태도를 취해야 합니다. 오늘날 기도를 등한시했던 화란을 보면서 교훈을 삼아야 합니다.

본래 화란은 아브라함 카이퍼와 헤르만 바빙크^{Herman Bavinck} 같은 위대한 신학자를 배출한 칼빈주의 본산지였습니다. 그러나 기도하지 않는 개혁파가 보편화되면서 네덜란드의 50%가 무교인이 되었습니다. 성매매가 합법화되었고, 마약을 커피숍에서 파는 마약의 나라가 되고 말았습니다. 동성애를 비롯한 음란한 문화는 말로 다 표현할 수 없는 상태가 되고 말았습니다. 얼마 전(2020년 10월 9일) 예장 고신은 이렇게 변질된 화란개혁교회와 관계 단절을 고려해야 한다는 의견까지 나온 실정입니다. 우리도 회개하지 않으면 어떻게 될지 확신할 수 없습니다. 그들의 문제는 기도를 등한시하는 개혁파였다는 것이 문제였습니다.

제가 여기서 분명하게 강조하고 싶은 것은 이것입니다. 우리가 기도와 말씀 가운데 어느 한쪽도 가볍게 취급한다면 성령충만이라는 하프의 아름다운 연주를 듣지 못할 것이라는 사실입니다. 둘은 결코 떼려야 뗄 수 없는 관계입니다. 성령은 이렇게 기도와 말씀이라는 두 개의 은혜 방편을 사용하여 신자들을 성령충만으로 이끌어 가십니다.

이 시점에서 저는 예전에도 언급했던 하이델베르크 요리문답의 116문답을 다시 소개하고자 합니다.

> 하이델베르크 요리문답
> 제 116 문: 왜 그리스도인들은 기도해야 합니까?
> 답: 기도는 하나님께서 우리에게 요구하시는 감사의 가장 중요한 부분이
> 며, 또한 하나님께서는 그의 은혜와 성령을 오직 탄식하는 마음으로 쉬지
> 않고 구하고 그것에 대해 감사하는 사람에게만 주시기 때문입니다.

여기서 우리는 하이델베르크 요리문답이 기도를 단순한 종교적 의무라고 가르치지 않고 있다는 점에 집중해야 합니다. 요리문답은 기도를 **"감사의 가장 중요한 부분"**이라 합니다. 기도가 감사의 가장 중요한 부분이라는 사실은 존 오웬John Owen의 가르침에서도 쉽게 발견할 수 있습니다.

> 기도는 우리가 하나님께로부터 받은, 그리고 아무리 노력해도 다 갚을 수
> 없는 모든 은혜에 대한 감사를 표현하고, 그분께 영광을 돌리는 방법입니
> 다.……또한 우리는 기도하라고 명령할 필요나 강요할 필요가 없습니다.
> 왜냐하면 어느 누구도 그것을 거부할 수 없기 때문입니다.[34]

여기서 우리는 잠시 하이델베르크 요리문답에서 감사가 크게 두 가지로 언급된다는 점을 먼저 염두에 두어야 합니다. 감사의 두 가지는 첫째, "십계

---

34) 존 오웬, 『성령이 도우시는 기도』 박홍규 역 (서울: 지평서원, 2005), 41.

명"이고 둘째, "기도"입니다. 우리는 이와 관련하여 하이델베르크 요리문답 87문을 연결하여 이해해야 합니다. 요리문답 87문은 '감사치도 않고 회개하지 않는 삶을 계속 살면서 하나님께로 돌이키지 않는 사람들'은 "결코 구원받을 수 없다"라고 명시합니다. 여기서 요리문답은 마치 감사 행위가 없다면 구원받을 수 없는 것처럼 가르칩니다. 자칫 행위구원을 가르치고 있는 것처럼 보인다는 말입니다. 그러나 요리문답이 의미하는 바는 그것이 아닙니다. 단지 진정으로 구원받은 사람이라면 결코 감사의 고백으로서 십계명 준수와 기도가 나오지 않을 수 없다는 뜻입니다. 다시 말해서 감사의 고백으로서 십계명 준수와 기도의 삶은 참된 신앙의 진위를 점검하는 중요한 시금석이 된다는 뜻입니다.

여러분은 아마 신자에게 율법준수(성화)가 구원을 점검하는 중요한 시금석이라는 사실을 많이 들어서 쉽게 동의하시리라 생각합니다. 그런데 하이델베르크 요리문답은 신자의 구원을 확신하는 요소로서 십계명만 언급하지 않고, 여기에 기도를 포함합니다. 이 주장에 대한 정당성은 존 오웬의 주장에서도 쉽게 발견할 수 있습니다. 오웬은 "기도는 바로 그들이 고백하는 신의 존재(Divine Being)를 자연스럽고 필연적이며 근본적으로 인정하는 행위이다."라고 했고,[35] 또 "기도는 (그리스도인이든 이방인이든) 인간이 하나님과 대화하는 가장 자연스럽고 탁월한 방법이요, 수단이다. 이러한 대화가 없으면 우리는 멸망하는 짐승보다 낫지 못하며, 헤어 나올 수 없는 영원한 비참함에 빠지게 된다."라고 말했습니다.[36] 더 나아가 "어떤 그리스도인에게 믿

---

35) 존 오웬, 『성령이 도우시는 기도』 41.
36) 존 오웬, 『성령이 도우시는 기도』 41.

음이 있느냐 없느냐 하는 것을 알 수 있는 것은 그 사람이 기도를 하느냐 안 하느냐 하는 것을 볼 때 알 수 있다."라고 했습니다.[37] 실제로 우리가 구원받은 성도에게 말씀은 영혼의 양식과 같고, 기도는 영혼의 호흡과 같다는 가르침과도 정확히 일치합니다. 우리가 구원받았다면 당연히 양식과 호흡은 필수적일 수밖에 없습니다. 이 둘 가운데 하나라도 욕구를 느끼지 못한다면 아직 생명이 들어간 사람이라 할 수 없습니다.

애석하게도 오늘날 한국교회는 서론에서 언급한 것처럼 이 두 가지 신앙 요소에 대해 극단적 편향성을 보이고 있습니다. 한 편은 기도는 있으나 주의 계명을 등한시합니다. 다른 한쪽은 계명은 지킨다 하지만 기도를 등한시합니다. 분명한 사실은 이 둘 가운데 어느 한쪽도 소홀히 한다면 결코 '감사'로 볼 수 없다는 점입니다. 말씀이 결여된 기도는 우상을 향한 감사가 될 수 있으며, 기도가 결여된 말씀 추구는 이성이라는 우상을 향한 감사일 수밖에 없습니다. 서론에서 카이퍼의 주장을 잠시 언급한 것처럼 이 둘은 감사를 이루는 동전의 양면과 같습니다.

오늘 우리가 살펴본 에베소서 말씀은 하이델베르크 요리문답의 이런 가르침을 아주 잘 보여줍니다. 에베소서 6장 18절 말씀을 보겠습니다.

—— **모든 기도와 간구를 하되 항상 성령 안에서 기도하고 이를 위하여 깨어 구하기를 항상 힘쓰며 여러 성도를 위하여 구하라**(엡 6:18)

---

37) 존 오웬, 『개혁주의 성령론』 이근수 역 (서울: 여수룬, 2000), 493.

지난 강해에서도 언급한 것처럼 오늘 본문은 에베소서 전체 문맥에서 볼 때, 하이델베르크 요리문답의 가르침과 정확히 일치합니다. 사도 바울은 에베소서를 기록하면서 교회가 교회되기 위해 반드시 성령의 하나 되게 하심에 의존된다고 했습니다. 이렇게 성령의 하나 되게 하심을 강조하면서 바울은 5장 20절에서 "범사에 우리 주 예수 그리스도의 이름으로 항상 아버지 하나님께 감사하며"를 언급한 후에 율법의 이중계명(엡 5:21-6:9)을 언급합니다. 그리고 그다음엔 '기도'를 강조합니다. 하이델베르크 요리문답의 관점에서 볼 때, 오늘 본문은 "항상 아버지 하나님께 감사"하는 자에게 나타나야 하는 두 번째 요소(기도)를 다룬다고 볼 수 있습니다.

하이델베르크 요리문답 116문의 가르침처럼 기도야말로 '감사의 가장 중요한 부분이며, 또한 하나님의 은혜와 성령을 받는 유일한 길' 임을 염두에 두어야 합니다. 이와 더불어 우리는 요리문답 116문에서 은혜와 성령이 "오직 탄식하는 마음으로 쉬지 않고 구하고 그것에 대해 감사하는 사람에게만" 주어진다고 가르친다는 점을 반드시 기억해야 합니다.

이렇게 본다면 오늘날 기독교인들 가운데 점차 기도가 무시되는 이유가 어디에 있는지 쉽게 알 수 있습니다. **그것은 '감사'를 모르기 때문입니다.** 감사를 모른다는 것은 알고 있었는데 잊었다는 말이 아닙니다. 구원의 은총을 경험한 사람이 아닐 수 있다는 뜻입니다. 기도는 지식이 부족하고 무식한 신자들만 선택하는 경건 행위가 아닙니다. 성령께서 겸손하게 하셔서 오직 그리스도께만 소망 있음을 자각하게 된 사람들만 할 수 있는 고백입니다. 우리가 기도하지 않는 가장 대표적인 이유는 자신에 대한 신뢰(하나님처럼 됨)가 너무 크기 때문입니다. 이것이 바로 하나님께서 미워하시는 교만의 실체입니다.

우리는 기도의 시작이 성령의 낮추심에서 시작된다는 점을 염두에 두어야 합니다. 기도는 철저히 겸손해진 심령에서 시작합니다. 인간의 전적 타락과 무능에 대한 자각이 죄인들로 하여금 비로소 진지하게 기도하도록 만듭니다. 성령은 우리가 얼마나 심각한 죄인이며 무능한지 자각함으로 간절히 기도하도록 만듭니다. 부흥기 때에 죄인들이 각성하게 되면 가장 먼저 나오는 행동은 겸손히 무릎을 꿇고 기도하게 되는 것이었습니다.

여기서 우리가 한 가지 주의해야 할 오류를 짚고 넘어가야 합니다. 그것은 거듭나기 전에는 어떤 사람도 기도할 수 없다는 주장과 또 다른 한편으로는 기도를 시작했으니 그는 구원받은 사람일 것이라는 주장입니다. 이 두 가지 오류는 성경에 대한 오해에서 나온 것입니다. 기도를 피상적으로만 알고 있는 신학자들은 전적으로 타락한 인간은 거듭나기 전에는 결코 기도할 수 없다고 주장합니다. 반대로 오늘 교리문답을 잘못 이해한 사람은 기도 생활을 하게 되었으므로 그는 구원받은 사람이 틀림없다고 생각합니다.

우리가 분명하게 알아야 할 점은 거듭나기 이전에 있는 자연인도 분명히 기도할 수 있다는 사실입니다. 왜냐하면 성경은 "누구든지 주의 이름을 부르는 자는 구원을 받으리라"(행 2:21)라고 가르치셨기 때문입니다. 여기서 "누구든지"는 신자만을 제한하는 표현이 아닙니다. 진정으로 주님의 구원만을 바라보며 주님을 붙드는 사람을 지칭합니다. 존 번연John Bunyan의 『천로역정』도 이런 성경의 가르침을 명확하게 가르친 것입니다.

그럼에도 불구하고 아직 거듭나지 않은 자연인들의 기도는 거듭난 성도들의 기도와 분명한 차이가 있습니다.

첫째, 동기에서 차이가 나옵니다. 자연인들의 기도는 구속의 은총에 대한 감사에 의해 나오는 것이 아닙니다. 그들은 단지 하나님의 심판에 대한 두려움과 절망 때문에 간절히 기도할 뿐입니다. 하나님께 대한 사랑의 영 때문이 아니라, 진노에 대한 두려움의 영 때문입니다. 이에 대하여 존 프레스톤 John Preston 은 아주 잘 정리해 주고 있습니다.

> 거듭나지 못한 자연인도 믿음과 은혜와 회개를 위해 열심히 기도할 수 있다. 그러나 그것은 그가 그 속에서 아름다움을 보기 때문이 아니다. 그 속에서 좋은 맛을 보거나 향기를 맡아서가 아니라, 단지 그것을 천국으로 이끌어 주는 사다리로 여겨 구하는 것이다. 이런 것이 없이는 구원받을 수 없음을 의식하게 되었기에 자연인이 그것을 바라며 열렬히 바라기까지 하는 것이다.[38]

자연인들은 결코 하나님의 은혜에 대한 감사와 사랑으로 인해 자발적으로 기도할 수 없습니다. 그들은 다급해야 기도합니다. 하나님의 진노에 대한 감각이 있을 때만 기도합니다. 발 등에 불이 떨어져야 다급하고 진지하게 기도합니다. 복음서에서도 한 사람이 구원을 받기 위해 그리스도를 붙잡은 것은 질병의 공포나 인간의 힘으로 도저히 해결할 수 없는 절박감에

---

38) 존 프레스톤, 나다니엘 빈센트, 사무엘 리, 『기도의 영성』 이광식 역 (서울: 지평서원, 2010), 21.

빠졌을 때였습니다. 그들이 이렇게 절박하게 주님을 붙잡았을 때, 비로소 "네 믿음이 너를 구원하였느니라"(마 9:22)라는 선언이나, "오늘 구원이 이 집에 이르렀으니 이 사람도 아브라함의 자손임이로다"(눅 19:9)라는 선언이 나왔습니다.

둘째, 자연인들의 기도와 거듭난 신자의 기도 차이는 지속성에서 나옵니다. 자연인들은 문제가 있을 때만 기도합니다. 그들은 자신에게 다가오는 절박한 문제가 사라지면 다시 기도의 힘을 의지지 하기보다는 육신의 지혜와 능력을 더 의지합니다. 이런 일이 반복되면서 이들은 기도는 하지만 점차 형식적이고 위선적인 기도로 굳어 갑니다. 왜냐하면 자연인들의 기도는 하나님 앞에 겸손해졌기 때문에 자발적으로 나오는 것이 아니기 때문입니다. 이들의 기도는 항상 의무와 공포와 괴로움이라는 절박함이 그 에너지로 작용합니다. 따라서 의무감을 강요하는 환경이 아니면 이들은 기도를 등한시하거나, 아니면 경건의 모양만 갖추어 경건의 능력이 결핍된 기도를 유지할 뿐입니다.

그러나 거듭난 그리스도인들의 기도는 지속적입니다. 이들에겐 구속의 은총에 대한 감사가 기도의 원동력을 이루기 때문입니다. 더군다나 이들은 마음의 할례를 받아 마음이 겸손해진 사람들입니다. 주님의 힘이 아니면 살 수 없다는 절박감으로 인해 항상 심령이 가난한 상태이며, 하나님과 이웃에 대한 사랑 때문에 기도를 쉴 수 없습니다. 성령은 신자가 평생 기도를 쉴 수 없도록 끊임없이 독려하십니다.

오웬은 이 부분을 좀 더 명확하게 다음과 같이 가르쳤습니다.

성령은 우리 안에 이런 의무(기도의 의무)에 대해 반응하도록 은혜로운 경향이나 성질을 불러일으킨다는 면에서 간구의 영이다. [39]

자연인들에겐 이런 은혜로운 경향이나 성질이 없기 때문에 그들은 기도를 지속하지 못하거나, 지속한다고 해도 경건의 능력이 나타나지 않는 위선적인 기도에 만족하며 평생을 살아가게 됩니다.

그러므로 성령께서 자연인의 마음을 겸손하게 하지 않으시면 결코 기도하지 않습니다. 성령께서 자연인의 마음을 겸손케 하셨다고 하더라도 그 마음이 지속적으로 겸손하게 되었는지, 아니면 일시적으로 겸손하게 되었는지도 중요합니다. 이 부분을 판별하는 시금석이 바로 기도입니다. 존 오웬도 이런 사실을 "부패한 심령은 기도하기 싫어하고 기도에 대해 반감을 가지고 있다."라는 말로 지적했습니다. [40]

이제 저는 마지막으로 기도가 오직 거듭난 신자의 특권이라는 점을 강조하며 말씀을 정리하고자 합니다. 거듭난 신자가 지속적으로 감사의 고백으로 기도할 수 있는 중요한 근거는 **"양자의 영"** 때문입니다. 오웬의 가르침처럼 성령은 '은혜의 영이시며 간구해 주시는 영'이시며 우리를 양자로 삼아 하나님을 아바 아버지라고 부르게 하시는 '양자의 영'이십니다. [41] 신자에게 있어서 기도는 단순히 구원을 위해 두려운 신에게 매달리는 행위가 아니라,

---

39) 존 오웬, 『성령이 도우시는 기도』 55.
39) 존 오웬, 『성령이 도우시는 기도』 55.
40) 존 오웬, 『개혁주의 성령론』 504.
41) 존 오웬, 『개혁주의 성령론』 501.

사랑하는 아버지와 교제하는 수단이 됩니다. 양자의 영을 받은 신자들은 자기의 뜻이 아닌 아버지의 뜻대로 구할 수 있게 됩니다.

오웬은 이렇게 말했습니다.

> 성령님은 우리를 '하나님의 마음에 맞도록' 기도하게 하신다.……하나님의 성령께서는 기도할 문제를 성도들에게 가르쳐 주실 뿐 아니라, 그들이 구하는 목적도 가르쳐 주신다.[42]

이런 사실을 바울은 로마서 8장 23절에서 "그뿐 아니라 또한 우리 곧 성령의 처음 익은 열매를 받은 우리까지도 속으로 탄식하여 양자 될 것 곧 우리 몸의 속량을 기다리느니라"라고 했습니다. 이것을 바울은 오늘 본문에서 "항상 성령 안에서 기도" 하라는 명령으로 가르쳤습니다. 이렇게 성령 안에서 기도할 때, 신자는 비로소 자연인들의 기도와 구별됩니다. 또 바리새인들처럼 경건의 모양만 있을 뿐 경건의 능력이 없는 무능한 기도와도 구별됩니다.

이 시점에서 우리는 기도가 신자의 순종과 헌신의 원동력이 된다는 점을 기억해야 합니다. 상당수의 사람이 여기서 혼란을 겪곤 합니다. 대부분의 사람은 특정한 문제를 두고 "기도합시다"라고 하면, 행동하지 말자는 것으로 오해합니다. 그리고 항상 따라 나오는 말이 있습니다. "기도는 하지만, 우리가 해야 할 일은 해야 하지 않습니까"라는 말입니다. 여기서 이 말을 하는 사람들은 기도와 행위를 구별하고 있습니다. 이런 사람들은 기도가 모

---

42) 존 오웬, 『개혁주의 성령론』, 497.

든 신자의 순종과 헌신의 원천이라는 사실을 이해하지 못하고 있습니다. 저는 이렇게 말하는 분들이 과연 기도의 능력을 경험해 보았는지 의문을 품게 됩니다.

구약과 신약을 보면 하나님의 백성들은 기도 후에 행할 바를 알게 되고, 기도 후에 행할 수 있는 능력을 공급받았습니다. 특히 사도행전에서도 교회가 박해 가운데 있었을 때 두려워 떨었지만, 기도한 후에 성령의 강력한 부어주심을 경험하자마자 담대히 하나님의 말씀을 증거할 수 있게 되었습니다. 이렇듯 성경에서 기도는 신자의 헌신과 행동의 책임을 회피하는 도구가 아니라, 도리어 헌신의 원천이었습니다. 주님의 뜻을 정확하게 인지하고 사람의 힘이 아닌, 하나님의 힘으로 일을 감당하는 방편이었습니다.

오웬은 "우리의 모든 순종이 기도에서 시작되고, 현재와 미래의 모든 축복이 기도 하느냐 안 하느냐에 달려있다."라고 지적했습니다.[43] 이렇게 함으로써 신자는 성령의 사람이 되고, 성령의 사람으로서 행할 때 비로소 그리스도의 영광이 나타나게 됩니다. 오웬은 "믿음의 모든 역사는 기도하는 것이라고 해도 과언이 아닐 것이다."라고 했습니다.[44]

이제 말씀을 정리하겠습니다. 사랑하는 성도 여러분, 저는 오늘 성령께서 신자에게 어떻게 기도하게 하시는지 강론했습니다. 이 강론 가운데 우리가 결코 잊지 말아야 할 전제가 있습니다. 그것은 기도가 목표로 하는 바는 거룩하신 성삼위 하나님의 경륜에 우리를 사용하시는 방편이라는 점입니다.

---

43) 존 오웬, 『개혁주의 성령론』, 504.
44) 존 오웬, 『개혁주의 성령론』, 503.

예수님은 제자들에게 그의 나라와 의를 구하는 기도를 가르치셨습니다. 이 말씀은 기도가 신자들의 욕심을 채우는 도구가 아니라, 아버지의 뜻을 이 땅에 이루는 수단이라고 가르치는 것입니다. 오웬의 지적처럼 **"믿음의 모든 역사는 기도하는 것"**입니다. 기도 없이 하는 것은 성령의 주권을 무시하는 것이며, 아버지의 뜻보다는 내 뜻을 이 땅에 이루려는 타락한 아담의 전철을 밟는 것입니다.

오늘날 대한민국 교회는 점점 기도가 약해져 가고 있습니다. 약해져 갈 뿐 아니라 이방인들처럼 자기의 유익을 구하는 기도로 가득해져 갑니다. 그 결과 대한민국 교회는 점점 영광을 상실해 가고 있는 실정입니다.

선지자 아모스는 여호와 하나님께서 "자기의 비밀을 그 종 선지자들에게 보이지 아니하시고는 결코 행하심이 없으시리라"(암 3:7)라고 분명히 예언했습니다. 이 말씀은 하나님께서 당신의 위대하신 일을 이루시기 전에 그의 백성들에게 먼저 기도하게 하시고 작정하신 일을 이루신다는 뜻입니다. 삼위일체 하나님의 경륜적 사역에서 성령은 신자들에게 기도하게 하시고, 하나님은 당신의 경륜을 이루신다는 말입니다.

이런 놀라운 사실은 요한계시록에서도 잘 나타납니다. 하나님은 성령으로 신자들이 기도하게 하시고, 그 기도가 하나님의 보좌 앞으로 올라가게 한다고 합니다(계 8:4). 그리고 이렇게 올려진 기도는 이 땅에 하나님의 진노와 함께 역사를 진행시키는 수단으로 작용합니다(5-6절). 이필찬 교수도 요한계시록의 일곱 심판 구조를 설명하며 "하나님의 구속 역사에서 고난받는 성도들의 기도는 하나님께서 구속 사역을 이루어 가시는 데 중요한 동인이 되고 있다."라고 꼬집었습니다.[45] 이처럼 성령 안에서 하는 기도는 하나님 나라 건설에 절대적인 위치에 있는 것입니다.

---

45) 이필찬, 『요한계시록을 어떻게 읽을 것인가』 (서울: 성서유니온, 2000), 115.

———— 말씀이 결여된 기도는 우상을 향한 감사가 될 수 있으며
기도가 결여된 말씀 추구는 이성이라는 우상을 향한 감사일 수밖에 없습니다.

여호와께서 권능으로 내게 임재하시고 그의 영으로 나를 데리고 가서 골짜기 가운데 두셨는데 거기 뼈가 가득하더라 나를 그 뼈 사방으로 지나가게 하시기로 본즉 그 골짜기 지면에 뼈가 심히 많고 아주 말랐더라 그가 내게 이르시되 인자야 이 뼈들이 능히 살 수 있겠느냐 하시기로 내가 대답하되 주 여호와여 주께서 아시나이다 또 내게 이르시되 너는 이 모든 뼈에게 대언하여 이르기를 너희 마른 뼈들아 여호와의 말씀을 들을지어다 주 여호와께서 이 뼈들에게 이같이 말씀하시기를 내가 생기를 너희에게 들어가게 하리니 너희가 살아나리라 너희 위에 힘줄을 두고 살을 입히고 가죽으로 덮고 너희 속에 생기를 넣으리니 너희가 살아나리라 또 내가 여호와인 줄 너희가 알리라 하셨다 하라 이에 내가 명령을 따라 대언하니 대언할 때에 소리가 나고 움직이며 이 뼈, 저 뼈가 들어맞아 뼈들이 서로 연결되더라 내가 또 보니 그 뼈에 힘줄이 생기고 살이 오르며 그 위에 가죽이 덮이나 그 속에 생기는 없더라 또 내게 이르시되 인자야 너는 생기를 향하여 대언하라 생기에게 대언하여 이르기를 주 여호와께서 이같이 말씀하시기를 생기야 사방에서부터 와서 이 죽음을 당한 자에게 불어서 살아나게 하라 하셨다 하라 이에 내가 그 명령대로 대언하였더니 생기가 그들에게 들어가매 그들이 곧 살아나서 일어나 서는데 극히 큰 군대더라(겔 37:1-10)

15

성령과 중생 사역

우리는 구원이 전적인 삼위일체 하나님의 사역이라는 점을 한순간도 잊지 말아야 합니다. 하나님께서 우리를 구원하시되 이 구원의 사역에서 인간의 공로가 들어갈 자리는 전혀 없습니다. 그럼에도 불구하고 하나님은 인간이 구원을 위해 해야 할 영역을 주신 것도 사실입니다. 그러나 그 영역조차도 성령께서 인간을 사용하신(감동하여 일하신) 영역일 뿐, 인간이 구원에 어떤 영향을 미칠 수 있다는 것은 아닙니다.

하나님은 한 사람이 구원 얻도록 하기 위해 인간 전도자를 사용하십니다. 사도 바울의 가르침처럼 우리가 복음을 전하지 않으면 어떻게 믿을 것이며, 들어본 적도 없는 분을 어떻게 믿을 수 있겠습니까(롬 10:13-14)? 하나님은 당신의 주권으로 구원할 자를 제2원인자 없이 얼마든지 구원하실 수 있습니다. 그럼에도 불구하고 하나님은 전도자(제2원인자)의 전도를 통해 구원하시길 기뻐하셨습니다. 여기서 제2원인자가 되는 전도자는 성령의 감동에 의해 일하는 사람입니다. 성령께서 전도자에게 전도할 의욕을 주시고, 말할 바를 알게 하셔서 전도받아야 할 사람을 찾아가 전도하게 하시는 것입니다. 이것이 바로 하나님께서 이 세상을 주관하시는 성경적 방식입니다.

이렇게 제2원인자를 통해 당신의 일을 이루시는 방식은 성경 곳곳에서 찾아볼 수 있습니다. 출애굽기에서 하나님은 제2원인자 없이 얼마든지 홍해를 가르실 수 있었습니다. 그럼에도 불구하고 하나님은 제2원인자인 동풍을 사용하여 홍해를 가르셨습니다. 성경 곳곳에서 기적이 일어날 때, 하나님이 우리가 흔히 생각하는 마법처럼 제2원인자 없이 일하시는 일은 거의 없습니다. 왜냐하면 하나님은 당신이 창조하신 피조 세계의 질서와 원리를 파괴하지 않으시고 당신의 섭리를 이루시기를 기뻐하셨기 때문입니다.

이런 하나님의 일하심 때문에 사람들이 착각하는 것이 있습니다. 그것은 우리가 하나님께 쓰임 받는 것이 내 힘과 지혜로 어떤 결과를 만들어 낸 것이라고 착각하는 것입니다. 하나님이 제1원인자이고, 우리는 하나님의 놀라운 뜻을 이루기 위한 제2원인자임에도 불구하고 내가 전도한 것이고, 내가 부흥을 일으킨 것이고, 내가 업적을 이룬 것으로 착각합니다. 성경은 내가 한 것이 아니라, 나를 통해 하나님께서 하신 일이라고 가르치고 있지만 우리는 자주 착각합니다.

우리는 다른 사람을 구원하기 위해 하나님께서 정하신 전도의 미련한 방법을 무시하고 내 힘과 지혜를 사용하려 합니다. 내 힘과 내 지혜와 내 의지로 하나님의 일을 이룰 수 있다고 생각합니다. 이런 착각의 상태를 성경은 교만이라고 합니다. 이런 교만한 생각은 낙하산을 타고 공중에 떠 있는 사람이 자기 힘으로 날고 있다고 착각하는 것과 같습니다. 이것은 분명히 큰 착각입니다. 낙하산을 타고 공중에 떠 있는 것은 공기가 낙하산을 떠받치기 때문이지 내 힘으로 공중에 떠 있는 것이 아닙니다. 우리가 할 수 있는 일은 낙하산을 몸에 두르고 높은 곳에서 몸을 던지고 낙하산을 편 것 외엔 할 일이 없습니다. 궁극적으로 내가 공중에 날 수 있는 것은 나의 능력이 아닙니다. 물론 이런 표현도 완전하지는 않을지 모릅니다. 그럼에도 불구하고 제가 말씀드리고 싶은 것은 한 사람이 예수 믿게 되는 것은 온전히 삼위일체 하나님의 일이라는 사실입니다. 성부 하나님께서 작정하신 사람이 구원받는 것이며, 성자 하나님께서 완성하신 십자가의 구원을 통해서만 구원이 일어나며, 성령 하나님께서 그 구원을 적용하신 사람에게만 구원이 일어납니다. 우리는 단지 이 영광스러운 삼위일체 하나님의 사역에 쓰임 받게 된 것뿐입니다.

이런 구원에 대한 전제적 입장을 염두에 두고 성령의 중생시키시는 은혜를 살펴보고자 합니다. 물론 이 문제는 제가 이전에 구원론 강해에서 다룬 문제입니다. 하지만 저는 이 문제를 성령의 사역이라는 관점에서 재조명하고자 합니다.

첫째, 우리가 염두에 두어야 할 점은, 중생重生이란, 말 그대로 '다시 태어나는 것'이라는 사실입니다. 영어로 'born again'이라 합니다. 그런데 흥미롭게도 사도 바울은 중생을 "새로운 피조물"이 된 것으로 묘사합니다(고후 5:17). 바울은 왜 중생을 새로운 피조물이 된 사건으로 가르치는 것일까요? 이를 이해하기 위해 요한복음 3장에 나오는 예수님께서 니고데모와 대화를 나눈 사건을 살펴볼 필요가 있습니다. 예수님은 니고데모라는 존경받는 바리새인 지도자에게 중생을 하나님으로부터 다시 태어남으로 가르치셨습니다.

────── 예수께서 대답하여 이르시되 진실로 진실로 네게 이르노니 사람이 거듭나지 아니하면 하나님의 나라를 볼 수 없느니라(요 3:3)

예수님은 니고데모에게 "거듭나다"라는 표현을 사용하셨습니다. 이 단어는 유대인 종교지도자요 바리새인이었던 니고데모에겐 매우 생소한 표현이었습니다. 그래서 예수님은 "너는 이스라엘의 선생으로서 이러한 것들을 알지 못하느냐"(요 3:10)라고 핀잔을 주시기까지 하셨습니다.

그러면 "거듭나다"라는 말의 의미가 도대체 무엇이기에 유대 사회에서 존경받는 종교 지도자인 니고데모도 충격적으로 받아들인 것일까요? 이 단어는 헬라어로 '아노덴'이라 합니다. 이는 '두 번째 태어나다'라는 의미도 있고, '완전히 태어나다'라는 의미도 있으며, 혹은 '위에서부터 태어나다'라는 의미도 있습니다. 니고데모는 헬라어 '아노덴'을 '두 번째 태어나다'라는 의미로 받아들였습니다. 그런데 바울은 이 단어를 '위에서부터' 다시 말해 '하나님으로부터 완전히 다시 태어나는 것'으로 이해했던 것입니다. 중생이란 하나님으로부터 다시 태어나는 새로운 피조물이 된 사건입니다.

여기서 우리가 명확하게 이해해야 할 점은 중생이 사람의 일이 아니라 하나님께서 하시는 일이라는 것입니다. 우리는 스스로 태어날 수 없습니다. 태어나는 일은 나의 의지 밖에서 나에게 일어나는 일입니다. 이는 마치 우리가 이 세상에 태어나는 것은 나의 의지와 관계없는 사건인 것과 같습니다. 오직 하나님의 주권입니다. 하나님께서 태어나게 하지 않으시면 우리는 이 세상에 존재할 수 없습니다. 그럼에도 불구하고 하나님께서는 앞에서 언급했던 것처럼 우리가 존재할 때 부모라는 제2원인자를 사용하십니다. 우리는 부모를 통해 이 세상에 존재합니다. 우리의 존재 방식이 이렇기 때문에 성경이라는 계시가 없으면 우리가 이 세상에 존재하게 된 제1원인자 하나님을 인식할 수 없습니다. 오로지 제2원인자인 부모의 의지만 보일 뿐입니다. 그러나 성경을 알고 믿음이 있는 우리는 하나님께서 우리를 창조하셔서 존재한다고 고백합니다. 마찬가지로 우리는 제2원인자인 사람의 전도를 통해 거듭나지만 궁극적으로는 제1원인자이신 하나님에 의해 거듭납니다. 이는 하나님의 창조행위입니다.

이제 저는 우리의 중생이 제2원인자를 통해 일어나는 문제 다음에 또 다른 문제를 다루고자 합니다. 그것은 다시 태어나는 것(중생)이 오직 하나님의 말씀으로만 가능하다는 것입니다. 사도 베드로와 야고보의 가르침을 보시기 바랍니다.

―― 너희가 거듭난 것은 썩어질 씨로 된 것이 아니요 썩지 아니할 씨로 된 것이니 살아 있고 항상 있는 하나님의 말씀으로 되었느니라(벧전 1:23)

―― 그가 그 피조물 중에 우리로 한 첫 열매가 되게 하시려고 자기의 뜻을 따라 진리의 말씀으로 우리를 낳으셨느니라(약 1:18)

우리는 이 사실에 큰 관심을 가져야 합니다. 상당수 사람이 말씀 없이 어떤 종교적 수행, 찬양의 황홀경, 세례 받음, 기도 받고 쓰러짐, 내적 치유 같은 것으로 중생이 일어날 수 있다고 생각합니다. 이런 생각은 성경의 가르침과 전혀 관계가 없습니다. 이런 가르침은 분명히 '미혹'입니다. 성경은 '오직' 진리의 말씀을 통해서만 구원(중생)을 받는다고 가르칩니다.

이렇게 가르치면 반드시 나오는 말이 있습니다. 그것은 복음을 듣지 못한 예수님 이전 사람들이나, 우리 선조들은 구원받지 못한 것인가 하는 것입니다. 이 질문에 대한 일차적인 대답은 'yes'입니다. 그러나 이렇게 간단하게 대답하면 오해의 소지가 다분합니다. 여기엔 좀 더 충분한 설명이 필요합니다. 이에 대해 저는 선택과 유기의 원리로 설명하고자 합니다.

성경에서 가르치는 선택과 유기의 문제는 상당히 포괄적인 개념입니다. 성경이 가르치는 선택과 유기를 아주 크게 적용한다면 복음을 듣게 될 기회가 주어짐과 주어지지 않음으로 적용될 수 있습니다. 어찌 되었든 복음을 들을 수 있는 시대와 나라에 태어나고, 거기서도 복음을 들을 기회가 주어졌다는 것은 가장 큰 범주에서 볼 때, 선택이라고 할 수 있습니다. 그 외 사람들은 유기에 해당합니다.

그런데 거기서 더 좁은 범주로서의 선택과 유기가 있습니다. 그것은 복음을 들을 수 있는 시대와 나라에 태어났지만, 그 가운데서도 바른 복음과 거짓 복음 가운데, 바른 복음을 들을 수 있는 것도 선택으로 이해할 수 있습니다. 거기서 선택과 유기가 더 좁게 적용되면 바른 복음을 들은 사람 중에서도 복음이 효력 있게 주어지는 사람과 효력이 나타나지 않는 사람으로 나타납니다. 동일한 바른 복음을 듣고 그 말씀이 성령에 의해 효력 있게 되어 거듭나게 되는 것은 더 좁은 영역의 선택이 됩니다.

여기서 중생하게 되는 것은 정말 엄청난 하나님의 주권과 섭리 안에서 이루어짐을 볼 수 있습니다. 복음을 자유롭게 접할 수 있는 시대와 나라에서 태어나는 것은 우리 힘으로 되지 않습니다. 또 복음을 자유롭게 접할 수 있는 시대와 나라에 태어났다고 하더라도 바른 복음을 듣는 것도 내 힘으로 될 수 없습니다. 하나님께서 인도하셔야 합니다. 거기서 더 나아가 바른 복음을 듣고 정당하게 반응하여 거듭나게(중생하게) 되는 것도 내 힘으로 되지 않습니다. 어느 것 하나도 사람의 주권과 행위에 있지 않고 오직 하나님의 선하신 주권에만 있습니다.

이제 저는 더 근본적인 질문을 던지고자 합니다. 그것은 중생(다시 태어남/거듭남)이란 과연 어떤 상태를 말하는 것인가 하는 겁니다. 앞에서 언급했던 것처럼 바울은 중생을 "새로운 피조물"이 되는 것이라고 했습니다.

새로운 피조물이 된다는 것은 도대체 무엇을 말합니까?

요한복음의 말씀을 다시 염두에 둔다면 '하나님으로부터 다시 태어나는 것'이라고 합니다. 그렇다면 이렇게 하나님으로부터 다시 태어나는 것은 이전과 완전히 다른 사람, 다른 인격이 된다는 것을 의미합니까? 결론부터 말씀드린다면 아닙니다. 우리는 중생한 사람이 완전히 다른 사람이라고 생각하지 않습니다. 한 사람이 중생했다고 하더라도 우리는 그가 이전의 그 사람이라는 사실을 알 수 있습니다. 그럼에도 불구하고 이전과 다른 사람이 되었다는 변화를 감지합니다. 그러면 이 상태는 어떤 상태라는 것입니까?

이것을 명확하게 이해하려면 우리는 신약에 언급된 새 하늘과 새 땅 개념을 이해하면 쉽습니다. 신약성경은 주님의 재림 때, 온 세상은 새 하늘과 새 땅이 될 것이라고 가르칩니다. 사도 베드로는 주님 재림의 때에 대하여 "우리는 그의 약속대로 의가 있는 곳인 새 하늘과 새 땅을 바라보도다"(벧후 3:13)라고 했습니다. 사도 요한은 요한계시록에서 "또 내가 새 하늘과 새 땅을 보니 처음 하늘과 처음 땅이 없어졌고 바다도 다시 있지 않더라"(계 21:1)라고 했습니다.

여기서 우리는 "새 하늘과 새 땅"에 사용된 "새"에 해당하는 헬라어를 바르게 이해하는 것이 중요합니다. 왜냐하면 헬라어에서 "새"는 두 가지 헬라어를 사용하고 있기 때문입니다.

첫 번째 헬라어는 '카이노스'고 두 번째 헬라어는 '네오스'입니다. 이 두 단어는 신약성경에서 특별히 구분하지 않고 흔히 '새'(new)로 번역됩니다. 그러나 이 두 단어는 완전히 다른 의미를 가지고 있습니다.

먼저 '카이노스'는 주로 '갱신'更新, 혹은 '회복'으로 번역할 수 있습니다. 이는 기존에 이미 있는 것을 완전히 새롭게 재구성하여 본래의 상태로 다시 '회복'된 상태를 말합니다.

두 번째로 '네오스'는 기존에 있었던 것을 제거하고 완전히 다른 것으로 바꾸는 것을 말합니다. 마치 프로그램이 망가졌거나 필요가 없으면 완전히 포맷시키고 다시 새로운 프로그램을 설치하는 것과 같습니다. 그런데 상당수 사람이 새 하늘과 새 땅을 이런 후자의 개념으로 오해합니다. 그 오해의 원인 가운데 하나는 사도 베드로의 "그러나 주의 날이 도둑 같이 오리니 그 날에는 하늘이 큰 소리로 떠나가고 물질이 뜨거운 불에 풀어지고 땅과 그 중에 있는 모든 일이 드러나리로다"(벧후 3:10)라는 말씀을 오해했기 때문입니다. 주님께서 재림하실 때는 이전 세상이 다 사라지고 새로운 세상이 창조될 것이라고 이해한 것입니다. 이 문제는 종말론에 해당하는 부분이므로 더 이상 자세하게 설명하지는 않겠습니다. 그러나 확실한 것은 하나님의 피조물인 인간이 새로운 피조물이 되는 사건과 이 세상이 주님의 재림 때 새로운 피조물이 되는 사건을 하나의 일관성으로 본다면 새 하늘과 새 땅에 대한 문제는 쉽게 풀릴 것이라 생각합니다.

성경의 이런 관점을 염두에 두고 중생을 생각해 보아야 합니다. 왜냐하면 바울이 중생을 언급할 때 사용한 '새로운 피조물'도 바로 '카이노스'(갱신/회복)라는 단어이기 때문입니다. 다시 말해서 중생했다는 말은 이전 사람이 없어지고 완전히 다른 사람으로 태어나는 것이 아니라는 말입니다.

중생은 갱신된 존재가 되는 것입니다. 갱신된 존재가 된다는 것은 하나님께서 인간을 본래 창조하신 그 뜻대로 완전히 회복된 존재가 되었다는 것을 말합니다. 이것은 완전히 다른 사람이 되는 것이 아닙니다. 회복되는 것입니다. 기능이 완전히 망가진 존재가 기능을 완전히 회복할 뿐 아니라 이전 처음 창조된 상태보다 훨씬 더 업그레이드된 존재가 되는 것입니다. 그래서 중생한 사람은 틀림없이 그 사람인데, 이전과 다른 사람이 된 것처럼 보입니다. 그런데 이 일을 성령께서 하신다는 것입니다. 예수님의 가르침처럼 사람이 물과 성령으로 나지 않으면 하나님의 나라에 들어갈 수 없습니다 (요 3:5).

둘째, 우리가 중생과 관련하여 이해해야 할 부분은 말씀의 역할입니다.
중생은 말씀을 통해서 일어납니다. 중생이 말씀을 통해 일어난다는 사실을 이해하려면 창세기 창조 사건을 염두에 두는 것이 좋습니다. 창세기에서 하나님은 천지를 창조하실 때, 기존의 재료(질료) 없이 오로지 말씀으로만 천지를 창조하셨습니다. 하나님은 아무것도 없는 중에 "빛이 있으라" 말씀하셨습니다. 그러자 빛이 창조되었습니다. 6일간의 창조 사건은 항상 동일한 방식이었습니다. 성부는 작정하시고, 성자는 말씀하시고, 성령은 창조를 실행하셨습니다. 이것을 우리는 신학적으로 **경륜적 삼위일체**(Economic Trinity/ 삼위일체 하나님의 경영)라 합니다.

특이하게도 천지창조 사건 가운데 유독 이런 방식이 아닌 다른 방식으로 창조된 피조물이 있었습니다. 그 피조물은 다름 아니라 바로 '사람'이었습니다. 사람은 말씀으로 창조하지 않으셨습니다. 창세기 2장 7절을 보면 "여호와 하나님이 땅의 흙으로 사람을 지으시고 생기를 그 코에 불어넣으시니 사람이 생령이 되니라"라고 합니다. 이상하게도 인간 창조 사역에서는 말씀의 역할이 보이지 않습니다. 분명히 성부는 인간 창조를 작정하셨습니다. 그런데 그 작정하심을 말씀하지 않으시고 이전에 이미 창조하신 재료(땅의 흙)를 사용하여 친히 빚으셨습니다. 이상한 점은 여기서 끝나지 않습니다. 이렇게 땅의 흙으로 빚으셨으나 인간은 살아있는 생물(네페쉬 하야/생물)이 되지 않았습니다. 인간에게 "생기를 그 코에 불어넣으시니" 비로소 "생령"(네페쉬 하야)이 됩니다.

여기서 우리는 자칫 인간 창조엔 하나님의 말씀이 작용하지 않은 것처럼 보게 됩니다. 그러나 그것은 적절하지 않은 생각입니다. 도리어 이러한 하나님의 창조 사역은 말씀의 독특한 사역 방식을 보여준다고 할 수 있습니다. 즉 말씀의 역할은 사람을 빚으시는 일을 한다는 것입니다. 말씀은 우리를 기존 환경, 사건, 생각, 관계, 지식을 통해 우리의 영혼과 삶을 빚으시는 방식으로 볼 수 있습니다. 마치 하나님의 말씀은 기존에 우리가 가지고 있는 지식과 경험과 사건들을 기반으로 우리 심령에 조명하셔서 빚으시는 것과 같습니다. 하나님은 분명히 환경을 사용하셔서 말씀으로 우리 심령을 빚으십니다. 이런 차원에서 믿음은 말씀을 들음에서 납니다(롬 10:17). 그리고 이렇게 말씀이 들려진 심령에 성령께서 역사하시면, 비로소 그 사람은 중생하게(새로운 피조물이) 됩니다. 그렇습니다. 말씀은 성부께서 뜻하신 대로 빚으시고, 성령은 그 빚은 상태에 호흡을 불어넣으십니다. 이것이 하나님께서 우리를 중생하게 하시는 방식입니다.

흥미롭게도 이와 흡사한 내용이 에스겔 37장에 나옵니다. 에스겔 37장은 여러분이 잘 아시는 마른 뼈들이 살아나는 사건입니다. 여기서 마른 뼈들이 큰 군대를 이루는 모습은 창세기의 인간 창조 사건을 떠올리기에 충분합니다.

먼저 에스겔 37장 1-2절은 창세기에서 하나님이 인간을 창조하신 질료(재료)로 흙(아파르/먼지)을 사용했던 기록과 흡사한 모습을 보여줍니다. 에스겔 37장 2절을 보면 "골짜기 지면에 뼈가 심히 많고 아주 말랐더라"(2절)라고 합니다. 여기서 마른 뼈들은 창세기에서 인간 창조의 재료로 사용되었던 흙(아파르/먼지)을 떠올리게 합니다. 단지 차이가 있다면 처음 창조될 때 인간은 흙(먼지)으로 창조되었지만, 지금 흙(먼지)으로 창조된 인간이 타락하여 죽은 상태에 있을 뿐입니다. 이제 타락한 인간은 먼지와 같은 비참한 상태에 놓인 것입니다. 그런데 하나님은 에스겔이 마른 뼈들에게 대언하면 그 뼈들(먼지 같은 존재들)이 살아나게 될 것이라고 하십니다.

—— 또 내게 이르시되 너는 이 모든 뼈에게 대언하여 이르기를 너희 마른 뼈들아 여호와의 말씀을 들을지어다 주 여호와께서 이 뼈들에게 이같이 말씀하시기를 내가 생기를 너희에게 들어가게 하리니 너희가 살아나리라(겔 37:4-5)

이 말씀은 성부 하나님의 경륜(Economic) 가운데 '작정'을 떠올리게 합니다. 하나님은 에스겔 선지자에게 당신의 작정을 알리시고, 먼지처럼 된 마른 뼈들에게 당신의 말씀을 대언하도록 합니다. 에스겔은 하나님의 작정하심을 따라 마른 뼈들에게 대언합니다. 그러자 마른 뼈들에게 놀라운 일이 일어납니다. 7-8절 말씀을 보겠습니다.

—— **이에 내가 명령을 따라 대언하니 대언할 때에 소리가 나고 움직이며 이 뼈, 저 뼈가 들어 맞아 뼈들이 서로 연결되더라 내가 또 보니 그 뼈에 힘줄이 생기고 살이 오르며 그 위에 가죽이 덮이나 그 속에 생기는 없더라**(겔 37:7-8)

여기서 우리는 아주 흥미로운 점을 발견하게 됩니다. 그것은 에스겔이 대언하자 마른 뼈들에게 일어난 사건은 마치 창세기에서 하나님이 인간을 흙으로 빚으신 사건을 떠올리게 한다는 것입니다. 마른 뼈들이 서로 들어맞아 연결되고 힘줄이 생기고 살이 오르며 그 위에 가죽이 덮인 상태는 하나님께서 친히 손으로 빚으시는 모습을 연상하게 됩니다. 더구나 이렇게 말씀에 의해 마른 뼈들이 인간의 모습을 형성하게 되었지만 "그 속에 생기는 없더라"라고 한 부분은 창세기에서 하나님이 인간을 빚으셨으나 그 코에 생기를 불어넣으시기 전, 상태를 보는 것 같습니다.

그러므로 하나님은 에스겔로 하여금 다시 대언하도록 하십니다. 그러자 "생기가 그들에게 들어가매 그들이 곧 살아나서 일어나 서는 데 큰 군대"(10절)를 이루게 되었다고 합니다. 이 또한 창세기에서 하나님이 사람을 빚으시고 그 코에 생기를 불어넣으신 사건과 그대로 일치합니다. 더구나 에스겔의 이 본문은 하나님께서 인간을 창조하신 목적이 "큰 군대"를 이루시기 위한 것임을 더 선명하게 설명합니다.

그러면 말씀 자체가 우리를 거듭나게 하는 것이 아님에도 불구하고 우리가 '솔라 스크립투라'(오직 성경/*sola scriptura*)를 강조하는 이유는 무엇이겠습니까? 성령은 오직 말씀을 통해서만 우리를 거듭나게 하시기 때문입니다. 물론 신약성경에는 세례 요한처럼 말씀 없이 중생하게 되는 특별한 경우도 있기는 합니다. 그러나 이런 케이스는 말 그대로 특별한 케이스일 뿐입니다. 이런 특별한 케이스도 가능할 수 있는 이유는 중생이 성령의 고유 주권이기 때문입니다. 그럼에도 불구하고 성령은 말씀을 통해서만 죄인을 중생시키기로 작정하셨습니다. 왜냐하면 성령의 또 다른 이름은 "진리의 성령"이시기 때문입니다. 성령은 진리의 영이시기 때문에 진리의 말씀을 통해서 당신을 드러내시길 기뻐하십니다.

이에 대해 예수님은 다음과 같이 말씀하셨습니다.

—— 그러나 진리의 성령이 오시면 그가 너희를 모든 진리 가운데로 인도하시리니 그가 스스로 말하지 않고 오직 들은 것을 말하며 장래 일을 너희에게 알리시리라(요 16:13)

우리가 죄인들의 중생을 위해 할 수 있는 최선의 행동은 말씀을 증거하는 것입니다. 우리가 말씀을 증거하면 성령은 당신의 주권에 의해 구원받기로 작정된 사람을 적당한 때와 시기에 거듭나게 하십니다. 우리는 성령께서 누구를 중생하게 하실지 알 수 없습니다. 착하기 때문에 중생할 것이라 생각할 수 없고, 지식이 많고 이해력이 좋기 때문에 중생할 것이라고 생각할 수 없습니다. 이 모든 것은 오직 하나님의 주권입니다. 아울러 우리는 죄인이 언제 중생하게 될지도 알 수 없습니다. 어떤 사람은 말씀이 증거되는 그 자리에서 거듭날 수 있습니다. 그러나 어떤 사람은 그 말씀이 증거되고 많은 시간이 지난 후에 중생할 수도 있습니다. 이 또한 성령 하나님의 주권입니다.

그러므로 우리는 바울의 "너는 말씀을 전파하라 때를 얻든지 못 얻든지 항상 힘쓰라 범사에 오래 참음과 가르침으로 경책하며 경계하며 권하라"(딤후 4:2)라는 말씀을 마음에 새겨야 합니다. 바울의 이 가르침을 잘 이해하고 순종해야 합니다. 왜냐하면 이 말씀을 정확하게 이해하고 순종하는 것이 바로 성령의 중생하게 하시는 사역에 적극적으로 참여하는 길이기 때문입니다.

—— 너는 말씀을 전파하라 때를 얻든지 못 얻든지 항상 힘쓰라 범사에 오래 참음과 가르침으로 경책하며 경계하며 권하라(딤후 4:2)

먼저 바울은 전도자에게 때를 얻든지 못 얻든지 말씀을 전파하라고 합니다. 이것은 성령께서 말씀이라는 수단을 통해서만 택한 자를 거듭나게 하신다는 사실을 말해줍니다. 성령 하나님은 찬양을 통해 구원하시거나, 신령한 사역자의 안수, 혹은 꿈이나 환상을 통해 구원하시는 것이 아닙니다.

성령은 우리가 증거하는 말씀을 사용하여 중생하게 하십니다. 그러나 이 말씀을 오해하지 말아야 할 부분이 있습니다. 그것은 우리가 말씀을 증거하면 무조건 다 중생시킨다는 말이 아닙니다. 이렇게 이해하면 우리의 사역이 중생의 제1원인이고, 성령이 제2원인으로 착각하기 쉽습니다. 내가 복음을 증거했기 때문에 성령은 당연히 죄인을 중생시키시는 것이 아닙니다. 이것은 전형적인 아리스토텔레스^{Aristoteles}의 '원인론'적 사고입니다. 철학적 사고방식이라는 말입니다.

성령은 당신의 주권에 의해 구원할 자를 구원하시고 구원하지 않을 자를 구원하지 않으십니다. 또 우리가 무엇을 했기 때문에 구원이 발생하는 것이 아닙니다. 우리가 하지 않으면 다른 그 무엇으로도 죄인들을 구원하실 수 있습니다. 그리고 우리가 성급하게 생각하지 말아야 할 부분이 있습니다. 그것은 우리가 복음 증거할 때 즉시 중생하지 않았다고 해서 그 사람이 유기된 자라고 보아서는 안 된다는 것입니다. 지금 복음을 들었을 때 그 자리에서 중생하지 않았다고 해도 나중에 중생할 수 있습니다. 한 사람이 중생케 되는 것도 때가 있습니다. 범사에 기한이 있고 천하만사가 다 때가 있습니다(전 3:1). 이것을 우리는 하나님의 주권이라 합니다. 이런 사실을 염두에 두고 우리는 바울의 가르침처럼 "때를 얻든지 못 얻든지 항상" 복음을 전해야 합니다.

그러므로 바울이 한 사람의 중생을 위해 우리에게 요구하는 것은 "인내"입니다. 그냥 인내하는 것이 아닙니다. 범사에 오래 참음과 가르침으로 경책하며 경계하며 권하면서 인내해야 합니다. 물론 우리가 이렇게 한다고 해서 모든 사람이 다 중생하게 되는 것은 아닙니다. 그럼에도 불구하고 우리는 어린아이처럼 순종해야 합니다.

이렇게 인내하며 가르치고 경책하며 경계하며 권하는 것조차 우리 힘으로 되지 않습니다. 이 또한 성령께서 우리를 통해서 하시는 사역임을 알아야 합니다. 성령께서 오래 참도록 하지 않으시면 할 수 없습니다. 우리 힘으로는 한 사람이 중생할 때까지 이렇게 끝까지 인내할 수 없습니다. 이것은 오직 성령께서 우리에게 은혜를 주셔야 가능합니다.

성령께서는 이렇게 한 사람의 중생을 위해 다양한 방식으로 역사하십니다. 특히 우리는 성령께서 한 사람을 중생하게 하시기 위해 말씀이 효력 있게 들리도록 하신다는 점을 기억해야 합니다. 사도행전 16장을 보면 바울이 루디아를 전도한 장면이 나옵니다. 성령은 바울로 하여금 구원받을 사람 루디아를 만나게 하십니다.

—— 두아디라 시에 있는 자색 옷감 장사로서 하나님을 섬기는 루디아라 하는 한 여자가 말을 듣고 있을 때 주께서 그 마음을 열어 바울의 말을 따르게 하신지라(행 16:14)

한 사람이 중생하기 위해 전도 대상을 만나게 하시고, 그 사람에게 말할 바를 알게 하시고, 마음을 열어 듣게 하시고, 거듭나게 하시는 분은 오직 성령입니다. 인간의 재능이나 기술이나 지식으로 되는 것이 아닙니다. 그러므로 우리는 모든 일에 성령을 의지해야 합니다. 성령만이 우리 구원의 모든 영역을 주관하시는 분이십니다.

사랑하는 성도 여러분, 우리는 성령의 중생하게 하시는 역사에 대해 살펴보았습니다. 오늘 가르침의 핵심은 성령의 주권입니다. 성령의 주권을 인정하는 것은 성부와 성자의 주권을 인정하는 것이기도 합니다. 왜 그렇습니까? 성령 하나님은 성부의 작정과 성자의 말씀을 존중하시는 한도 내에서 일하시기 때문입니다. 성령은 거룩하신 아버지와 아들의 주권을 인정하시는 범주 안에서 중생하게 하시는 일을 하신다는 것입니다.

　성령께서는 성부께서 작정하신 사람에게 복음을 들을 기회를 주시고, 복음에 마음을 열게 하시며, 그 말씀을 받아 심령이 빚어진 기초 위에 중생하게 하십니다. 새로운 피조물이 되게 하십니다. 이 모든 일은 삼위일체 하나님의 사역이지만, 이 모든 일이 적용되고 현실화되게 하시는 분은 성령 하나님의 주권입니다. 그러므로 우리는 범사에 성령을 소멸하지 말아야 합니다. 날마다 기도로 성령의 강력한 은혜를 구해야 합니다. 그 안에서 우리는 놀라운 새 창조를 보게 될 것입니다.

──── 우리가 이 세상에 태어나는 것은 오직 하나님의 주권입니다.

하나님께서 태어나게 하지 않으시면

우리는 이 세상에 존재할 수 없습니다.

하나님께 찬송을!
Laus Deo!

교회의 잃어버린 보물

성령